반 조,
마 음 을
비 추 다

2

반 조, 返照
마 음 을
비 추 다 2

FOOD FOR THE HEART

아잔 차 지음 | 혜안 옮김

싱긋

숲속 전통

숲속 수행 전통은 부처님 당시로 거슬러올라갑니다. 부처님이 태어나시기 전 인도와 히말라야 지역에서는, 정신적 해탈을 추구하는 이들이 도시나 마을을 떠나 산이나 숲속으로 들어가는 경우가 드물지 않았습니다. 이는 세속적 가치를 버리고 떠나는 행동이었습니다. 숲은 자연의 장소입니다. 숲에는 범죄자, 미치광이, 추방된 자, 그리고 은둔하는 종교적 구도자만 살았습니다. 숲은 물질적, 문화적 규범을 벗어난 영역이었고, 그래서 이런 규범을 초월하는 정신을 계발하기에 이상적인 장소였습니다.

    부처님은 스물아홉 나이에 살던 궁전을 떠났습니다. 그는 숲으로 들어가 처음에는 당시에 행해지던 요가 수행을 했습니다. 그 이후에 여러 스승들에게 가르침을 구했지만 그들에게 실망했고, 결국 자신의 길을 찾아 떠났습니다. 그리고 현재 인도 비하르주 보드가야에 있는 네란자라 강변의 보리수 아래에서 최고의 진리인 '중도(中道)'를 발견했습니다.

부처님은 숲에서 태어났고, 숲에서 깨달았으며, 일생 동안 숲에서 가르쳤고, 마침내 숲에서 돌아가셨습니다. 그는 숲에 살기를 좋아했습니다. 그래서 부처님은 이렇게 말합니다.

"여래는 한적한 장소를 즐긴다."

태국 숲속 전통은 흔히 '테라와다'라고 불리는 불교 종파에 속합니다. 태국 숲속 수행 전통은 부처님 삶의 정신을 이어받고 부처님께서 가르쳤던 기준에 따라 명상하려는 노력의 결과입니다.

역사적 기록에 따르면, 부처님이 열반하시고 몇 달 뒤에 부처님의 가르침을 확립하고 빠알리어로 남기기 위해 장로들의 회의가 열렸습니다. 그뒤 100년간 결집한 가르침들은 후대에 생기는 불교 종파들의 공통된 가르침인 빠알리 경전의 핵심을 형성합니다. 100년 뒤, 가르침을 점검하고 모든 사람들이 일치된 가르침을 가지도록 두번째 회의를 열었습니다. 그런데 이때 처음으로 승단에 큰 분열이 일어났습니다.

승단의 다수파는 출가자가 돈을 사용하도록 허용하는 것을 포함해 일부 계율을 바꾸고 싶어했습니다.

소수파는 이런 변화에 신중했습니다. 오히려 그들은 이렇게 생각했습니다.

'이해가 되든 되지 않든, 우리는 부처님과 부처님의 원래 제자들이 행동했던 것처럼 행동하길 원한다.'

이 소수파들을 '장로'를 의미하는 '테라'라고 부릅니다. 그리고 130년 뒤 테라와다 종단이 생겼습니다. '테라와다(Theravāda, 상좌부)'는 문자적으로 '장로들의 길'을 의미합니다. 이 전통의 정신은 '좋든 나쁘든 부처님께서 제정하셨다면 우리는 그것을 따를 것이다'라는 것입니다. 그래서 테라와다 종단은 항상 보수적인 특징이 있습니다.

모든 종교 전통과 인간 조직이 그렇듯, 시간이 지나면서 부처님을 근원으로 하는 수많은 종파들이 싹을 틔웠습니다. 부처님이 입멸하시고 약 250년 뒤, 아소카 황제 재위 시절에는 부처님의 가르침에 대해 서로 다른 견해를 가진 열여덟 개 이상의 부파(部派)들이 있었습니다. 스리랑카에서는 브라만교가 부흥한 인도의 문화적 혼란과 새로운 불교 사상이 발전하던 서부와 동부 지방의 종교적 영향에서 단절된 전통이 확립되었습니다. 이 전통은 다양한 불교 전통과의 교류 없이 자체적으로 발전했습니다. 이 전통은 기존의 믿음에 도전하기 위해서가 아니라, 빠알리 텍스트들을 자세히 설명하기 위해 많은 주석서와 해설서를 만들었습니다. 여기에는 일반 민중의 가슴을 울리는 우화적인 것도 있었고, 학문적 호소력이 있는 철학적이고 형이상학적인 것들도 있었습니다. 이 모든 것들로부터 상좌부 불교가 형성되었습니다.

인도 대륙의 전쟁과 기근, 문화적 격변에도 불구하고, 상좌부 불교는 오늘날까지 살아남았습니다. 다른 지역들보다 안전한 스리랑카에서 상좌부 불교가 확립되었다는 이유가 컸습니다. 다른 종파들도 스리랑카에 있었지만, 상좌부는 계속해서 성장하며 스리랑카의 주요 종교로 유지되었습니다.

상좌부 불교는 미얀마를 거쳐 태국, 캄보디아, 라오스로 전해졌고, 나중에는 그로부터 서쪽 나라에도 전파되었습니다. 상좌부 전통이 지리적으로 전파되던 시기에도 빠알리 경전의 기준을 보존하려는 노력이 꾸준히 이어졌습니다. 상좌부 전통이 새롭게 형성된 나라에서는 부처님의 근본 가르침에 대한 깊은 관심과 부처님 당시의 숲속 수행에 대한 존중이 언제나 있었습니다. 물론 수백 년 동안 많은 부침이 있었지만, 그때 이후로 이것이 모범이 되어 지금까지 이어져오고 있습니다.

어느 순간 스리랑카에서 불교가 사라지면, 태국에서 온 스님들이 불교를 다시 일으켰습니다. 그러고 나서 태국에서 불교가 사라지면, 미얀마에서 온 스님들이 불교를 부흥시켰습니다. 여러 세기 동안 이렇게 서로를 도왔습니다. 그래서 상좌부 불교는 거의 원형을 유지하며 지금까지 살아남았습니다.

불교의 쇠퇴뿐만 아니라 부흥도 문제가 됩니다. 보통 불교가 융성하면 사찰들이 부유해집니다. 그러면 전체 시스템이 비대해지고 부패해서, 그 자체의 무게 때문에 무너지기 시작합니다. 그러면 한 무리의 수행자들이 "근본으로 돌아가자!"라고 말하며 숲으로 들어갑니다. 그리고 『율장(律藏)』(스님들이 지켜야 할 계율에 관한 내용이 담긴 계율서)을 지키는 원래의 기준으로 다시 돌아가 명상하며, 본래의 가르침들을 공부합니다.

오랫동안 다른 불교 국가들에서도 발전, 팽창, 부패, 개혁의 순환이 여러 번 이루어졌다는 점을 주목할 필요가 있습니다. 티베트의 파툴 린포체나 중국의 허운 스님 같은(두 사람 모두 19세기 말에서 20세기 초의 인물이다) 선각자의 삶과 수행이 숲속 전통의 정신과 완전히 일치한다는 사실은 놀랍습니다. 계율을 철저히 지키며 매우 검소한 삶을 살았던 두 위대한 스승은 뛰어난 수행자이자 타고난 스승이었습니다. 그들은 지위나 공식적 의무의 부담을 피했지만, 불가피하게 직책에 오르면 순전한 지혜와 덕의 힘으로 큰 영향력을 발휘했습니다. 이는 태국의 위대한 스승들이 보여준 모범적 삶과 정확히 일치합니다.

19세기 중반 무렵 태국 불교에는 다양한 지역적 전통과 수행 방식이 있었습니다. 하지만 승단의 규율이 해이해지고 가르침은 주술이나 정령신앙 등과 섞여, 영적인 삶의 부분들이 쇠락했습니다. 게다가 명상을 하는 수행자는 거의 없었습니다. 더군다나 승단에서 직책을 가진 학승들은 이 시대에 열반에 이르는 것은 불가능하며, 선정(禪定, 빠알리어로는 자나 jhāna. 마음이 깊이 몰입되는 심오한 명상 상태로, 여덟 단계가 있다)을 성취하는 것조차도 불가능하다고 공공연하게 말했습니다.

숲속 전통을 부활시킨 스님들은 이를 거부했습니다. 이것이 당시 종단 스님들이 이들을 이단자나 말썽꾼으로 여겼던 이유 중 하나였습니다. 아잔 차 스님을 포함한 많은 숲속 전통의 스승들은 "책에서는 지혜를 얻지 못한다"라고 말하며 학승들을 비판했습니다.

특히 상좌부 전통에서는 부처님 말씀에 대해 깊은 존경심을 품고 있어야 합니다. 그런데 어째서 아잔 차 스님은 배움을 다소 경시했을까요? 여기에는 자세한 설명이 필요합니다. 태국 숲속 수행승들은 경전(특히 주석서)에서 벗어나, 삶의 방식과 개인적 경험에 중점을 두었습니다. 학승들의 해석이 불교를 블랙홀로 이끌고 있었다는 사실을 이해하지 못하면, 이런 정서가 건방지고 오만하게 보이거나 무식한 이가 똑똑한 이를 질투하는 것처럼 보일지도 모릅니다. 간단히 말하자면 이는 새로 태어나기 위해 영적 풍경을 성숙시키는 상황이었습니다. 그리고 이런 비옥한 땅에서 숲속 전통이 다시 부흥한 것이었습니다.

위대한 스승 한 분의 영향력이 없었다면 오늘날 태국 숲속 전통은 존재하지 못했을 것입니다. 아잔 문 부리닷따 스님이 그분입니다. 아잔 문 스님은 1870년대에 라오스와 캄보디아의 접경 지역인 우본에서 태어났습니다. 지금도 그렇지만 당시 이곳은 태국에서 가장 가난한 지역이었습니다. 그 척박한 땅에서 살았던 눈 밝은 이들은 세계적으로도 보기 힘들 만큼 깊은 정신적 경지에 도달했습니다.

아잔 문 스님은 어린 시절에 활발한 성격이었습니다. 그는 즉석에서 가사를 지어 부르는 '모람'에 아주 뛰어났습니다. 그는 명상에 강하게 끌렸습니다. 그는 비구계를 받자마자 그 지역에서 보기 드문 숲속 수행승이었던 아잔 사오 스님을 찾아가 명상을 가르쳐달라고 했습니다. 또한 그는 계율을 철저히 지키는 것이 정신적 발전의 핵심임을 알았습니다. 그는 아잔 사오 스님의 제자가 되었고 열정적으로 명상했습니다.

지금 관점에서 보면, 명상을 하고 계율을 철저히 준수하는 것이 그리 대단해 보이지 않을지 모릅니다. 하지만 그 당시에는 계율 전통이 매우 느슨했고, 명상은 흑마술에 관심 있는 사람들이나 하는 것으로 여겨졌으며, 명상을 하면 미치거나 귀신이 들린다고 생각했습니다.

적절한 시점에 아잔 문 스님은 많은 이들에게 명상을 가르쳐주었고, 승려들에게 훨씬 높은 행동 기준을 보여주었습니다. 더군다나 그는 수도에서 가장 먼 지역에 살았지만, 나라에서 가장 명망 높은 정신적 지도자가 되었습니다. 20세기 태국에서 존경받는 거의 모든 위대한 명상 스승들은 그의 직계 제자이거나 그에게 깊이 영향을 받았습니다. 아잔 차 스님도 이들 중 한 분입니다.

아잔 차 스님

아잔 차 스님은 태국 북동부 우본 지방의 화목한 대가족에서 태어났습니다. 그는 아홉 살 어린 나이에 자발적으로 집을 떠나 그 지역의 사찰로 출가했습니다. 그는 사미계를 받았고, 종교적 삶에 대한 소명을 계속 느끼며 스무 살에 비구계를 받았습니다. 젊은 비구로서 그는 기본적인 법과 계율 그리고 경전을 배웠습니다. 그후 마을 사찰의 느슨한 계율 기준에 만족하지 못한 그는 명상을 배우고자 했습니다. 그래서 그는 상대적으로 안전한 그곳을 떠나 방랑하는 비구의 삶을 살게 되었습니다. 그는 그 지역의 명상 스승들을 찾아가 지도받으며 여러 해 동안 고행승의 삶을 살았습니다. 숲, 동굴, 공동묘지에서 잠을 자기도 했고, 아잔 문 스님과 짧은 시간을 함께 보내며 깨우침을 얻기도 했습니다.

아잔 차 스님의 전기에서는 아잔 문 스님과의 만남을 이렇게 기록하고 있습니다.

안거 끝에 아잔 차 스님은 다른 세 스님들과 사미들 그리고 두 재가자들과 함께 북동부 이산 지방으로 가는 긴 여정을 떠났습니다. 그들은 반고 지방에 들러 며칠 휴식한 뒤 북쪽으로 250킬로미터를 걷기 시작했습니다. 열흘째 되는 날 그들은 메콩 강 변의 고대 순례지인 탓 파놈의 우아한 백색탑에 이르렀고, 거기에 모셔진 부처님의 사리에 참배했습니다. 그들은 숲속 사원에서 밤을 보내며 계속해서 걸었습니다. 여정이 힘들어서 재가자는 돌아가고 싶어했습니다. 아잔 문 스님이 계시는 뿌농 나니 사원에 도착했을 때는 스님 셋과 재가자 한 명뿐이었습니다.

그 사원에 들어갔을 때 아잔 차 스님은 고요하고 한적한 사원의 분위기에 충격을 받았습니다. 작은 강당이 있는 중앙 구역은 깨끗하게 쓸려 있었고, 보이는 몇몇 스님들은 고요하고 절제된 태도로 조용히 일상적인 일을 하고 있었습니다.

그 사찰에는 그가 전에 있던 곳과는 다른 특별함이 있었습니다. 그곳은 이상하게도 고요함과 생명력으로 차 있었습니다. 아잔 차 스님과 일행들은 공손하게 안내를 받았고, 그들은 글롯(모기장을 걸어놓는 스님들의 큰 우산)을 걸어놓고 목욕으로 여행의 때를 씻어냈습니다.

저녁이 되자 세 스님은 두 겹으로 된 대가사를 왼쪽 어깨에 단정히 걸치고 아잔 문 스님에게 인사를 드리기 위해 강당으로 향했습니다. 그들의 마음은 강한 기대감과 차가운 두려움 사이에서 요동쳤습니다. 아잔 문 스님 양쪽으로는 그 사원에 거주하는 스님들이 앉아 있었습니다. 불굴의, 다이아몬드 같은 존재감을 지닌, 마르고 나이든 아잔 문 스님에게 아잔 차 스님은 무릎을 꿇고 다가갔습니다. 아잔 차 스님이 세 번 절하고 적당한 자리에 앉았을 때, 아잔 문 스님은 깊이를 헤아릴 수 없는 시선으로 그를 꿰뚫고 있었습니다. 스님들은 대부분 눈을 감고 명상을 하고 있었습니다. 아잔 문 스님 바로 뒤의 한 스님은 천천히 부채질을 해서 저녁 모기를 쫓고 있었습니다. 승복 밖으로 드러난 피부는 창백했고 쇄골은 툭 튀어나와 있었고, 잎담배를 씹어 얇은 입술이 붉게 물든 그는 이상하게 빛나는 존재감을 풍기며 인상적 대조를 이루고 있었습니다.

아잔 문 스님은 방문객들에게 스님이 된 지 얼마나 되었는지, 어느 절에서 명상했는지, 여행은 어떠했는지를 물었습니다. 아잔 차 스님은 아잔 문 스님에게 이렇게 물었습니다.

"스님, 저는 『율장』을 아주 열심히 공부했습니다. 하지만 계율이 너무 섬세해서 모든 계율들을 지키는 것은 불가능해 보입니다. 그리고 무엇을 기준으로 삼아야 할지도 모르겠습니다."

아잔 문 스님은 '세상의 두 수호자'인 히리(hiri, 부끄러워하는 마음)와 오따빠(ottappa, 결과를 두려워하는 마음)를 기준으로 삼으라고 조언했습니다. 그는 이 두 가지 덕이 있으면 다른 모든 것들은 따라온다고 말했습니다. 그런 뒤 그는 덕행, 삼매, 지혜의 세 가지 훈련과 네 가지 성공으로 가는 길(四如意足), 그리고 다섯 가지 정신적 힘(五力)에 대해 설법했습니다. 눈을 반쯤 감은 채로, 기어를 점점 올리듯 그의 목소리는 더욱 강하고 빨라졌습니다. 절대적 권위를 가지고, 그는 '진실로 있는 그대로'에 대해, 그리고 해탈로 가는 길에 대해 설명했습니다. 아잔 차 스님과 동료들은 모두 넋을 잃었습니다. 종일 걷느라 녹초가 되어 있었지만, 아잔 문 스님의 법문을 듣자 모든 피로가 사라졌고, 마음이 평화롭고 맑아져 허공에 떠 있는 것 같았습니다. 늦은 밤이 되어서야 법문이 끝났고, 아잔 차 스님은 자신의 글롯으로 돌아갔습니다.

다음날 밤 아잔 문 스님은 더 많은 가르침을 주었고, 아잔 차 스님은 수행에 대한 모든 의문들이 사라졌다고 느꼈습니다. 그는 전에 느끼지 못했던 법에 대한 기쁨과 희열을 맛보았습니다. 이제 남은 것은, 아는 것을 명상으로 실천하는 일밖에 없었습니다.

이틀 밤 동안 그를 가장 고무시켰던 가르침 중 하나는, 자신을 '진리의 목격자'로 만들라는 것이었습니다. 아잔 문 스님은 그에게 '마음 그 자체'와 '마음에서 일어났다 사라지는 마음의 일시적 상태'의 차이점을 명확하게 설명해주었습니다. 아잔 차 스님에게는 이런 명상의 기초가 부족했습니다.

아잔 문 스님은 말했습니다.

"이것은 일시적 마음의 상태라네. 이것을 이해하지 못하면, 일시적인 마음 상태가 실재한다고 여기고 마음 자체라고 여기게 되지."

아잔 문 스님의 말을 듣자 모든 것들이 명확해졌습니다. 마음에 행복이 있을 때 이 행복은 마음 그 자체와는 다른 종류의 것입니다. 이를 알면 멈출 수 있고 내려놓을 수 있습니다. 있는 그대로 인습적 실재를 보면, 이것이 궁극적 진리입니다. 사람들은 대부분 모든 것들을 마음 자체로 생각하지만, 사실은 '마음의 상태'와 이것을 '아는 마음'이 있습니다. 이렇게 이해하면 별로 할 일이 없습니다.

사흘째 되는 날 아잔 차 스님은 아잔 문 스님께 인사를 드리고 다시 일행들과 푸판 지역의 고요한 숲으로 떠났습니다. 그는 농 페 지역으로 다시 돌아오지는 않았지만, 아잔 문 스님과 함께 지내며 신심으로 가득했던 마음은 평생 동안 그의 가슴에 남았습니다.

여러 해 동안 여행하며 명상한 뒤, 1954년 아잔 차 스님은 자신의 고향 마을인 반 고 인근의 빽빽한 숲에 정착해달라는 요청을 받았습니다. 이 숲은 사람이 살지 않았고, 코브라와 호랑이, 귀신들이 사는 곳으로 알려져 있었습니다. 아잔 차 스님은 그렇기 때문에 숲속 수행승들이 살기에 완벽한 곳이라고 생각했습니다. 그후 아잔 차 스님을 중심으로 사찰은 더욱더 커졌고, 더 많은 스님들과 재가자들이 그의 가르침을 듣고 그와 함께 머물기 위해 그곳을 찾아왔습니다. 지금은 태국과 서양에 걸쳐 200개가 넘는 숲속 사원들에서 가르침이 전해지고 있습니다.

아잔 차 스님은 1992년에 입적하셨지만, 그가 확립한 수행은 파퐁 사원과 그 분원들에서 여전히 행해지고 있습니다. 일반적으로 하루에 두 번 단체 명상이 있고, 때로는 고참 스님들의 법문이 있습니다. 하지만 명상의 핵심은 삶의 방식입니다. 스님들은 직접 일하고, 염색하고 바느질해서 가사를 지어 입고, 자신의 필수품을 직접 만들고, 사원 건물과 마당을 청결한 상태로 유지합니다. 스님들은 탁발을 해서 하루에 한 번만 먹는 금욕적 계율을 지키고 소유물을 제한하며 아주 단순하게 살아갑니다. 스님들은 숲속에 흩어져 있는 각자의 오두막에서 홀로 명상하며, 나무 아래 정갈한 길에서 걷기명상을 합니다.

서양의 일부 사원(스위스의 사원은 산악 마을 가장자리에 위치한 목조 호텔을 사원으로 이용하고 있다)과 태국의 몇몇 사원의 경우 사원의 물리적 위치 때문에 삶의 방식은 조금 다르지만 단순함, 고요, 윤리성이라는 똑같은 삶의 태도를 유지하고 있습니다. 엄격한 계율 준수는 승가 구성원들이 공동체 내에서 단순하고 순수한 삶을 조화롭게 영위하게 하고, 덕과 명상 그리고 이해를 꾸준히 잘 계발할 수 있도록 해줍니다.

일정한 장소에서 살며 승려 생활을 하는 것과 더불어, 고요하게 명상할 곳을 찾아 걸어서 전국을 도는 두타 수행은 여전히 정신적 훈련의 중요한 부분으로 여겨집니다. 태국 전역에 걸쳐 빠른 속도로 숲이 사라졌고, 과거 두타 수행을 하며 마주쳤던 호랑이와 다른 야생 동물들도 거의 멸종했지만, 이런 삶과 수행은 여전히 가능합니다. 이런 수행은 아잔 차 스님과 그의 제자들 그리고 태국의 많은 스님들이 실천했을 뿐만 아니라, 서양의 여러 나라와 인도의 많은 스님들도 유지하고 있습니다. 탁발한 음식에만 의지해서 생활하고, 새벽과 정오 사이에만 먹으며, 돈을 소유하거나 사용하지 않고, 가능한 어떤 장소에서도 잠을 자는 엄격한 행동 기준을 여전히 지켜오고 있습니다.

지혜는 삶과 존재의 방식입니다. 그래서 아잔 차 스님은 승가의 단순한 삶의 방식을 모든 측면에서 보존해, 오늘날에도 사람들이 법을 공부하고 수행할 수 있도록 했습니다.

서양인을 위한 가르침

1967년 막 계를 받은 수메도 스님이 아잔 차 스님에게 수행을 배우러 오기 직전에 일어난 일은 유명합니다. 아잔 차 스님은 숲속에 새로운 꾸띠(명상을 위한 오두막)를 짓고 있었습니다. 귀퉁이에 통나무 기둥을 세울 때, 공사를 돕던 마을 사람들 중 한 명이 물었습니다.

"스님, 지붕이 필요 이상으로 너무 높습니다."

그는 어리둥절했습니다. 이런 건물은 보통 한 사람이 편안하게 살 수 있을 정도의 공간으로 설계해, 가로 2.5미터에 세로 3미터, 그리고 지붕 높이 2.1미터 정도로 만드는 것이 관례였습니다.

아잔 차 스님이 대답했습니다.

"걱정 말게. 다 쓸 데가 있을 테니. 언젠가 외국인 승려들이 이곳으로 올 것이네. 그들은 우리보다 훨씬 키가 크지."

첫 서양인 제자가 아잔 차 스님의 사원을 찾은 이후 서양인들이 꾸준히 늘었습니다. 처음부터 그는 서양인들을 특별하게 대우하지 않고 그들이 환경과 음식, 문화에 최대한 적응하도록 했습니다. 나아가 그들이 느끼는 불편함을 지혜와 인내심을 계발하는 양식으로 활용하도록 지도했습니다. 그는 지혜와 인내심, 이 두 특징이 정신적 발전의 핵심이라고 생각했습니다.

그는 하나의 조화로운 기준으로 전체 승가 공동체를 유지하는 데 중점을 뒀으며 어떤 경우에도 서양인이라고 해서 특별히 대하지 않았습니다. 그럼에도 1975년 파퐁 사원 근처에 서양인을 위한 수행처인 파나나차 사원을 설립했습니다. 수메도 스님과 몇몇 서양인 동료 스님들은 문 강 제방 근처 분원으로 걸어가고 있었습니다. 그들은 붕와이 마을 밖 작은 숲에서 밤을 보내기로 했습니다. 마침 그 마을의 많은 사람이 아잔 차 스님의 오랜 제자들이었고, 그들은 서양인 스님들이 먼지 날리는 마을 거리에서 탁발하는 모습을 보고 놀라며 기뻐했습니다. 그래서 스님들에게 근처 숲에 새로운 사원을 세우기를 청했습니다. 아잔 차 스님은 이 계획을 허락했고, 그리하여 출가한 서양인들의 수행을 위한 특별 수행 사원 건립이 시작되었습니다.

이후 오래지 않아, 1976년 런던의 불자들이 영국에 테라와다 사원을 세워달라고 수메도 스님을 초청했습니다. 그다음 해에 아잔 차 스님이 런던을 방문했고, 북런던의 번화가에 있는 주택인 햄스태드 불교 사원에 수메도 스님과 몇몇 스님들이 남게 했습니다. 몇 년 뒤 그들은 교외 지역으로 옮겼고, 몇 곳의 분원을 설립했습니다.

아잔 차 스님의 고참 서양 제자들은 여러 대륙에 사찰을 세우고 법을 전파했습니다. 프랑스, 호주, 뉴질랜드, 스위스, 이탈리아, 캐나다, 미국에 사찰들이 생겼습니다. 아잔 차 스님은 1977년과 1979년에 유럽과 북아메리카를 직접 방문했고, 최선을 다해 새로운 사찰 설립을 도왔습니다. 그는 태국 불교는 과거에 활기차게 번성했던 고목과 같아서 이제는 조그맣고 씁쓸한 열매 몇 개만을 맺을 뿐이라고 말했습니다. 그에 비하면 서양의 불교는 젊은 에너지와 성장 가능성이 가득한 어린 묘목과 같아서 적절한 보호와 도움이 필요하다고 했습니다.

1979년 미국을 방문했을 때 그는 이런 말을 했습니다.

"영국은 서양에 불교를 세우기 위해 좋은 곳이지만 너무 오래된 문화를 가지고 있습니다. 하지만 미국은 문화가 짧아 젊고 유연합니다. 미국에서는 모든 것이 새롭습니다. 그래서 미국에서는 법이 매우 번창할 수 있을 것입니다."

불교 명상센터를 막 개원한 젊은 미국인 모임에서 그는 이런 경고를 덧붙였습니다.

"여러분이 제자들의 욕망과 견해에 도전하기를 두려워하지 않는다면, 진정으로 법을 전파하는 데 성공할 것입니다. 하지만 사람들을 만족시키려는 잘못된 생각으로 사람들의 현재 습관과 의견에 맞게 가르침을 바꾼다면, 법을 전파하는 의무를 다하지 못할 것입니다."

견해, 가르침, 명상

이 책에는 부처님의 가르침에 대한 명확한 설명들이 많이 담겨 있지만, 이 책에서 사용되고 있는 핵심 용어나 태도, 개념을 간략하게 설명하면 상좌부 불교와 특히 태국 숲속 전통에 익숙하지 않은 이들에게 도움이 될 것입니다.

사성제

부처님의 설법은 수없이 많지만, 부처님께서 깨달음을 얻은 직후에 한 첫번째 설법(베나레스 근처 사슴 동산에서 함께 고행했던 다섯 도반들에게 했던 첫 설법)에는 부처님의 모든 가르침이 담겨 있습니다. 이 짧은 설법에서, 부처님은 중도와 사성제(四聖諦)의 본질을 설명합니다. 이 가르침은 모든 불교 전통에서 동일합니다. 도토리 하나 속에 커다란 참나무가 되는 유전자 암호가 담겨 있듯이, 이 핵심적 통찰의 모체에서 불교의 수많은 가르침들이 비롯되었습니다.

부처님은 당시 사람들에게 익숙한 형식인 아유르베다 의학 전통의 진단법처럼 사성제를 설명합니다.

병의 증상, 둑카(불완전성, 불만, 고통)

첫번째 성스러운 진리(증상)는 둑카(dukka)입니다. 삶에서 경험하는 불완전성, 불만, 고통을 둑카라고 합니다. 거칠거나 무상한 속성을 지닌 행복을 순간적으로 혹은 오랜 시간 동안 경험하지만 마음이 불만족스러울 때가 있습니다. 극단적인 고통부터 지속되지 않는 행복까지, 이 모두가 '둑카'에 속합니다.

때때로 사람들은 이 첫번째 진리를 "모든 존재의 실재는 고통이다"라고 잘못 해석합니다. 이런 말은 충분히 의미가 있지만, 여기서는 그런 의미가 아닙니다. 만약 그렇다면 어떤 사람도 있는 그대로 진리인 법을 깨닫고 그로 인해 평화와 행복을 얻을 수 없을 것이며, 부처님의 통찰에 따라 해탈할 수 있으리라는 희망이 없을 것입니다.

이것은 '성스러운' 진리이지 '절대적인' 진리가 아니라는 점을 잘 알아야 합니다. 이 진리들이 '성스럽다'고 하는 것은 상대적 진리라는 의미입니다. 이 진리를 이해하면, 절대적 혹은 궁극적 진리를 깨닫게 됩니다.

병의 원인, 딴하(갈애)

두번째 성스러운 진리는 고통의 원인인 자기중심적 갈애입니다. 갈애는 빠알리어로 '딴하(tanhā)'입니다. 이는 문자적으로 '갈증'이라는 의미입니다. 이 갈애가 고통의 원인입니다. 감각적 욕망에 대한 갈애, 어떤 존재가 되고 싶은 갈애 혹은 어떤 존재로 인정받고 싶은 갈애, 사라지고 싶어하는 갈애가 있습니다. 그리고 많은 미묘한 갈애들이 있습니다.

치료의 결과, 둑카니로다(소멸)

세번째 성스러운 진리는 '둑카니로다(dukkha-nirodha)'입니다. 이는 치료의 결과를 의미합니다. '니로다(nirodha)'는 '소멸'을 의미합니다. 이는 고통이 사라진다는 의미입니다. 다르게 표현하자면, 두카 즉 고통은 절대적 실재가 아닙니다. 고통은 마음이 벗어날 수 있는 일시적 경험입니다.

치료법—팔정도

네번째 성스러운 진리는 두번째 진리에서 세번째 진리로 가는 길, 즉 고통의 원인에서 고통의 소멸로 가는 길입니다. 이

치료법이 팔정도(八正道)이고, 팔정도의 핵심은 덕행과 삼매 그리고 지혜입니다.

업의 법칙

인과의 법칙은 불변합니다. 이것은 불교적 세계관을 지탱하는 핵심적 요소 중 하나입니다. 모든 행위에는 작용과 반작용이 있습니다. 이것은 물리적 실재의 세계뿐만 아니라 정신적, 사회적 영역에서도 더욱 중요하게 적용됩니다. 부처님은 실재의 본질에 대한 통찰을 통해 우주의 윤리적 법칙을 보셨습니다. 즉 좋은 행동을 하면 좋은 행복한 결과를 얻고, 나쁜 행동을 하면 나쁜 결과를 얻는 식으로 자연이 작용한다는 것입니다. 행동 후에 결과가 바로 올 수도 있고 아주 나중에 올 수도 있지만, 원인에 상응하는 결과는 반드시 뒤따릅니다.

업(業)의 핵심적 요소는 '의도'라고 부처님은 명확하게 말씀하십니다. 사람들이 가장 좋아하는 상좌부 경전인 『법구경』은 이렇게 시작됩니다.

"마음은 모든 것에 앞선다. 오염된 마음으로 생각하고 행동하면, 끌려오는 마차가 황소를 따르듯 슬픔이 뒤따른다. 마음은 모든 것들에 앞선다. 깨끗한 마음으로 생각하고 행동하면, 그림자가 결코 자신을 떠나지 않듯이 행복이 뒤따른다."

아시아 대부분 지역에서는 어린 시절에 업의 법칙을 배웁니다. 그래서 업의 법칙을 당연하게 여깁니다. 이 책의 많은 법문들에서 이런 업에 대해 설명합니다. 불교에서 업은 믿음의 영역에 속하는 것이기도 합니다. 하지만 업의 법칙을 스승의 가르침이라고 맹목적으로 받아들이거나 문화적 강제 때문에 수용하기보다는, 경험을 통해 업의 법칙을 인식하는 것이 더욱 유익합니다. 아잔 차 스님은 법을 믿지 않는 서양인들을 만났을 때 그들을 비판하거나 '잘못된 견해'를 가졌다고 무시하지 않았고, 그가 보는 방식대로 그들이 보게 만들 생각이 없었습니다. 아잔 차 스님은 그들의 견해를 물었고, 거기서부터 대화를 시작했습니다.

모든 것은 불확실하다

이 책에서 반복되는 또다른 핵심적인 가르침은, 존재의 세 가지 특징들 중 하나입니다. 부처님은 두번째 설법(『무아경(無我經)』에 담겨 있다)부터 평생 가르치는 동안, 모든 현상들은 내적인 것이든 외적인 것이든 정신적인 것이든 물질적인 것이든 아니짜(anicca), 둑카(dukka), 아나타(anattā), 즉 무상(無常), 불만족, 무아(無我)라는 세 가지 불변의 특징을 가지고 있다고 설명했습니다. 모든 것은 변합니다. 영원히 만족스럽거나 의지할 수 있는 것은 아무것도 없습니다. 진정으로 나 자신의 것이라고 여길 수 있는, 내가 누구이고 무엇인지를 완벽하게 알려줄 수 있는 것은 아무것도 없습니다. 직접적 경험을 통해 이 세 가지 특징들을 보고 알면, 진정 통찰이 일어났다고 할 수 있습니다.

아니짜는 통찰을 일으키는 세 가지 특징들 중 첫번째입니다. 아잔 차 스님은 아니짜에 대한 숙고가 지혜로 가는 첫번째 입구라고 여러 해 동안 지속적으로 강조했습니다. 그는 「멈춰 있지만 흐르는 물」에서 '불확실성'을 '부처'라고 표현합니다. 부처는 법입니다. 법은 불확실성이라는 특징입니다. 불확실성을 보는 이는 누구나 그 변치 않는 실재를 봅니다. 법을 보면 부처를 보고, 부처를 보면 법을 봅니다. 불확실성을 알면, 모든 것을 놓아버리고 거기에 집착하지 않을 것입니다.

아잔 차 스님은 아니짜를 '불확실성'이라고 번역해 사용했습니다. '불확실성'이라는 표현은 조금 익숙하지 않습니다. '무상'이 좀더 추상적이고 전문적인 느낌을 주지만, '불확실성'이 변화의 속성을 마음으로 경험할 때의 느낌을 더 잘 묘사합니다.

선택의 표현: '예' 혹은 '아니요'

상좌부 불교와 이 책에 담긴 많은 법문들이 지닌 가장 두드러진 특징들 중 하나는, 진리와 진리에 이르는 길에 대해 설명할 때 그것이 무엇인지를 말하기보다는 그것이 아닌 것이 무엇인지에 대해 말한다는 것입니다. 기독교 신학 언어에서, 이것은 '신이 무엇인가'에 대해 말하는 '긍정의 방법'과 대비해 '신이 아닌 것은 무엇인가'에 대해 말하는 '부정의 방법'이라고 부릅니다. 여러 세기 동안 수많은 저명한 기독교인들이 이런 부정적 접근 방식을 사용했습니다. 신비주의자이자 신학자인 '십자가의 성 요한'이 마음에 떠오릅니다. 그는 『가르멜의 산길』에서 이 방식을 사용했습니다. 이 책에서는 가장 직접적인 영적 방법으로 이렇게 표현합니다. "아무것도, 아무것도, 아무것도, 산 위에도, 아무것도 없다."

빠알리 경전에서도 이와 거의 같은 부정적 느낌을 풍깁니다. 그래서 허무주의적 삶의 관점으로 흔히 오해하기도 합니다. 진리에 대해서는 아무 말도 할 수 없지만, 삶을 긍정적으로 표현하는 문화권에서 온 이들은 오해하기 쉽습니다.

다음 이야기는 부처님이 깨달음을 얻은 직후에, 함께 고행했던 다섯 동료를 만나러 마가다국 외곽의 길을 걷던 중 일어난 일에 관한 것입니다. 우빠까라는 고행자가 길을 걷다가 부처님을 보고 다가왔습니다. 그는 부처님의 모습을 보고 깜짝 놀랐습니다. 부처님은 왕자답게 왕족의 태도를 지니고 있었으며, 180센티미터가 훌쩍 넘는 키에 수려한 용모를 갖고 있었고, 고행자들이 입는 누더기를 걸치고 있었습니다. 그는 눈부시게 빛나고 있었습니다. 우빠까는 깊은 인상을 받았습니다.

"벗이여, 그대는 누구입니까? 그대의 얼굴은 아주 맑고 빛납니다. 그대의 태도는 탁월하고 고요합니다. 확실히 그대는 어떤 위대한 진리를 발견한 것 같습니다. 그대의 스승은 누구입니까? 그대가 발견한 것은 무엇입니까?"

얼마 전 깨달음을 얻은 부처님은 대답했습니다.

"나는 모든 것을 넘어선 자이며, 모든 것을 아는 자입니다. 내게는 스승이 없습니다. 모든 세상에서 나 홀로 완전한 깨달음을 얻었습니다. 나를 가르칠 사람은 아무도 없습니다. 나 스스로의 노력으로 깨달음에 이르렀습니다."

"그대는 태어남과 죽음을 뛰어넘는 승리를 얻었다고 주장하는 것입니까?"

"물론이오. 나는 승리자입니다. 영적으로 어두운 이 세상에서 나는 불사(不死)의 북을 두드리기 위해 바라나시로 갑니다."

"글쎄, 그럴지도 모르지요. 벗이여."

우빠까가 말했습니다. 그러고는 고개를 흔들며 다른 길로 떠났습니다.

부처님은 이 만남에서 단순히 진리를 선언하는 것이 반드시 믿음을 일으키는 것은 아니며, 다른 이들과 의사소통하는 데 효과적이지 않을지도 모른다는 것을 깨달았습니다. 그래서 바라나시 외곽 사슴 동산에서 그의 예전 동료 수행자들을 만났을 때 그는 훨씬 분석적인 방법인 사성제의 형식을 만들었습니다. 이것은 "나는 완전함을 깨달았다"에서 "왜 사람들이 불완전한지 조사해보자"로의 전환을 의미합니다.

부처님은 바라나시의 사슴 동산에서 두번째 설법을 했습니다. 부정하는 방법이 가장 명확하게 드러난 이 설법을 통해 다섯 동료는 모두 깨달음을 얻었습니다. 요약하자면, 부처님은 이 설법에서 자아를 찾는 것을 주제로 삼아 분석적 방법을 통해 몸과 마음과 관련된 어떤 요소들에서도 '자아'를 발견할 수 없다고 증명합니다. 그런 뒤 그는 이렇게 말합니다. "지혜로우며 성스러운 제자들은 몸, 느낌, 인식, 정신적 형성, 의식에 대해 평온함을 갖게 된다." 이렇게 마음이 해탈합니다. 자신이 아닌 것을 놓아버리면 진실한 것의 본질이 명백해집니다. 그리고 이런 실재는 설명을 넘어서 있기에, 설명하지 않은 채로 내버려두는 것이 가장 적절하며 가장 오해가 적습니다. 이것이 '부정의 방법'의 핵심입니다.

아잔 차 스님은 깨달음의 경지와 명상의 몰입 단계에 대해 이야기하는 것을 꺼렸습니다. 이는 경쟁심, 질투, 얻고자 하는 마음 같은 영적 물질주의를 없애고, 가장 필요한 수행의 길에 사람들의 관심을 잡아두기 위해서였습니다.

그렇지만 필요하다면 그는 궁극적 실재에 관해 신속하고 직접적으로 말하기도 했습니다. 「조건 없음을 향해」, 「초월」, 그리고 「머묾 없음」 같은 법문이 이런 좋은 예가 될 것입니다. 하지만 이해가 성숙하지 않은 사람이 초월적 특징들에 대해 질문하면 이렇게 말했습니다. "그것은 아무것도 아니고, 그것을 어떤 것이라고 부르지도 않는다네. 이게 끝이네."(원래는 "어떤 것이 있다면, 그걸 개에게 던져줘버리게.")

바른 견해와 덕행에 대한 강조

아잔 차 스님은 바른 견해와 행위의 순수성이 모든 정신적 발전에 가장 중요하다고 말했습니다. 부처님은 바른 견해에 대해 이렇게 말씀하셨습니다. "새벽녘 붉은빛이 일출을 예고하듯, 바른 견해는 모든 선한 상태들에 앞서서 나타난다." 바른 견해를 세운다는 것은, 첫째로 마음과 세계의 영역에 관한 신뢰할 만한 지도를 가진다는 의미입니다. 특히 업의 법칙에 대한 이해와 관련이 있습니다. 둘째로 사성제의 측면에서 경험을 보아 인식, 생각, 감정의 흐름을 통찰의 연료로 돌린다는 의미입니다. 사성제의 네 부분은 자신의 이해를 비추어보고 행동과 의도를 안내해주는 나침반의 방위가 됩니다.

아잔 차 스님은 덕행이 마음의 위대한 보호자라고 생각했습니다. 그래서 행복과 유익한 삶을 추구하는 이들에게, 재가자의 5계, 8계, 10계가 되었건 출가자의 227계가 되었건 간에 계율을 진지하게 지킬 것을 권장했습니다. 덕이 있는 행동은 직접적으로 마음을 법과 일치하게 만들고, 그래서 몰입과 통찰, 마침내는 해탈의 기초가 됩니다.

많은 측면에서 덕행은 바른 견해가 지닌 내적 특징들의 외적 결과입니다. 덕행과 바른 견해는 서로 호혜적인 관계에 있습니다. 인과를 이해하고 갈애와 고통의 관계를 본다면, 우리의 행동은 확실히 조화롭고 절제될 것입니다. 마찬가지로 행동과 말이 공손하고 정직하며 거칠지 않다면, 내면에 평화의 근원을 만듭니다. 그러면 마음과 마음의 작용을 지배하는 법칙을 보기가 훨씬 쉬울 것이고, 바른 견해가 쉽게 계발될 것입니다.

그러면 돈, 승단, 사회 관습 같은 모든 인습이 본질적으로 텅 비어 있음을 볼 수 있습니다. 하지만 이런 인습도 충분히 존중해야 합니다. 다소 역설적으로 들릴지 모르지만, 그는 중도를 이런 수수께끼를 푸는 것과 똑같이 여겼습니다. 인습에 집착하면 인습 때문에 부담과 제한이 생기지만, 인습을 거스르거나 무시하면 자기 자신을 잃고 갈등하며 혼란스러워합니다. 그는 강제하거나 타협하는 것이 아니라 자연스럽고 자유로운 방식으로 양 측면 모두를 존중하는 것이 바른 태도라고 여겼습니다.

그는 아마 이런 부분에 대한 심오한 통찰이 있었기에, 아주 정통적이고 엄격한 불교 승려이면서 동시에 자신이 지키는 계율에 속박되지 않으며 아주 편안했습니다. 그를 만난 많은 사람들에게 그는 세상에서 가장 행복한 사람으로 보였습니다. 그는 평생 섹스를 하지 않았고, 돈이 한 푼도 없었으며, 음악도 듣지 않았고, 보통 하루에 열여덟 시간에서 스무 시간 동안 사람들을 접견했습니다. 그는 갈대로 만든 얇은 매트 위에서 잠을 잤으며, 당뇨병과 온갖 종류의 말라리아에 걸렸고, '세상에서 최악의 음식'으로 악명 높았던 파퐁 사원에서 지내면서도 행복해했습니다.

훈련의 방법

그는 매우 다양한 방법으로 제자들을 훈련시켰습니다. 이미 많은 부분에서 언급한 것처럼, 물론 말로 가르침을 전했지만 아잔 차 스님은 그 상황에 적절한 가르침을 통해 제자들이 배우도록 했습니다. 마음으로 진정한 가르침을 얻고 그 가르침을 통해 변하려면, 지적 측면만이 아닌 경험을 통해 교훈을 얻어야 한다고 생각했습니다. 그는 승단의 일상적 측면, 공동체 생활, 두타행 등 수많은 상황을 이용해 제자들을 가르치고 훈련시켰습니다. 단체 작업, 계율 암송, 일상적인 일하기, 일과의 잦은 변화 등 모든 것들을 고통이 일어나고 소멸하는 길을 조사하는 장으로 활용했습니다.

「법의 본질」 법문에 있는 것처럼 그는 모든 것에서 배울 수 있는 태도를 지녀야 한다고 말했습니다. 그는 "우리는 우리 자신의 스승이다"라고 반복해서 강조했습니다. 우리가 지혜롭다면 모든 개인적 문제와 사건, 자연현상이 우리를 가르칠 것입니다. 그렇지만 우리가 어리석다면, 부처님이 눈앞에서 직접 설법을 해도 별 감명을 받을 수 없을 것입니다. 그는 사람들에게 질문을 받을 때 역시 그런 통찰력을 발휘했습니다. 그는 질문 그 자체보다는 질문한 사람의 의도를 중심으로 반응했습니다. 그는 질문을 받으면 종종 질문을 쪼개 그 조각을 질문자들에게 돌려줬습니다. 그러면 그들은 그것이 어떻게 결합하는지를 스스로 깨닫곤 했습니다. 놀랍게도 그는 그런 식으로 사람들이 자신의 질문에 대한 답을 스스로 찾도록 이끌었습니다. 어떻게 그렇게 할 수 있느냐고 묻자 아잔 차 스님이 대답했습니다. "이미 답을 알고 있지 않다면 애초에 질문을 할 수가 없는 법이지."

그가 강조했던 다른 핵심적 태도 중 첫째는 명상을 하려는 절박한 마음을 기르는 것이고, 둘째는 끈기 있는 인내심을 기르기 위해 명상 환경을 활용하는 것입니다. 후자는 최근에 큰 주목을 받고 있지 못합니다. 특히 즉각적 효과를 기대하는 서양의 영적 모임에서는 더욱 그러합니다. 하지만 숲속 생활에서 인내심은 영적 훈련과 거의 동의어로 여겨집니다.

부처님이 죽림정사에서 1250명의 깨달은 제자들에게 계율에 대한 가르침을 처음으로 설하실 때 이렇게 법문을 시작하셨습니다. "끈기 있는 인내심은 마음을 선하지 않은 상태들에서 벗어나게 하는 최고의 명상이다." 그래서 사람들이 남편의 음주나 올해 농사가 흉년이라는 고민거리를 아잔 차 스님에게 털어놓으면, 그는 먼저 이렇게 묻곤 했습니다. "그걸 견딜 수 있습니까?" 이 물음은 권위적인 반응이 아니라, 고통을 넘어서는 방법은 고통에서 도망치는 것도 아니고 고통에서 허우적대는 것도 아니며, 이를 악물고 의지로만 헤쳐나가는 게 아니라는 사실을 지적하는 것이었습니다. 어려움 속에서도 인내심을 갖고 진정으로 고통을 이해하고 소화하며, 고통의 원인을 이해하고 그 고통을 놓아버리라는 것이었습니다.

재가자에 대한 가르침과 출가자에 대한 가르침

출가자에 대한 아잔 차 스님의 가르침은 대부분 재가자에게도 적용할 수 있지만 그렇지 않을 때도 많습니다. 이 책에 담긴 다양한 법문들을 읽을 때 이런 차이를 염두에 두지 않으면 혼란스러울 수 있습니다. 예를 들어 「마음 닦는 공덕」은 재가자들을 위한 법문으로, 스님들을 후원하고 스스로 좋은 업을 지으려는 목적으로 파퐁 사원을 방문한 사람들을 위해 설한 것입니다. 반면 「감각의 홍수」는 오직 스님들을 위해 설한 법문입니다.

이는 특정한 가르침이 비밀스럽거나 차원이 더 높아서가 아니라, 그렇게 설법하는 것이 특정한 청중들에게 적합하고 유익하기 때문이었습니다. 재가수행자들은 스님들과는 관심사가 다르며 다른 생활환경에 있습니다. 그들은 일상에서 명상할 수 있는 시간을 찾아야 하고, 생계를 유지해야 하며, 배우자와 함께 살아가야 합니다. 특히 재가자들은 금욕하는 삶을 맹세하지 않았습니다. 아잔 차 스님의 일반적인 재가제자들은 5계를 지켰습니다. 하지만 사원에서 살아가는 이들은 다양한 수계 수준에 따라 각기 8계, 10계, 227계를 지켰습니다.

출가자들을 대상으로 가르칠 때는, 훈련의 핵심적인 방법론으로 금욕 생활에 중점을 두었습니다. 이는 역경과, 유혹, 이러한 삶이 주는 명예에 관한 내용이었습니다. 태국 사원에서 스님들의 평균 나이는 스물다섯에서 서른 살 정도이고, 그들은 독신에 관한 계율을 엄격하게 지킵니다. 아잔 차 스님은 이런 스님들이 자주 경험하는 들뜬 기분과 성적 에너지를 잘 인도할 필요가 있었습니다. 방향을 잘 잡아주면 스님들은 이런 에너지를 변화시켜 몰입과 통찰을 기르는 데 활용할 수 있습니다.

일반적으로 아잔 차 스님은 재가자가 아닌 출가자들을 대상으로 할 때 좀더 강한 어조로 법문을 했습니다. '법의 싸움'이 그런 예입니다. 여기에는 '타협은 없다'로 표현되는 많은 태국 숲속 전통 스승들의 특징이 나타납니다. 이는 '전사의 마음'을 일으키기 위한 말입니다. 어떤 어려움이 닥쳐도 현명하게 인내하며 견뎌내고 꾸준히 수행하겠다는 태도입니다.

흔히 이런 태도는 지나치게 권위적이거나 전투적으로 보일 수 있습니다. 하지만 이런 말은 수행자들을 고무시키며 마음을 기쁘게 하고, 모든 탐욕과 분노와 어리석음으로부터 마음을 자유롭게 하는 데 있어 겪게 되는 다양한 도전들을 다루는 힘을 주기 위한 것이라는 사실을 명심해야 합니다. 아잔 차 스님은 이렇게 말한 적이 있습니다. "진지하게 수행하는 모든 이들은 엄청난 갈등과 어려움을 경험하게 될 것이다." 자기중심적 습관의 흐름을 거슬러 마음을 훈련해야 하므로, 어느 정도의 고난을 경험하게 되는 것은 지극히 당연합니다.

마지막으로 아잔 차 스님의 가르침에서 '더 높은' 혹은 '초월적'이라고 부를 수 있는 것에 대해 주목하고자 합니다. 그는 특히 출가자들에게는 아무것도 감추지 않았습니다. 그는 모인 대중들이 가장 높은 수준의 가르침을 들을 준비가 되었다고 느끼면, 그들이 재가자건 출가자건 관계없이 자유롭고 숨김없이 가르침을 전했습니다. 「조건 없음을 향해」 또는 「멈춰 있지만 흐르는 물」 같은 법문이 그렇습니다. 이 법문에서 그는 말합니다. "사람들은 요즘 선과 악을 알기 위해 공부합니다. 하지만 선과 악을 초월하는 것에 대해서는 아무것도 모릅니다." 부처님처럼 그에게도 '스승의 꽉 쥔 주먹'(사권師拳, 스승만이 가진 비밀스런 가르침)이 없었습니다. 그리고 지키는 계율의 수나 종교적 성향과 관계없이 오직 듣는 사람에게 무엇이 도움이 될 것인가를 기준으로 가르침을 택했습니다.

미신 타파

아잔 차 스님은 태국 불교에서 미신을 철저히 배격한 것으로 유명합니다. 그는 사회에 팽배했던 주술 행위, 부적, 그리고 점술 등을 강하게 비판했습니다. 그는 전생이나 내생, 다른 차원의 세계, 환영, 초능력 현상 등에 대해서는 거의 언급하지 않았습니다. 그는 다음주 복권 당첨 번호를 물으러 찾아오는 사람들을(사람들이 유명 스님을 찾는 가장 흔한 이유였지만) 박대하곤 했습니다. 법은 세상에서 가장 소중한 보석으로 삶을 진정으로 보호하고 지켜주는 것인데, 윤회의 세계를 약간 개선하는 수단 정도로 줄곧 경시되고 있다고 아잔 차 스님은 생각했습니다.

그는 다른 사람들을 위하는 자비심으로 불교 명상의 유용성과 실용성을 반복해 강조했습니다. 그는 법이 일반인에게는 너무 고차원적이고 난해하다는 통념을 깼습니다. 그는 사람들이 어리석게도 요행이나 주술에 의지하는 악습을 버리고, 진실로 자신에게 도움이 되는 일을 하길 바랐습니다.

평생에 걸친 그의 이런 노력에도 불구하고 1993년 그의 장례식이 거행될 때 아이러니한 일이 일어났습니다. 그는 1992년 1월 16일 입적했습니다. 그리고 그로부터 정확히 1년 뒤 장례식이 거행되었습니다. 아잔 차 스님을 기념하는 탑은 16개의 기둥으로 이루어졌고 높이는 32미터였으며, 기초는 16미터 깊이였습니다. 우본 주에 사는 많은 사람들이 숫자 1과 6이 들어 있는 복권을 샀습니다. 다음날 지역 신문의 머리기사는 다음과 같았습니다. '아잔 차 스님이 제자들에게 준 마지막 선물.' 16이 들어 있는 복권이 당첨되었고, 복권업자 두 사람이 파산했습니다.

유머

아잔 차 스님은 매우 재치 있는 분이었습니다. 그는 매우 냉정하고 무섭기도 했고, 때로는 섬세하고 부드럽게 표현하기도 했으며, 높은 수준의 유머로 가르침을 펴기도 했습니다. 그는 재치 있는 가르침으로 듣는 이의 가슴에 파고들었습니다. 재미를 위해서가 아니라 진리를 쉽게 전달하기 위해서였습니다.

삶의 희비극적인 부조리에 대한 그의 예리한 안목은 사람들 스스로 자신을 되돌아보고 웃음 터뜨리게 만들었고, 그들을 좀더 넓은 관점으로 인도했습니다. 행동의 문제와 관련해 승려들이 바랑을 잘못 메는 수많은 방법에 대해 시범을 보인 일은 유명합니다. 바랑을 등에 걸치거나, 목에 감거나, 손에 쥐거나, 땅에 끌고 다니거나……. 개인적 고뇌에 관한 일화도 있습니다. 어느 날 한 젊은 비구가 풀이 죽은 모습으로 아잔 차 스님을 찾아왔습니다. 그는 세상의 슬픔과 태어남과 죽음에 갇힌 존재의 공포를 보았습니다. 그래서 이런 생각이 들었습니다. '나는 결코 다시 웃지 못할 거야. 모든 것들이 너무 슬프고 고통스러워.' 그러나 새끼 다람쥐가 나무에 오르려다 땅바닥에 계속해서 떨어지는 아잔 차 스님의 생생한 얘기를 사십오 분 동안 듣고서 그 스님은 배꼽을 움켜쥐고 포복절도 하며 눈물을 쏟아냈습니다.

마지막 시기

1981년 안거 기간중에 아잔 차 스님은 일종의 뇌졸중 증상을 보이며 병이 깊어졌습니다. 지난 몇 년간 그는 현기증과 당뇨로 건강이 위태로웠는데 기어이 문제가 터진 것입니다. 그 후로 몇 달 동안 수술을 두 번 받고 다양한 치료를 받았지만 전혀 회복되지 않았습니다. 몸 상태는 더욱 악화되어 그다음 해 중반쯤에는 한 손을 제외하고 온몸이 마비되고 말았습니다. 말도 할 수 없었습니다. 오로지 눈만 깜빡일 수 있었습니다.

이런 상태가 10년간 지속되었고, 스님은 몸의 나머지 몇몇 부위에 대한 통제력도 점점 잃어갔습니다. 그리고 결국은 스스로 움직이는 것이 불가능해졌습니다. 이런 상태에서도 아잔 차 스님은 여전히 제자들을 가르쳤습니다. 몸은 병들고 부서지는 것이고 자신의 통제하에 있는 것이 아니라고 끊임없이 가르친 게 아닐까요? '위대한 스승과 심지어 부처님마저도 자연의 냉혹한 법칙을 벗어날 수 없다'는 최고의 가르침을 여기서 배울 수 있습니다. 우리가 할 수 있는 일은, 변화하는 형상을 자신과 동일시하지 않음으로써 평화와 자유를 찾는 것입니다.

병석에 있는 동안 그는 신체적 한계에도 불구하고 생명의 불확실한 과정을 보여주는 예가 되었고, 스님들이 자신을 간호하며 돌볼 기회를 제공하면서 여전히 가르침을 주었습니다. 스님들은 하루에 서너 번 교대해가며 스물네 시간 아잔 차 스님을 돌봤습니다. 어느 날 담당이었던 두 스님이 말싸움을 했습니다. 그들은 건너편 방에 있는 아잔 차 스님이 무슨 일이 일어나는지 알아차릴지도 모른다는 걸 잊었습니다

(마비된 환자나 혼수상태 환자를 돌볼 때 흔히 있는 일입니다). 아잔 차 스님이 건강한 상태였다면 스님 앞에서 말다툼을 한다는 건 생각할 수도 없는 일이었습니다.

말다툼이 더욱 격해지자 건너편 방에서 격렬한 움직임이 시작되었습니다. 아잔 차 스님이 갑자기 기침을 심하게 하더니 커다란 가래덩어리를 뱉었습니다. 가래 덩어리는 두 사람 사이를 지나 그들 바로 옆의 벽에 철썩 부딪혔습니다. 두 스님은 스승의 가르침을 알아차리고는 당황하여 그 즉시 말싸움을 그쳤습니다.

그가 병상에 있는 동안에도 사원 생활은 전과 같이 유지되었습니다. 존재하지만 존재하지 않았던 스승의 존재는 공동 의사 결정 방식을 도입하는 데 도움을 주었고, 사랑하는 스승이 없는 삶을 모든 것의 중심에 받아들이게 해주었습니다. 위대한 스승이 입적하면 모든 것들이 재빨리 흩어지게 마련입니다. 제자들은 각자의 길을 가고, 스승이 남긴 것들은 한두 세대 안에 사라지는 일이 흔합니다. 아잔 차 스님이 병으로 쓰러졌을 때 75개 분원이 있었고, 아잔 차 스님이 입적했을 때는 이 숫자가 100개 이상으로 늘어 있었습니다. 그리고 지금은 태국과 세계에 걸쳐 200개가 넘는 분원이 있을 정도로 성장했습니다. 이것은 아잔 차 스님이 제자들을 스스로 설 수 있도록 얼마나 잘 훈련시켰는지를 증명합니다.

10년 전, 아잔 차 스님이 입적하신 후 승단에서는 그의 장례식을 준비했습니다. 그의 삶과 가르침에 부합하도록 장례식은 단순한 의식이 아니라 법을 듣고 명상을 하는 시간이 되도록 했습니다. 장례식은 열흘 동안 진행되었고, 나라에서 가장 훌륭한 스승들이 매일같이 단체 명상을 지도하고 법을 설했습니다. 약 6000명의 스님들과 1000명의 여자 수행자들, 그리고 1만 명이 넘는 재가자들이 열흘간 숲에 머물렀습니다. 수행 기간 동안 약 100만 명이 사원을 방문했고, 화장하는 날에는 태국의 왕과 왕비, 총리를 비롯해 40만 명이 모였습니다.

　아잔 차 스님이 평생 간직해온 정신에 맞게, 장례식 전체 기간 동안 어떤 것에 대해서도 돈을 받지 않았습니다. 각 분원에서 음식을 제공하여 마흔두 곳 주방에서 모든 사람들에게 무료로 음식을 제공했고, 25만 달러 상당의 법보시 책이 무료로 배포되었습니다. 그리고 지역의 회사에서 엄청난 양의 생수를 제공했고, 지역 버스 회사와 근처에서 트럭을 소유한 이들은 스님들이 탁발할 수 있도록 그들을 마을과 도시로 실어날랐습니다. 장례식은 보시의 큰 잔치였고, 이는 위대한 분에게 작별을 고하는 합당한 방식이었습니다.

　이 책도 그러한 보시의 정신에서 펴내게 된 것입니다. 아잔 차 스님의 승가 공동체에서 그의 가르침을 상업적 출판에

허용하는 것은 이례적인 일입니다(일반적으로 책은 재가신자들의 기부로 펴내 무료로 배포한다). 이 책은 아잔 차 스님이 가르침을 펼친 이래 영어로 출판되는 세번째 책입니다.

이 책은 이전에 영어로 출판되어 무료로 배포되었던 아잔 차 스님의 법문을 편집한 것입니다. 출판사에서는 아잔 차 스님의 가르침을 더 많은 대중이 접할 수 있도록 이 법문들을 편찬하여 출판할 것을 제안했습니다. 아잔 차 스님의 승가 공동체는 이를 매우 고귀한 의도로 여겨 최대한 지원했습니다. 마침 위대한 스승이 가신 지 10주년 되는 해에 이 책이 출판되어 더욱 의미가 깊습니다.

아잔 차 스님의 가르침이 수행의 길을 걷는 구도자들을 풍요로운 명상으로 이끌어주고, 그들이 깨어 있고 순수하고 평화로운 마음을 갖는 데 도움이 되기를 기원합니다.

2002년 1월 16일
아바야기리 사원에서 아마로 비구

3부

지혜

17장
삼매 수행

|

왜 명상을 할까요? 이해해야 할 것을 마음이 이해하지 못했기 때문입니다. 다시 말해, 뭐가 뭔지 제대로 모르기 때문입니다. 여러분은 무엇이 옳고 무엇이 그른지 모릅니다. 무엇이 고통을 일으키고, 무엇이 의심을 일으키는지 모릅니다. 의심과 혼란에 휩싸여 마음이 편안하지 않습니다. 그래서 여기 와서 고요와 절제를 계발합니다.

명상에는 많은 방법이 있는 것 같지만 사실은 단 한 가지 방법밖에 없습니다. 과일나무의 가지를 잘라 심으면 열매를 빨리 얻을 수 있습니다. 하지만 이런 나무는 튼튼하고 건강하지 않습니다. 반면 씨앗을 심어서 나무를 키우면 강하고 튼튼하게 자랍니다. 명상도 마찬가지입니다.

제가 처음 명상을 시작할 때는 명상을 이해하기가 어려웠습니다. 뭐가 뭔지 몰랐을 때는 좌선이 너무 힘들어 이따금 눈물이 나기도 했습니다. 때로는 목표를 너무 높게 잡았고, 때로는 너무 낮게 잡아서 균형점을 찾지 못했습니다. 평화롭게 명상한다는 것은, 마음을 너무 높게도 낮게도 두지 않고 균형점에 둔다는 의미입니다.

여러 스승들에게 여러 가지 명상을 배우면 몹시 혼란스러울 수 있습니다. 한 스승은 이렇게 명상해야 한다고 하고, 또 다른 스승은 저렇게 명상해야 한다고 가르칩니다. 어떤 방법으로 명상해야 할지 의문이 생기고, 명상의 핵심이 무엇인지 확신하지 못합니다. 그 결과 혼란, 의심, 불확실함이 생깁니다. 조화롭게 명상하는 방법은 누구도 알지 못합니다.

그래서 생각을 너무 많이 해서는 안 됩니다. 생각을 하더라도 깨어 있는 마음으로 하십시오. 먼저 자신의 마음을 고요하게 만들어야 합니다. 앎이 있으면 생각할 필요가 없습니다. 그곳에서 깨어 있음이 생길 것입니다. 이것이 지혜가 될 것입니다. 일반적인 생각은 지혜가 아닙니다. 깨어 있지 않은 마음이 무의미하게 떠돌며 결국 괴로움이 생깁니다.

이 단계에서는 생각을 할 필요가 없습니다. 생각은 마음을 동요시킬 뿐입니다. 집착하는 생각은 눈물이 흐르게 할 수도 있습니다. 부처님은 생각을 멈추는 방법을 익히셨으니 정말로 지혜로운 분이셨습니다. 바로 지금 마음을 훈련한다는 결심으로 명상을 해야 합니다. 마음이 왼쪽으로 혹은 오른쪽으로, 앞으로 혹은 뒤로, 위로 혹은 아래로 도망가게 내버려둬서는 안 됩니다. 지금 해야 할 일은 호흡을 알아차리는 명상을 하는 것입니다. 주의력을 정수리에 두십시오. 그리고 몸통을 거쳐 발끝으로, 그리고 다시 머리 쪽으로 주의력을 옮기십시오. 지혜로 관찰하며 이렇게 자신의 몸을 훑으며 알아차림을 유지하십시오. 그러면 몸이 어떤 것인지에 대해 첫 이해가 생길 것입니다. 그런 뒤 '해야 할 일은 오직 들숨과 날숨을 관찰하는 것뿐이다'라는 사실을 기억하며 명상하십시오. 호흡을 평소보다 억지로 길게 하거나 짧게 하려 하지 말고, 호흡이 편안하게 진행되도록 내버려두십시오. 각각의 들숨과 날숨을 놓아버리고, 편안하게 호흡을 내버려두십시오.

놓아버리더라도 알아차림을 계속 유지하십시오. 호흡이 편안하게 들어오고 나가게 하면서 이런 알아차림을 유지해야 합니다. 이 시간에는 다른 할 일이나 의무가 없다는 걸 잊지 마십시오. 일어날 일이나 혹은 보게 될 것들에 대한 생각이 때때로 일어날지 모르지만, 이것들이 저절로 사라지도록 내버려두십시오. 이런 생각들에 대해 많이 신경쓰지 마십시오.

명상할 때는 감각 자극에 주의를 기울일 필요가 없습니다. 감각 접촉에 의해 마음에 어떤 느낌이 일어나면 그 느낌을 놓아버리십시오. 이런 감각들이 좋든 나쁘든 중요하지 않습니다. 이런 자극들이 일어나도 뭔가를 하려 하지 말고, 사라지도록 내버려두고 주의력을 다시 자신의 호흡에 두십시오. 들어오고 나가는 호흡에 알아차림을 유지하십시오. 호흡을 길게 혹은 짧게 만들려 하며 고통을 일으키지 말고, 통제하거나 조절하려는 마음을 버리고 그냥 호흡을 지켜보십시오. 다시 말해, 집착하지 마십시오. 이렇게 지속하면 마음이 점차 놓아버리고 휴식하게 될 것입니다. 그러면 호흡은 점점 더 가벼워져 사라진 것처럼 미세해질 것입니다. 몸과 마음이 모두 가벼워지고 충전되고, 몰입된 앎만이 남을 것입니다. 마음이 고요한 상태에 이르렀습니다.

마음이 동요하면, 알아차림을 일으키고 더이상 들이쉴 수 없을 때까지 깊이 숨을 들이쉬십시오. 그런 뒤 공기가 전혀 남지 않을 때까지 숨을 완전히 내쉬십시오. 다시 한번 깊이 들이쉬고 깊이 내쉬십시오. 이렇게 두세 번 반복한 다음 몰입하십시오. 마음이 좀더 고요해질 것입니다. 감각적 자극에 마음이 동요할 때마다 이 과정을 반복하십시오. 걷기명상도 비슷합니다. 걷기명상을 하는 도중에 마음이 동요하면, 걸음을 멈추고 마음을 고요하게 하고 명상 주제에 대한 알아차림을 다시 확립한 뒤 계속해서 걸으십시오. 자세만 다를 뿐 좌선과 걷기명상은 본질적으로 같습니다.

때로는 의심이 생길지도 모릅니다. 그래서 알아차림이 있어야 합니다. 마음이 어떻게 동요하든 계속 그것을 관찰하며 아는 자가 되어야 합니다. 이것이 알아차림이 있다는 의미입니다. 알아차림은 마음을 지켜보고 보살핍니다. 마음이 어떤 상태에 있어도 이런 앎을 유지해야 하며 부주의하거나 헤매서는 안 됩니다.

마음을 통제하고 감독하는 알아차림을 가지는 것은 중요합니다. 마음이 알아차림으로 하나가 되면, 새로운 종류의 깨어 있음이 나타납니다. 고요함이 계발된 마음은 그 고요함에 의해 단속됩니다. 이는 닭장 속에 있는 닭과 같습니다. 닭장 속의 닭은 밖으로 돌아다닐 수 없지만 닭장 안에서는 마음대로 돌아다닐 수 있습니다. 닭장에 갇힌 닭이 그 안에서 움직이는 것은 문제가 되지 않습니다. 마음이 고요하고 깨어 있을 때의 알아차림은 문제를 일으키지 않습니다. 고요한 마음에 일어나는 생각이나 감각들은 전혀 해가 되지 않고 혼란을 일으키지도 않습니다.

어떤 사람들은 어떠한 생각이나 느낌도 경험하고 싶어하지 않습니다. 하지만 이는 너무 지나친 것입니다. 고요한 상태에서도 느낌들은 일어납니다. 동요하지 않으며, 마음은 느낌과 고요를 동시에 경험합니다. 이런 고요는 해로운 결과를 가져오지 않습니다. 문제는 닭이 닭장에서 나올 때 생깁니다. 예를 들어, 호흡이 들어오고 나가는 것을 지켜보다 자기 자신을 잊어버려, 호흡에서 마음이 벗어나 집으로 돌아가거나 가게들을 돌아다니거나 혹은 여기저기를 다니며 헤맬 수 있습니다. 어쩌면 삼십 분쯤 지나서야 이를 알아차리고 알아차림이 부족한 것을 자책할지도 모릅니다. 닭이 닭장에서 나간 것처럼 마음이 고요함의 기반에서 벗어나는 것에 주의해야 합니다.

알아차림을 갖고 깨어 있으면서 마음을 제자리로 돌려놔야 합니다. '마음을 돌려놓는다'고 말하지만 사실 마음이 어디로 가는 게 아닙니다. 그저 알아차림의 대상만 바뀝니다. 마음이 '여기 그리고 지금'에 머물도록 해야 합니다. 알아차림이 있다면 마음이 바로 앞에 나타납니다. 마음을 돌려놓는 것처럼 보일지 모르지만, 마음은 다른 곳으로 가지 않았습니다. 알아차림이 다시 생기면, 다른 곳에서 마음을 데려올 필요도 없이 즉시 여러분은 마음과 함께 돌아옵니다.

완전한 앎, 매 순간 지속되며 끊김 없는 알아차림이 있을 때, 이것이 '마음과 함께하는 것'입니다. 호흡에서 주의력이 다른 곳으로 벗어나면 그 앎이 깨집니다. 호흡에 대한 알아차림이 있으면 마음이 거기에 있습니다.

'알아차림'과 '바른 이해'가 모두 함께 있어야 합니다. 호흡을 명확하게 알면 '알아차림'과 '바른 이해'가 함께 계발됩니다. 이 둘은 함께 일합니다. '알아차림'과 '바른 이해'를 모두 갖는 것은 일꾼 두 명이 무거운 통나무를 드는 것과 같습니다. 그 통나무가 너무 무거워서 두 일꾼이 감당할 수 없다면 어떻게 될까요? 이를 보고 친절한 세번째 일꾼이 달려와 도와줄 것입니다. 마찬가지로 '알아차림'과 '바른 이해'가 있다면 바로 그곳에서 '지혜'가 일어나 도와줄 것입니다. 이 셋은 서로를 돕습니다.

지혜가 있으면 감각 대상들을 이해할 수 있습니다. 예를 들어, 명상을 하다 친구 생각이 날 때 지혜가 '그건 중요하지 않아', '그만해', '잊어버려'라고 말하면 그 생각이 멈출 것입니다. 내일 어디를 갈 것인지에 대한 생각이 일어나면 지혜는 이렇게 반응할 것입니다. '나는 관심 없어. 이런 것에 신경 쓰고 싶지 않아.' 다른 사람에 대한 생각이 일어나면 이런 생각이 듭니다. '나는 관여하고 싶지 않아', '그냥 놓아버려', '모든 것이 불확실해'. 명상할 때는 감각 대상들을 확실하지 않다고 여기며 이런 알아차림을 유지해야 합니다.

생각, 내면의 대화, 의심을 모두 버려야 합니다. 명상할 때 이런 것들에 사로잡히지 마십시오. 결국은 가장 순수한 '알아차림', '바른 이해', '지혜'만이 남을 것입니다. 이것들이 약해지면 의심이 일어납니다. 이런 의심을 바로 버리려 노력하십시오. 그러면 알아차림, 바른 이해, 지혜만이 남을 것입니다. 알아차림이 언제나 지속되도록 이렇게 알아차림을 계발하십시오. 그러면 알아차림, 바른 이해, 지혜를 완전히 이해할 수 있습니다.

이 점에 주의력을 기울이면, 알아차림과 바른 이해 그리고 지혜를 볼 것입니다. 외부의 감각 대상들을 좋아하든 싫어하든 스스로에게 '이것은 확실하지 않아'라고 말할 수 있을 것입니다. 좋아함과 싫어함은 장애물일 뿐이므로 마음이 깨끗해질 때까지 모두 털어버려야 합니다. 그러면 알아차림, 명확한 이해, 확고하고 흔들림 없는 마음, 완전한 지혜만이 남습니다.

이제 명상을 돕는 방법들에 대해 다뤄보겠습니다. 그중 하나가 마음에 자애심(慈愛心)을 갖는 것입니다. 자애심은 관대하고 친절하며 우호적인 속성의 마음입니다. 자애심을 계속 닦으면 마음이 순수해집니다. 예를 들어, 욕망을 없애고 싶다면 보시를 하면 됩니다. 이기적이면 행복해질 수 없습니다. 이기심은 불만족을 일으킵니다. 하지만 사람들은 그것이 자신에게 어떤 영향을 미칠지 몰라 매우 이기적으로 행동하기 쉽습니다.

특히 배가 고플 때는 언제나 이런 경험을 합니다. 친구와 사과를 나눠 먹는다고 가정해보십시오. 친구에게 사과를 나눠줄 때 작은 것을 주고 싶습니다. 부끄러운 일입니다. 이럴 때 바르게 생각하기란 쉽지 않습니다. 친구에게 사과 하나를 고르라고 하면서 이렇게 말합니다. "이걸 먹어!" 그러면서 친구에게 작은 것을 줍니다. 사람들은 보통 이런 종류의 이기심을 알아차리지 못합니다.

나누려면 본래 성향을 거역해야 합니다. 더 작은 사과를 주고 싶더라도 자신을 다그쳐 큰 사과를 주도록 해야 합니다. 물론 친구에게 큰 사과를 주면 내면에서 뿌듯함을 느낍니다. 자기 절제가 있어야 이렇게 자신의 성향을 거스르며 마음을 훈련할 수 있습니다. 이기심을 버리고 포기하는 방법을 배워야 합니다. 다른 사람들에게 베푸는 방법을 익히고 나면 마음이 즐거워집니다. 주저하면서 과일을 주면 더 큰 것을 줘도 꺼림칙한 마음이 듭니다. 그렇지만 단단히 결심하고 큰 사과를 주면 문제가 바로 해결됩니다. 이는 우리의 성향을 정면으로 거스르는 것입니다.

그러면 자기 자신을 지배할 수 있습니다. 그러지 못하면 자기 자신의 희생양이 되어 계속 이기적일 것입니다. 우리 모두는 원래 이기적입니다. 이것은 끊어야 할 번뇌입니다. 빠알리 경전에서 보시는 주는 것입니다. 보시는 다른 사람에게 행복을 주고 번뇌로부터 마음을 깨끗하게 하는 데 도움이 됩니다. 이것을 반조해보고 명상하며 보시를 계발해야 합니다.

이렇게 명상하는 것이 자신을 괴롭게 만든다고 생각할지 모르지만, 사실은 그렇지 않습니다. 사실 보시는 욕망과 번뇌

를 괴롭힙니다. 욕망이 일어나면 욕망을 없애기 위해 뭔가를
해야 합니다. 번뇌는 길고양이와 같습니다. 길고양이에게 원
하는 만큼 먹이를 주면, 그 고양이는 항상 더 많은 음식을 바
라며 돌아옵니다. 하지만 음식을 주지 않으면, 이틀 정도 뒤
부터는 고양이가 찾아오지 않습니다. 번뇌도 마찬가지입니
다. 번뇌들에게 먹이를 주지 않으면, 번뇌들이 찾아와 귀찮게
하지 않습니다. 평화로운 마음에서 번뇌들이 떠날 것입니다.
그러니 번뇌를 두려워하지 말고 번뇌가 여러분을 두려워하
도록 만드십시오. 자신의 마음으로 법을 보면 그렇게 됩니다.

법이 어디서 일어날까요? 법은 이러한 앎과 이해에서 일어
납니다. 모든 사람들은 법을 알고 이해할 수 있습니다. 책을
읽거나 공부를 많이 해서 도달할 수 있는 것이 아닙니다. 바
로 지금 반조해보면 제가 말하는 것을 이해할 수 있습니다.
모든 사람들에게는 번뇌가 있습니다. 과거 여러분은 자신의
번뇌를 소중히 여겼습니다. 하지만 이제 번뇌의 본질을 이해
해서 번뇌가 여러분을 괴롭히지 못하게 해야 합니다.

명상의 다음 요소는 도덕적 절제인 계율입니다. 부모가 자
신의 아이를 돌보듯이 계율은 명상을 지키고 돌봅니다. 도덕
적 절제는 다른 사람을 해치는 일을 하지 않는다는 의미뿐만
아니라 다른 사람을 돕는다는 의미도 담고 있습니다. 적어도
다음의 다섯 가지 계율을 지켜야 합니다.

반조, 마음을 비추다 2

첫째, 다른 이를 죽이거나 고의적으로 해치지 않아야 할 뿐만 아니라, 모든 존재들에게 선의를 보내야 합니다.

둘째, 정직해야 하고, 다른 사람들의 권리를 침해하지 않아야 합니다. 달리 표현하자면 도둑질하지 않아야 합니다.

셋째, 성적으로 절제할 줄 알아야 합니다. 가족제도는 남편과 아내에 기초를 두고 있습니다. 남편과 아내는 서로 성격과 요구, 바람을 알아야 하고, 절제해야 하며, 적절한 성적 행위의 한도를 알아야 합니다. 어떤 사람들은 그 한계를 모릅니다. 남편과 아내로는 부족해서 두번째 혹은 세번째 파트너를 만듭니다. 제가 보기에는 배우자 한 사람만으로도 넘치므로 둘, 셋은 순전히 쾌락에 탐닉하는 것입니다. 마음을 깨끗이 해서 절제를 알도록 훈련해야 합니다. 절제를 아는 것이 진정한 순수함입니다. 절제하지 않으면 하지 못할 행동이 없습니다. 맛있는 음식을 먹을 때 그 맛에 너무 신경쓰지 마십시오. 자신의 위에 음식이 어느 정도 필요한지 생각하십시오. 너무 많이 먹으면 문제가 생깁니다. 절제가 최선의 길입니다. 배우자 한 사람으로 충분합니다. 둘 혹은 셋은 지나친 쾌락이며 문제를 일으킬 뿐입니다.

넷째, 정직하게 말하십시오. 이것도 번뇌를 뿌리 뽑는 수단입니다. 여러분은 바르고 진실해야 합니다.

다섯째, 술이나 중독성 약물을 먹지 않아야 합니다. 여러분은 절제를 알아야 하고, 가급적 이런 것들을 모두 포기해야 합니다. 사람들은 가족, 친척과 친구, 소유물 등 모든 것들에 이미 중독되어 있습니다. 중독성 약물을 먹어서 상태를 더 나쁘게 만들지 않아도 이미 상태가 충분히 좋지 않습니다. 이것은 마음에 어둠을 드리울 뿐입니다. 이런 것들을 많이 먹는 사람은 점점 그 양을 줄여서 결국에는 완전히 끊어야 합니다. 일상에서 여러분에게 괴로움을 일으키는 행동들은 무엇입니까? 이런 괴로움의 원인이 되는 행동은 무엇입니까? 좋은 행동은 좋은 결과를 가져오고 나쁜 행동은 나쁜 결과를 가져옵니다.

도덕적으로 절제해서 순수해지면 다른 사람들에게 솔직하고 친절해집니다. 그러면 걱정과 후회에서 벗어난 자유와 만족감이 일어납니다. 후회로부터 자유로워지면 일종의 행복이 일어납니다. 이것은 천상의 행복과 비슷합니다. 도덕적 절제로 인한 행복감을 품은 채 편안하게 먹고 잠을 잡니다. 명상의 원리는 선함이 일어나도록 나쁜 행동을 하지 않는 것입니다. 이렇게 도덕적으로 절제하면 악이 사라지고 그 자리에서 선이 일어납니다.

하지만 여기서 끝이 아닙니다. 일단 어느 정도 행복을 얻으면 사람들은 부주의해져서 더 깊이 명상하지 않으려 합니다. 행복에 붙잡혀 꼼짝 못합니다. 그들은 더이상 발전하길 바라지 않습니다. 그들은 천상의 행복을 더 좋아합니다. 이런 행복은 편안하지만 여기에는 참된 이해가 없습니다. 속지 않으려면 계속 반조해야 합니다. 이런 행복의 결점들을 반복해서 생각해보십시오. 이런 행복은 무상합니다. 영원히 지속되지 않습니다. 곧 이런 행복과 이별하게 될 것입니다. 행복은 확실한 것이 아닙니다. 행복이 사라지면 그 자리에서 고통이 일어나고 다시 눈물을 쏟게 됩니다. 심지어 천상의 존재들도 울음과 고통으로 끝을 맺습니다.

그래서 부처님은 행복에는 불만족스러운 측면이 있다고 가르치셨습니다. 일반적으로 행복에 대한 바른 이해 없이 이런 행복을 경험합니다. 확실하고 지속되는 평화를 기만적인 행복이 가립니다. 이 행복은 우리가 집착하는 번뇌의 정제된 형태입니다. 모든 사람들은 행복을 바랍니다. 어떤 것을 좋아하는 데서 행복이 일어납니다. 하지만 좋아함이 싫어함으로 바뀌자마자 고통이 일어납니다. 이런 행복의 불확실성과 한계를 반조해봐야 합니다. 대상이 바뀌면 고통이 일어납니다. 이런 고통 역시 불확실한 것입니다. 고통이 고정되어 있거나 절대적인 것이라고 생각하지 마십시오. 이런 반조를 '조건 지어진 세상의 결점과 한계에 대한 반조'라고 부릅니다. 행복을 액면 그대로 받아들이지 말고 행복을 반조해보라는 의미입니다. 행복이 불확실한 것임을 보고서, 행복에 너무 집착하지 말아야 합니다. 행복의 이익과 해로움을 모두 보고서, 행복을 얻은 다음에는 그것을 놓아버려야 합니다.

　대상들의 불완전함을 보면 버림에 대한 반조를 마음이 이해할 것입니다. 마음이 미몽에서 깨어나 출구를 찾을 것입니다. 진실로 있는 그대로의 형상과 맛, 그리고 진실로 있는 그대로의 사랑과 미움을 보면 염오심이 일어납니다. 염오심은 어떤 것에 집착하는 욕망이 더이상 존재하지 않는다는 의미입니다. 집착에서 벗어난 평정심으로 관찰하며, 집착에서 벗어나 편안하게 지낼 수 있습니다. 이것이 명상에서 일어나는 평화입니다.

18장

번뇌와의 싸움

|

탐욕, 악의, 어리석음이라는 적들에 대항해 싸우십시오. 부처님께서 가신 길인 불교 명상에서는 법과 인내심으로 싸워나가야 합니다. 우리는 끊임없는 감정들에 저항하며 싸웁니다.

　법과 세상은 서로 연관되어 있습니다. 법이 있는 곳에 세상이 있고, 세상이 있는 곳에 법이 있습니다. 번뇌가 있는 곳에 번뇌와 싸워 번뇌를 정복하는 이들이 있습니다. 이것을 내적인 전투라고 부릅니다. 외적인 전투를 할 때 사람들은 폭탄을 터뜨리고 총을 쏘며, 다른 사람들을 정복하고 그들에 의해 정복당하기도 합니다. 다른 사람들을 정복하는 것은 세속의 길입니다. 명상을 할 때는, 다른 사람들과 싸우는 것이 아니라 자신의 감정에 대해 인내하고 저항하며 자신의 마음을 정복합니다.

명상을 할 때는 분노나 증오를 품지 않고 행동하며, 모든 생각에서 모든 형태의 악의를 놓아버립니다. 질투와 악의와 분노에서 벗어납니다. 적개심과 증오를 품지 않으면 분노가 사라집니다.

흔히 분노와 증오에서 보복이 생깁니다. 상처 주는 행동을 없애버리면 복수나 적개심으로 반응할 이유가 없어집니다. 행동을 그저 행동으로 봅니다. '네가 나에게 이런 짓을 했으니 내가 이걸 갚아줄 거야'라는 생각으로 계속 행동하는 것이 보복입니다. 보복에는 끝이 없습니다. 보복은 끊임없이 보복을 불러옵니다. 그래서 분노를 버릴 수 없습니다. 이렇게 행동하는 한 반목이 계속됩니다.

부처님은 세간의 모든 존재에 대한 연민으로 세상을 가르치셨습니다. 하지만 세상에는 반목과 싸움이 계속됩니다. 지혜로운 이들은 이를 잘 살펴보고 진실로 가치 있는 행동을 분별해야 합니다. 왕자 시절에 부처님은 다양한 전투 기술을 배웠지만 이것이 전혀 쓸모가 없음을 깨달았습니다. 전투 기술은 싸움과 침략이 있는 세상에만 필요합니다.

따라서 세상을 떠나 자신을 훈련하는 스님들은, 증오를 일으키는 모든 형태의 악함을 버리는 방법을 배워야 합니다. 남이 아닌 자기 자신을 정복해야 합니다. 싸우되 오직 번뇌와만 싸워야 합니다. 욕망이 있으면 욕망과 싸우고, 악의가 있으면 악의와 싸우고, 어리석음이 있으면 어리석음과 싸웁니다.

이것이 법에 따른 싸움입니다. 이런 마음의 행복은 정말 얻기 어렵습니다. 모든 것들 중 가장 어려운 것입니다. 우리는 욕망, 악의, 어리석음과 싸우는 기술을 배우려고 출가합니다. 이것이 가장 중요한 의무입니다. 하지만 이렇게 싸우는 사람은 매우 드뭅니다. 번뇌와 싸우는 사람은 드물고, 사람들은 대부분 다른 것과 싸웁니다. 번뇌를 보는 사람조차 드뭅니다.

부처님은 모든 종류의 악함을 버리고 덕행을 계발하라고 가르치셨습니다. 이것이 바른길입니다. 이 길에 도착해서는, 세상의 학생들처럼 어려운 길을 감당할 준비가 되어 있어야 합니다. 학생들이 직업을 위해 필요한 지식을 얻는 것은 쉽지 않습니다. 그래서 그들에게는 인내심이 필요합니다. 공부하기가 싫거나 게을러질 때는 자신을 다그쳐야 합니다. 그래야 직업을 얻을 수 있습니다. 스님들에게 명상도 비슷합니다. 명상을 하려고 결심해야 그 길을 볼 것입니다.

'디티마나(diṭṭhimāna)'는 해로운 것입니다. '디티(diṭṭhi)'는 '견해' 혹은 '의견'을 의미합니다. 선한 것을 악한 것으로 보든 악한 것을 선하게 보든, 이런 모든 종류의 견해를 '디티'라고 합니다. 견해를 갖는 것이 문제가 아닙니다. 문제는 그 견해에 집착하는 것입니다. 이렇게 진리인 것처럼 견해에 집착하는 것을 '마나(māna)'라고 합니다. 이런 집착이 우리를 태어남과 죽음 속에서 돌고 돌게 하며, 그 길의 끝에 결코 이르지 못하게 합니다. 그래서 부처님은 견해들을 놓아버리라고 하셨습니다.

스님들이 함께 사는 사찰처럼 많은 사람들이 함께 사는 곳에서는, 그 견해들이 조화를 이루어야 편안하게 명상할 수 있습니다. 하지만 견해들이 조화를 이루지 못하면 스님 두세 명이 함께 사는 것도 어렵습니다. 겸손하게 자신의 견해를 놓아버리면, 많은 사람들이 함께 지내도 부처님과 법과 승단 속에서 하나가 됩니다.

많은 사람이 함께 산다고 해서 조화가 깨질 이유는 없습니다. 지네를 보십시오. 지네는 다리가 많지만 아무 어려움 없이 걷습니다. 지네가 걸을 때는 순서와 리듬이 있습니다. 명상도 마찬가지입니다. 부처님 당시의 고귀한 스님들처럼 명상하면 어려움이 없을 것입니다. 고귀한 스님들은 명상을 잘한 이들이며, 바르게 명상한 이들이며, 고통을 초월한 이들이며, 제대로 명상한 이들입니다. 이런 네 가지 특징들이 자신에게 확립되면 승단의 진정한 일원이 될 것입니다. 수백 번혹은 수천 번을 가더라도 우리 모두는 같은 길을 걷습니다. 각자 다른 배경을 갖고 있지만 우리는 모두 같습니다. 각자 견해가 달라도 바르게 명상하면 갈등이 없을 것입니다. 냇물과 강물이 바다로 흘러들면 모두 같은 맛과 같은 빛깔을 갖게 되듯 말입니다. 법의 흐름에 들면 하나의 법이 됩니다. 서로 다른 곳에서 왔더라도 조화롭게 융화됩니다.

하지만 디티마나〔見慢〕가 있으면 논쟁과 갈등이 일어납니다. 그래서 부처님은 견해를 놓아버리라고 하셨습니다. 견해에 지나치게 집착하는 '마나'를 버리십시오.

부처님은 지속적인 알아차림이 중요하다고 가르치셨습니다. 서 있거나 걷거나 앉아 있거나 기대 있거나, 어디에 있든 알아차림의 힘이 있어야 합니다. 알아차림이 있으면 자신과 자신의 마음을 봅니다. "몸속에서 몸을 보고, 마음속에서 마음속을 봅니다." 알아차림이 없으면 무엇이 일어나는지 아무것도 알지 못합니다.

그래서 알아차림은 매우 중요합니다. 지속적인 알아차림이 있으면 언제나 부처님의 법을 들을 수 있습니다. '눈이 형상을 보는 것'이 법이기 때문입니다. 마찬가지로 '귀가 소리를 듣는 것', '코가 냄새를 맡는 것', '혀가 맛을 보는 것', '몸이 감촉을 느끼는 것' 역시 법입니다. 그리고 마음속에서 느낌이 일어나는 것 역시 법입니다. 그래서 지속적인 알아차림을 가진 이는 언제나 부처님의 가르침을 듣습니다. 법은 항상 여기에 있습니다.

알아차림은 사띠(sati)이고, 자각은 삼빠잔냐(sampajañña)입니다. 이런 알아차림은 사실 '아는 자', 즉 '부처'입니다. 사띠-삼빠잔냐가 있으면 이해가 따라옵니다. 우리는 무슨 일이 벌어지는지를 압니다. 눈으로 형상을 보는 것이 바람직한가요, 바람직하지 않은가요? 귀로 소리를 듣는 것이 올바른 것인가요, 잘못된 것인가요? 다른 감각들은 어떤가요? 이것을 이해하면 언제나 법을 듣습니다. 바로 지금 우리는 법에서 배우고 있습니다. 앞으로 가나 뒤로 가나 알아차림이 있으면 모두 법입니다. 숲속을 뛰어다니는 동물들도 우리와 다를 바가 없습니다. 동물도 사람처럼 고통에서 도망치고 행복을 좇습니다. 동물도 싫어하는 것을 피하고 죽음을 두려워합니다. 이를 반조해보면, 세상의 모든 존재들은 다양한 성향을 지녔지만 본질적으로는 동일하다는 걸 알게 됩니다. 이렇게 생각하는 것이 바와나(bhāvanā)입니다. 바와나는 모든 존재들이 생로병사를 함께하는 동반자라고 진리에 따라 보는 것입니다.

그러므로 우리는 알아차림을 지녀야 합니다. 알아차림이 있으면 자신의 마음 상태를 볼 것입니다. 무엇을 생각하고 느끼든 그것을 알아야 합니다. 이런 앎을 '부처'라고 부릅니다. '부처'는 완전히, 명확하게, 완벽하게 '아는 자'입니다. 마음이 완전하게 알면, 바른 명상을 알게 됩니다. 오 분간 알아차림이 없으면 오 분간 미친 것이고 오 분 동안 부주의한 것입니다. 알아차림이 있다는 것은 자신을 안다는 것이고, 자신의 마음과 삶의 조건을 안다는 것이며, 이해와 분별력을 가진다는 것이고, 항상 법을 듣는다는 것입니다.

반드시 매일 명상하십시오. 의욕이 있든 의욕이 없든 그냥 명상하십시오. 하고 싶을 때만 명상하는 것은 법이 아닙니다. 밤이든 낮이든 마음이 평화롭든 그렇지 않든 중요하지 않습니다. 그냥 명상하십시오.

이는 아이가 글쓰기를 배우는 것과 같습니다. 처음에 아이는 글씨를 잘 못 씁니다. 너무 크거나 삐뚤빼뚤하게 글씨를 씁니다. 시간이 지나면 실력이 늡니다. 명상도 마찬가지입니다. 처음에는 명상하는 데 서툽니다. 어떨 때는 고요하고 어떨 때는 고요하지 않습니다. 뭐가 뭔지 제대로 모릅니다. 그래서 어떤 이들은 낙담합니다. 약해지지 말고 꾸준히 명상하십시오. 나이가 들면서 글 쓰는 솜씨가 점점 좋아지는 학생들처럼 꾸준히 노력하십시오. 그들도 처음에는 글씨를 잘 못 썼지만 연습을 해서 글씨를 아름답게 쓰게 된 것입니다.

명상도 이와 같습니다. 서 있거나 걷거나 앉아 있거나 누워 있거나 알아차림을 항상 유지하려 노력하십시오. 해야 할 여러 가지 일들을 부드럽게 잘해나가면 마음이 평화롭습니다. 일할 때 마음이 평화로우면, 명상으로 쉽게 평화로워집니다. 일과 명상은 함께 갑니다. 그러니 열심히 명상하십시오. 이것이 마음을 훈련하는 것입니다.

19장

그냥 하라!

|

그저 이렇게 숨을 들이쉬고 내쉬십시오. 다른 어떤 것에도 관심을 두지 마십시오. 어떤 사람이 엉덩이를 허공으로 향하고 머리를 바닥에 처박고 있어도 신경쓰지 마십시오. 그저 들숨, 날숨과 함께 머무십시오. 계속해서 호흡에 알아차림을 두십시오.

다른 일을 하지 마십시오. 다른 것에 대해 생각할 필요가 없습니다. 그저 들숨과 날숨을 아십시오. 들이쉬면서 '붓', 내쉬면서 '도'라고 생각하십시오. 들숨과 날숨을 연속적으로 알아차릴 때까지 이렇게 호흡과 함께 머무십시오. 이렇게 호흡을 알아차려서 불편함이나 동요 없이 마음이 평화로워지도록 하십시오. 마음이 이런 상태에 머물게 하십시오. 목표는 아직 필요 없습니다. 이것이 명상의 첫 단계입니다.

마음이 편안하고 평화로우면 저절로 알아차립니다. 이렇게 계속 머물면 호흡이 사라지고 더욱 부드러워집니다. 몸과 마음이 부드러워집니다. 이는 자연스러운 과정입니다. 앉는 것이 편안해지지만 지루하거나 흐리멍덩해지거나 졸리지는 않습니다. 마음은 언제나 자연스럽고 편안합니다. 마음이 고요하고 평화롭습니다. 그리고 삼매에서 벗어날 때 "오, 그건 뭐였지?" 하고 스스로 되묻게 될 것입니다. 여러분은 자신이 경험했던 평화를 결코 잊지 못할 것입니다.

그러면 알아차림의 힘인 '사띠'와 자각인 '삼빠잔냐'가 따라옵니다. 어떤 행동을 하든, 말을 하든, 어디를 가든, 탁발을 가든, 식사를 하든, 발우를 씻든, 모든 것에 대해 깨어 있습니다. 모든 것을 지속적으로 알아차리십시오. 마음을 따르십시오.

걷기명상을 할 때는 약 15미터 정도 되는 걸을 장소를 선택하십시오. 한 나무에서 다른 나무 사이의 거리 정도일 겁니다. 걷기명상도 좌선과 다를 바 없습니다. 몰입하며 알아차리십시오. '이제 나는 노력을 할 거야. 강한 알아차림으로 마음을 평화롭게 만들 거야.' 몰입의 대상은 사람에 따라 다릅니다. 자신에게 적절한 것을 찾아보십시오. 어떤 사람은 모든 존재들에게 자애를 보내고 나서, 오른발을 먼저 내디디며 정상적인 속도로 걷습니다. 그리고 발걸음에 염불인 '붓도'를 결합시킵니다. 명상 주제를 지속적으로 알아차리십시오. 마음이 동요하면 멈추고 마음을 고요하게 하십시오. 그런 뒤 다시 걸으십시오. 걷기명상을 할 때 처음과 중간과 끝 모두를 지속적으로 알아차려야 합니다. 이 같은 앎을 이어가십시오.

앞뒤로 걸으며 하는 걷기명상은 쉽지 않습니다. 걷기명상을 하는 모습을 보고 미쳤다고 생각할 수도 있습니다. 그들은 걷기명상이 대단한 지혜를 일으킨다는 사실을 모릅니다. 앞으로 뒤로 걸으십시오. 피곤해지면 가만히 멈추고 마음을 고요하게 만드십시오. 호흡을 편안하게 만드는 데 몰입하십시오. 호흡이 어느 정도 편안해지면 다시 걷는 데 몰입하십시오.

자세를 바꿔가며 명상하십시오. 일어서거나 걷거나 앉거나 누우며 자세를 바꿔보십시오. 하루종일 앉아서만 명상하거나, 하루 종일 서서 혹은 하루종일 누워서만 명상할 수는 없습니다. 명상에 도움이 되도록 자세를 바꿔가며 시간을 보내십시오. 쉽지 않더라도 꾸준히 명상하십시오.

이렇게 마음속에 떠올려보십시오. 탁자 위에 컵을 두고 이 분간 기다리십시오. 시간이 되면 그 컵을 다른 탁자로 옮겨서 이 분간 두십시오. 그런 뒤 다시 원래 놓여 있던 탁자로 컵을 옮기고 이 분을 기다리십시오. 이런 식으로 계속 반복하십시오. 힘들 때까지, 의심이 생길 때까지, 지혜가 일어날 때까지 계속 반복하십시오. '내가 왜 미친 사람처럼 컵을 계속 옮기고 있지?' 마음은 이렇게 습관적으로 생각할 것입니다. 다른 사람이 뭐라고 하든 신경쓰지 말고 계속 컵을 옮기십시오. 이 분마다입니다! 잡생각에 빠지지 말고 몰입하십시오.

들숨과 날숨을 지켜보는 것도 마찬가지입니다. 오른발을 왼발 위에 얹고 앉으십시오. 그리고 허리를 곧게 펴십시오. 호흡이 가득 들어와 아랫배가 움직이지 않을 때까지 호흡을 지켜보십시오. 그리고 들숨이 끝난 뒤 폐에서 숨이 모두 빠져나가도록 하십시오. 호흡이 길건 짧건 부드럽건 이런 것들은 중요하지 않습니다. 호흡을 자연스럽게 내버려두십시오. 들숨과 날숨을 편안하게 지켜보십시오. 여러분의 마음이 호흡을 놓쳐서는 안 됩니다. 만약 호흡을 놓쳤다면, 멈추고 호흡을 따라가지 못하는 이유를 살펴보십시오. 그리고 다시 호흡에 주의를 기울이십시오. 의심을 품지 말고 호흡과 함께 머무십시오. 언젠가는 그 결과를 얻게 될 것입니다. 그냥 계속 이렇게 명상하십시오. 아무것도 얻지 않을 것처럼, 아무것도 일어나지 않을 것처럼, 누가 명상하는지도 모르는 것처럼 명상하십시오. 그렇지만 꾸준히 명상하십시오. 곳간에 있는 볍씨를 파종하듯 말입니다. 볍씨를 파종할 때는 볍씨를 들판에 버리듯이 뿌립니다. 하지만 그 씨앗들은 싹이 트고 자랍니다. 여러분은 그것들을 옮겨 심어 달콤한 푸른 쌀을 얻습니다.

명상도 마찬가지입니다. 그저 그 자리에 앉아 있으면 때로 이런 생각이 들 겁니다. '내가 왜 이렇게 열심히 호흡을 보고 있지? 내가 호흡을 보지 않더라도 숨이 계속 들어왔다 나가는데 말이지.'

여러분은 언제나 생각할 거리를 찾고 있습니다. 이것이 견해입니다. 견해는 마음의 표현입니다. 이런 것은 잊어버리십시오. 계속 노력하며 마음을 평화롭게 만드십시오.

마음이 평화로워지면 호흡이 미세해지고, 몸의 긴장이 풀리고, 마음이 섬세해집니다. 이렇게 균형잡힌 상태가 되면 호흡이 없어진 것처럼 보입니다. 하지만 별일 아닙니다. 무서워하지 마십시오. 호흡이 멈췄다고 여기고 자리에서 일어나 도망치지 마십시오. 이런 상태는 마음이 평화롭다는 것을 보여줍니다. 아무것도 할 필요가 없습니다. 그렇게 앉아서 현재 일어나고 있는 것을 지켜보십시오.

때로는 '내가 숨을 쉬고 있나?' 하는 의문이 들기도 할 겁니다. 이렇게 생각하는 것도 잘못입니다. 이것은 생각하려는 마음입니다. 무엇이 일어나든 자연스러운 과정을 거치도록 내버려두십시오. 그리고 그것을 알고 지켜보십시오. 하지만 그것에 속지 마십시오. 꾸준히 자주 명상하십시오. 식사 후 승복을 빨랫줄에 말려놓고 곧바로 걷기명상을 시작하십시오. '붓도, 붓도'라고 생각하며 계속 명상하십시오. 걸으면서 계속 이렇게 생각하십시오. 걸으면서 '붓도'에 계속 몰입하십시오. 걷기명상을 하고 있는 땅이 닳아서 종아리까지 파이고 무릎까지 파일 때까지 명상하십시오. 그저 계속 걸으십시오.

이런저런 생각을 하며 산책하듯이 형식적으로 걷다가 오두막으로 들어가 돼지처럼 코를 골며 잠에 빠져서는 안 됩니다. 이런 식으로 명상해서는 아무것도 얻을 수 없습니다. 게으름이 완전히 사라질 때까지 명상하십시오. 무엇을 경험하든 정면으로 돌파해 극복해야 합니다. 평화라는 말을 스스로에게 그냥 반복하다보면 앉자마자 스위치를 켜듯 평화가 일어날 것 같지만 그렇지 않습니다. 그리고 그렇게 해서 평화가 오지 않으면 포기해버립니다. 그런 식으로는 평화를 얻을 수 없습니다.

말하기는 쉽지만 행하기는 어렵습니다. 이는 환속을 생각하는 승려가 이렇게 말하는 것과 같습니다. "벼농사는 별로 어려워 보이지 않는군. 농부가 되어야겠어." 이렇게 소나 써레질 혹은 쟁기질에 대해 하나도 모르는 채로 농사를 시작합니다. 그러면 말로는 쉬운 농사가 실제로는 얼마나 어려운지를 깨닫게 됩니다.

모든 사람들은 이런 식으로 평화를 찾고 싶어합니다. 사실 평화는 바로 여기에 있지만, 아직 그것을 모릅니다. 평화를 쫓아가고 평화에 대해 마음대로 얘기할 수는 있지만, 평화가 무엇인지는 알지 못합니다.

그러니 명상하십시오. 평화를 알 때까지 '붓도'와 함께 호흡에 몰입하십시오. 마음이 다른 곳으로 도망가지 못하게 하십시오. 이렇게 꾸준히 명상하십시오. 이때는 이런 앎을 가지십시오. 이렇게 명상하고, 이만큼 공부하십시오. 아무런 변화가 없어도 그저 계속 명상하십시오. 그러면 호흡을 알게 될 것입니다.

이렇게 명상에 익숙해지면, 마음이 가장 적절한 상태에 도달합니다. 마음이 평화로우면 알아차림이 저절로 일어납니다. 그러면 밤새도록 좌선을 할 수도 있습니다. 마음이 명상을 즐기기 때문입니다. 명상이 이 정도 수준에 이르러 능숙해지면, 날이 어두워지도록 동료들에게 법문을 하고 싶을 것입니다.

포 상 스님이 행자(行者, 예비 출가자)였을 때 일입니다. 어느 날 밤 그는 걷기명상을 한 뒤 좌선을 했습니다. 그의 마음은 명확하고 예리했습니다. 그는 법을 설하고 싶었습니다. 그는 멈출 수가 없었습니다. 저는 어떤 사람이 대나무 숲에서 아주 큰 소리로 가르침을 설하는 소리를 들었습니다. 저는 이렇게 생각했습니다. '누가 법문을 하나? 아니면 누가 불평을 늘어놓나?' 소리는 계속되었습니다. 그래서 저는 손전등을 들고 살펴보러 갔습니다. 대나무 숲에는 포 상이 가부좌를 틀고 앉아 있었습니다. 그가 말을 너무 빨리 하고 있어서 무슨 말인지 이해할 수 없었습니다.

그래서 저는 그를 불렀습니다. "포 상! 자네 미쳤는가?"

그는 말했습니다. "저도 어떻게 된 일인지 모르겠습니다. 그냥 법문을 하고 싶었습니다. 앉아도 법문을 하게 되고, 걸어도 법문을 하게 됩니다. 언제나 법을 설하고 싶습니다. 언제 끝날지 저도 모르겠습니다."

사람들이 명상을 할 때는 무슨 일이든 일어날 수 있다는 생각이 들었습니다.

멈추지 말고 꾸준히 명상하십시오. 감정을 따르지 마십시오. 자신의 성향을 거슬러야 합니다. 명상하기 싫어도 명상하고, 명상하고 싶어도 명상하십시오. 앉아서도 명상하고 걸으면서도 명상하십시오. 누우면 호흡에 몰입하며 이렇게 생각하십시오. '나는 눕는 즐거움에 빠지지 않으리라.' 이렇게 자신의 마음을 가르치십시오. 깨자마자 일어나 노력을 기울이십시오.

식사를 하면서도 이렇게 생각하십시오. '욕망 때문이 아니라 이 몸을 지탱하는 약으로 삼아 명상을 계속하기 위해 음식을 먹는다.'

누울 때 자신의 마음을 가르치십시오. 먹을 때 자신의 마음을 가르치십시오. 이런 태도를 계속 유지하십시오. 일어날 때 이 동작을 알아차리십시오. 누울 때도 알아차리십시오. 무엇을 하든 알아차리십시오. 누울 때 오른쪽으로 누워 잠이 들 때까지 '붓도'를 이용해 호흡에 몰입하십시오. 그러면 '붓도'가 항상 있었던 것처럼 느끼며 깨어납니다. 알아차림이 항상 있어야 평화가 일어날 수 있습니다. 다른 사람들을 쳐다보지 마십시오. 다른 사람들의 일에 관심 갖지 말고, 자기 일에만 신경쓰십시오.

좌선을 할 때 똑바로 앉으십시오. 머리를 너무 뒤로 기울이지도 말고 너무 앞으로 숙이지도 마십시오. 부처님처럼 균형잡힌 바른 자세를 유지하십시오. 그러면 마음이 밝고 명확할 것입니다.

참을 수 있을 때까지 참은 뒤에 자세를 바꾸십시오. 고통스럽다면 고통스럽도록 내버려두십시오. 서둘러 자세를 바꾸려 하지 마십시오. '너무 힘들어. 쉬는 게 좋겠어'라고 생각하지 마십시오. 고통이 극에 달할 때까지 인내심을 갖고 견디십시오. 그런 뒤 좀더 참으십시오.

'붓도'를 더이상 할 수 없을 정도까지 참으십시오. 그런 뒤 고통이 일어나는 부위를 명상 주제로 삼으십시오. '붓도'가 아닌 고통을 명상 주제로 삼을 수도 있습니다. 여기에 계속 몰입하십시오. 꾸준히 좌선하십시오. 고통이 극에 달하면 무엇이 일어나는지 살펴보십시오.

"고통은 저절로 일어났다 저절로 사라진다"고 부처님이 말씀하셨습니다. 고통이 사라지도록 내버려두십시오. 포기하지 마십시오. 때로는 식은땀이 흐를지도 모릅니다. 옥수수 알갱이처럼 굵은 땀방울이 가슴에서 흘러내릴지도 모릅니다. 고통스런 느낌이 한번 지나가면 그 고통에 대해 모두 알 것입니다. 이렇게 계속 명상하십시오. 그렇지만 너무 자신을 밀어붙이지는 말고 지속적으로 명상하십시오.

먹으면서 알아차리십시오. 여러분은 음식물을 씹고 삼킵니다. 음식물이 어디로 갑니까? 어떤 음식이 자신에게 맞고 어떤 음식이 맞지 않는지 아십시오. 음식의 양을 측정해보십시오. 음식을 먹을 때 계속 살펴보십시오. 그리고 다섯 숟가락 정도 더 먹으면 배가 찰 것 같다는 생각이 들 때 식사를 멈추고 물을 마십시오. 이 정도가 아주 적절한 식사량입니다. 그러면 좌선을 하거나 걷기명상을 할 때 몸이 무겁지 않아서 명상이 발전할 것입니다.

자신이 이렇게 할 수 있는지 시험해보십시오. 하지만 보통 우리는 이렇게 하지 않습니다. 배가 불러도 다섯 숟가락을 더 먹습니다. 마음이 그렇게 말합니다. 마음은 자기 자신을 가르치는 방법을 모릅니다. 욕망과 번뇌는 부처님의 가르침과는 다른 방향으로 이끕니다. 진심으로 자신의 마음을 훈련하려는 마음이 없는 사람은, 자신의 마음을 계속 지켜볼 수 없습니다.

잠잘 때 방심하지 마십시오. 성공적으로 명상하려면 적절한 방법들을 알아야 합니다. 어느 날 밤에는 일찍 잠자리에 들고, 어느 날 밤에는 늦게 잠자리에 들 것입니다. 하지만 언제 잠자리에 들든 잠에서 깨면 곧바로 일어나십시오. 일어났다가 다시 잠들지 마십시오. 많이 잤든 조금 잤든 한 번만 자야 합니다. 충분히 자지 못했더라도 일어나면 세수를 하고 걷기명상이나 좌선을 하겠다고 결심하십시오. 이렇게 자신을 훈련하는 방법을 아십시오. 이는 다른 사람에게 들어서 알 수 있는 것이 아니라, 명상을 통해 자신을 훈련해야만 알 수 있습니다. 이것이 제가 명상을 하라고 하는 이유입니다.

마음을 훈련하는 것은 어렵습니다. 좌선을 할 때는 마음에 오직 하나의 대상만 허용하십시오. 들숨, 날숨과 함께 머물면 마음이 점점 고요해집니다. 혼란스럽다면 마음속에 많은 대상들이 있을 것입니다. 좌선할 때 집 생각이 나나요? 어떤 사람들은 중국식 우동을 먹는 생각을 합니다. 스님으로 계를 받고 나면 처음에는 배가 고픕니다. 먹고 마시고 싶어서 온갖 종류의 음식을 생각하며 마음이 미쳐갑니다. 그러면 그냥 내버려두십시오. 곧 음식에 대한 욕망을 극복하면 이런 생각들이 사라집니다.

걷기명상을 할 때는 어떤가요? 마음이 방황하나요? 그렇다면 멈춰서 마음이 돌아오도록 하십시오. 마음이 많이 방황하면 숨을 쉬지 마십시오. 폐가 터질 때까지 숨을 참으십시오. 그러면 마음이 저절로 돌아올 것입니다. 마음을 강하게 만들어야 합니다. 마음을 훈련하는 것은 동물을 조련하는 것과는 다릅니다. 마음을 훈련하기는 정말 어렵지만 쉽게 실망하지 마십시오. 숨을 참고 있으면 다른 생각이 떠오르지 않을 것이고, 마음이 저절로 다시 돌아올 것입니다.

병에 담긴 물을 생각해보십시오. 물병을 천천히 기울이면 물이 한 방울씩 떨어집니다. 그렇지만 병을 더 기울이면 물이 주르르 흘러내립니다. 알아차림도 이와 같습니다. 꾸준하고 일관되게 열심히 노력하면, 물의 흐름처럼 알아차림이 끊이지 않습니다. 앉거나 서거나 걷거나 눕거나 알아차림이 물살처럼 끊이지 않고 지속됩니다.

마음을 훈련하는 것도 마찬가지입니다. 알아차림의 순간이 지나고 나서 다시 이런저런 생각을 하면 마음이 동요되어 알아차림이 지속되지 않습니다. 무슨 생각이 일어나든 신경쓰지 말고 계속 노력하십시오. 물방울이 점점 더 자주 떨어져 결국 물살이 되는 것처럼 알아차림이 우리를 에워쌀 것입니다. 서거나 앉거나 걷거나 눕거나 이런 앎이 여러분을 돌볼 것입니다.

지금 바로 시작하십시오. 하지만 서두르지는 마십시오. 그저 앉아서 무엇이 일어날지 보고만 있다면 시간을 낭비하는 것입니다. 주의하십시오. 너무 애쓰면 성공하지 못할 것입니다. 그렇지만 전혀 노력하지 않아도 성공하지 못할 것입니다.

반조, 마음을 비추다 2

20장
꾸준한 명상

|

명상은 어렵다는 것을 명심하십시오. 마음은 중요하지만 마음을 훈련하는 것은 어렵습니다. 몸과 마음에 있는 모든 것들은 마음에서 모입니다. 눈, 귀, 코, 혀, 몸은 모두 감각을 받아들여, 그 감각을 모든 감각기관을 감독하는 마음에 보냅니다. 마음이 잘 훈련되면 모든 문제가 사라집니다. 아직 문제가 존재한다면 마음에 의심이 있기 때문입니다. 진리에 따라 마음이 알지 못하기 때문입니다.

여러분은 명상을 하기 위한 준비가 충분히 되어 있습니다. 서 있든 앉아 있든 걷고 있든 누워 있든 명상에 필요한 방법들은 어디에나 있습니다. 법이 어디에나 충만해 있는 것처럼 말입니다. 땅이든 바다든 바로 여기에 언제나 법이 존재합니다. 법은 완전하고 완벽하지만, 우리 명상은 아직 완전하지 못합니다.

완전하게 깨달은 부처님은 명상을 통해 이 법을 깨닫는 방법들을 가르치셨습니다. 이것이 대단한 내용은 아니지만 사실입니다. 거창한 것은 아니지만 진리가 담겨 있습니다. 머리카락을 예로 들어보겠습니다. 머리카락 한 올만 알면 자신과 다른 사람들의 모든 머리카락을 알 수 있습니다. 머리카락들은 모두 그저 머리카락일 뿐임을 압니다.

사람들을 생각해보십시오. 자기 안에 있는 조건들의 본질을 보면 세상의 다른 모든 사람들을 알 수 있습니다. 모든 사람들은 같기 때문입니다. 법은 이와 같습니다. 이는 별것 아닌 것 같지만 대단한 것입니다. 한 가지 조건의 진실을 보면 다른 모든 것들의 진실을 보게 됩니다.

그럼에도 불구하고 '원함' 때문에 마음을 훈련하기가 어렵습니다. 뭔가를 '원하면' 명상하지 않는 것입니다. 그렇지만 원해서 명상하지 않으면 법을 깨달을 수 없습니다. 명상을 원하지 않으면 명상을 할 수가 없습니다. 처음에는 명상을 원해야 명상을 할 수 있습니다. 앞으로 가나 뒤로 가나 욕망을 만납니다. 그래서 과거 수행자들이 명상은 너무 어렵다고 한 것입니다. 욕망 때문에 법을 보지 못합니다. 때로는 욕망이 너무 강해서 즉시 법을 깨닫기를 원합니다. 하지만 법이 여러분의 마음과 일치하지 않습니다. 여러분의 마음이 아직 법이 아닌 것입니다.

욕망 때문에 명상이 고되고 힘듭니다. 좌선하려고 앉자마자 마음이 평화로워지길 바랍니다. 평화를 찾고 싶지 않았다면, 좌선도 하지 않고 명상도 하지 않았을 것입니다. 우리는 앉자마자 바로 평화로워지길 원합니다. 하지만 마음이 고요해지기를 원하면 마음이 혼란스러워지고 들뜹니다. 그래서 부처님은 이렇게 말씀하셨습니다.

"욕망으로 말하지 말고, 욕망으로 앉지 말고, 욕망으로 걷지 말라. 무엇을 하든 욕망을 가지고 하지 말라."

욕망은 '원함'입니다. 어떤 것을 하고 싶지 않으면 그것을 하지 않을 것입니다. 이런 상황이 되면 정말 낙담합니다. 앉자마자 마음속에 욕망이 생긴다면 어떻게 명상해야 할까요?

사실 우리 마음은 숲속 나무처럼 자연 상태입니다. 나무판자는 나무에서 생기지만 나무가 판자는 아닙니다. 나무를 제대로 쓰려면 나무를 잘라서 판자를 만들어야 합니다. 본질적으로 나무는 그저 나무이고 자연 상태입니다. 목재가 필요한 사람에게 원래 자연 상태의 나무는 큰 쓰임새가 없습니다. 마음도 이와 같습니다. 자연 상태의 마음은 '아름답다', '추하다' 등으로 분별합니다.

마음을 자연 상태 그대로 내버려둬서는 안 되고 좀더 훈련해야 합니다. 마음은 자연 상태에 있지만, 그 사실을 깨닫기 위해 마음을 훈련해야 합니다. 마음을 법에 맞도록 적절히 계발해야 합니다. 법을 수행해서 내면으로 가져와야 하는 것입니다.

명상하지 않으면 법을 알지 못합니다. 책을 읽거나 공부만 해서는 법을 알지 못합니다. 설사 법을 알더라도 그 앎이 부족합니다. 여기 타구가 있습니다. 모두가 타구임을 알지만 이 타구를 완전히 알지는 못합니다. 왜 완전히 알지 못할까요? 제가 타구를 냄비라고 부르면 여러분은 뭐라고 하겠습니까? 타구가 필요할 때마다 "냄비 좀 가져오세요"라고 한다면 혼란스러울 것입니다. 타구를 완전히 이해하지 못했기 때문입니다. 완전히 이해했다면 아무런 문제가 없습니다. 그 물건을 집어서 내게 가져다주면 됩니다. 사실 타구라는 건 없기 때문입니다. 이해하시겠습니까? 인습 때문에 이것을 타구라고 합니다. 세상에서 이런 인습을 받아들이고 있기에 이것은 타구입니다. 하지만 사실 '타구'라는 것은 없습니다. 어떤 사람이 이것을 냄비라고 부르면 냄비가 될 수 있습니다. 우리가 부르는 모든 것이 타구가 될 수 있습니다. 이런 인습을 개념이라고 합니다. 타구를 완전히 이해하면, 누가 그것을 냄비라고 불러도 전혀 문제가 되지 않습니다. 그 진정한 본질을 알고 있으면 사람들이 그것을 뭐라고 부르든 흔들리지 않습니다. 이를 아는 사람은 법을 깨달은 사람입니다.

우리 자신에게로 다시 돌아와보겠습니다. 어떤 사람이 여러분에게 "미쳤어!" 혹은 "멍청이!"라고 하면 어떻겠습니까. 사실이 아니더라도 기분이 좋지 않을 것입니다. 소유하거나 성취하고 싶은 욕심이 모든 것을 어렵게 만듭니다. 이런 욕망 때문에, 진리에 따라 알지 못해서 불만족스럽습니다. 법을 알면 욕심과 악의와 어리석음이 사라집니다. 있는 그대로 이해하면 욕심과 악의, 그리고 어리석음이 의지할 곳이 없습니다.

몸과 마음이 자신이 아니고 자신에게 속하지 않는다면 누구에게 속할까요? 이것은 풀기 어려운 문제여서 지혜에 의지해야 합니다. 부처님은 '놓아버림'으로 명상해야 한다고 말씀하셨습니다. 놓아버리기 명상은 이해하기 어렵습니다. 놓아버리면 우리는 명상도 하지 않습니다. 명상도 놓아버리니까요.

시장에서 코코넛을 사서 돌아갈 때 어떤 사람이 코코넛을 왜 샀는지 묻는다고 가정해봅시다. 여러분은 "먹으려고 샀어요"라고 대답합니다.

"코코넛 껍질도 먹을 건가요? 아니겠죠. 껍질은 먹지 않을 건데 왜 껍질도 같이 샀나요?" 이렇게 물으면 어떻게 대답하겠습니까? 우리는 욕망으로 명상합니다. 욕망이 없었다면 명상도 하지 않았을 것입니다. 욕망으로 명상하는 것이 갈애입니다. 이렇게 사유해보면 지혜가 일어납니다. 물론 여러분은 코코넛 껍질을 먹지 않습니다. 그런데 왜 껍질을 가져가죠? 아직 껍질을 버릴 때가 안 되었기 때문입니다. 껍질은 코코넛을 싸는 데 도움이 됩니다. 코코넛을 먹은 뒤에 껍질을 버리면 아무 문제가 없습니다.

명상도 이와 같습니다. 부처님이 욕망으로 행동하거나 말하거나 걷거나 앉거나 먹지 말라고 하신 것은, 집착을 버리고서 하라는 의미입니다. 이는 시장에서 코코넛을 가져오는 것과 같습니다. 코코넛 껍질을 먹지는 않지만 아직 껍질을 버릴 때가 아닙니다. 코코넛 즙과 껍질은 붙어 있어서 코코넛을 살 때는 그 전체를 삽니다. 어떤 사람이 우리가 코코넛 껍질을 먹는다고 욕하면 이는 그의 문제입니다. 우리는 무엇을 하고 있는지 압니다. 이렇게 명상하는 것입니다. 관념과 해탈은 코코넛처럼 함께 존재합니다.

지혜는 각자 스스로 발견해야 합니다. 진리에 도달하기 위해서는 빨리 가서도 안 되고 천천히 가서도 안 됩니다. 하지만 우리는 모두 서두릅니다. 시작하자마자 목표에 도달하기를 원합니다. 우리는 뒤처지기 싫어하고 성공하고 싶어합니다. 명상하려고 마음을 준비할 때 어떤 사람들은 너무 무리

합니다. 그들은 향을 피우고 불상에 절을 한 다음 결심합니다. '이 향이 다 타기 전에는 쓰러지거나 죽는다 할지라도 자리에서 일어나지 않을 거야.' 하지만 곧 마라의 무리가 사방에서 달려옵니다. 그래서 그들은 잠깐 좌선을 하고서, 이미 향이 다 탔으리라 짐작하고는 눈을 뜨고 힐끗 봅니다. '향이 아직 많이 남았군!'

이를 악물고 좀더 앉아 있으면 열이 나고 마음이 동요하고 혼란스러워집니다. 한계에 도달해 '이제는 정말로 다 탔겠지' 하고 생각하며 슬쩍 봅니다. '저런, 아직 반도 안 탔잖아!' 두세 번 더 엿보지만 아직도 향이 다 타지 않았습니다. 그래서 그들은 명상을 포기하고 자신을 자책합니다. '난 정말 멍청해. 나는 가망이 없어!' 이를 악의의 장애라고 부릅니다. 다른 사람을 탓할 수 없어서 자신을 탓합니다. 이 모두가 '원함' 때문입니다.

사실은 이럴 필요가 없습니다. 몰입한다는 것은 집착을 버리고 몰입한다는 의미입니다. 자신을 묶지 않는 것입니다.

우리는 부처님이 보리수 아래에서 어떻게 좌선하고 결심하셨는지를 경전에서 읽습니다. "궁극적인 깨달음을 얻기 전에는 피가 마르더라도 이 자리에서 일어나지 않으리라." 이런 내용을 읽고 자신도 그렇게 해보려 시도합니다. 하지만 자신의 차가 작다는 것을 생각하지 않습니다. 부처님의 차는 큰 차여서 단번에 여정을 마칠 수 있습니다. 하지만 여러분의 차는 너무 작아서 단번에 목표에 이를 수 없습니다. 부처님과 여러분의 상황은 완전히 다릅니다.

우리는 왜 이렇게 생각할까요? 너무 극단적이기 때문입니다. 때로는 너무 낮게 가고, 때로는 너무 높게 갑니다. 균형점을 찾기가 정말 어렵습니다.

과거 저의 명상은 이와 같았습니다. 원하는 마음을 넘어서기 위해 명상해야 합니다. 하지만 원하지 않는데 명상할 수 있나요? 그러나 원하는 마음으로 명상하면 괴롭습니다. 저는 꽉 막혀 좌절했습니다. 그런 뒤 저는 꾸준한 명상이 중요하다는 것을 깨달았습니다. 지속적으로 명상해야 합니다. 이것이 '모든 자세에서 일관되게' 명상한다는 의미입니다. 대부분 사람들처럼 명상으로 재앙을 불러일으키지 마십시오. 대부분 사람들은 의욕이 넘칠 때만 명상을 하고 의욕이 없을 때는 굳이 명상을 하지 않습니다. 저 역시 그랬습니다.

의욕이 있을 때만 명상을 해도 괜찮을까요? 그렇게 하는 것이 가르침과 일치할까요? 부처님은 의욕이 있건 없건 상관없이 명상하라고 가르치셨습니다. 사람들은 대부분 명상하고 싶을 때를 기다립니다. 명상하고 싶지 않을 때는 굳이 애쓰지 않습니다. 이것은 명상이 아니라 재앙입니다. 행복하든 우울하든, 쉽든 어렵든, 덥든 춥든 하는 것이 진정한 명상입니다.

서 있거나 걷거나 앉아 있거나 누워 있거나 꾸준히 명상하면서 모든 자세에서 일관되게 알아차림을 유지하십시오.

처음에 저는 '일관되게'라는 의미를 액면 그대로 받아들였습니다. 그래서 걸은 만큼 서 있고, 앉아 있은 만큼 걷고, 누워 있었던 만큼 앉아 있어야 한다고 생각했습니다. 이렇게 하려 애썼지만 실천할 수 없었습니다. 수행자가 서 있고 걷고 앉아 있고 누워 있는 시간을 모두 똑같이 한다면, 이를 얼마나 지속할 수 있을까요? 오 분간 서 있고, 오 분간 앉아 있고, 오 분간 누워 있고……. 저는 이런 식으로는 오래 지속할 수 없어서 가만히 앉아 좀더 생각해보았습니다. '이것이 무슨 의미일까? 세상 누구도 이렇게 명상할 수는 없을 거야!'

그런 뒤에 깨달았습니다. '이것은 맞지 않아. 불가능한 것이 맞을 리가 없잖아. 책에서 설명하는 대로 일관되게 자세를 유지하는 건 불가능해.'

하지만 마음으로는 가능합니다. 알아차림, 자각, 총체적 지혜는 일관되게 가질 수 있습니다. 서서도 앉아서도 누워서도 일관되게 알아차림을 갖는 것은 가능합니다. 서 있고 걷고 앉아 있고 누워 있는 모든 자세에서 깨어 있습니다.

마음이 이렇게 훈련되면 마음은 '붓도'를 떠올릴 것입니다. 붓도는 앎입니다. 무엇을 아는 것일까요? 무엇이 옳고 그른지를 언제나 아는 것입니다. 이것이 앉으나 서나 누우나 지속적인 알아차림을 유지하며 바르게 명상하는 것입니다.

그다음에는 어떤 조건들을 버려야 하고 어떤 조건들을 계발해야 하는지를 알아야 합니다. 여러분은 행복과 불행을 압니다. 행복과 불행을 알면, 마음이 이 모두에서 벗어난 곳을 찾아갈 것입니다. 행복은 감각적 쾌락에 빠진 느슨한 길입니다. 불행은 고행에 빠진 긴장된 길입니다. 이 두 극단을 알면, 마음이 어느 한쪽으로 치우치더라도 다시 제자리로 돌아올 수 있습니다. 행복 또는 불행, 어느 한쪽으로 마음이 치우치는 때를 알면 다시 끌어당길 수 있습니다. 행복이나 불행에 기대도록 내버려두지 마십시오. 알아차림을 늘 유지하며, 마음이 원래의 성향을 따라가도록 허락하지 마십시오.

원래 성향을 따라가기는 쉽습니다. 하지만 이는 귀찮아서 씨를 뿌리지도 않고 농작물도 돌보지 않는 농부처럼 고통을 불러일으킵니다. 농부는 놀 수 있지만 막상 먹을 때가 되면 먹을 게 아무것도 없습니다. 저는 과거 부처님의 많은 가르침들과 싸웠지만 그 가르침들을 이길 수 없었습니다. 그래서 이 가르침들을 받아들여 저 자신과 다른 이들이 훈련하는 데 이용했습니다.

명상은 다양한 활동들, 서고 걷고 앉고 눕는 등의 모든 것들입니다. 이것이 몸에 관한 명상입니다. 마음에 관한 명상은 어떤 것일까요? 오늘 몇 번이나 기운이 없었나요? 몇 번이나 기분이 좋았나요? 특별한 느낌이 있었나요? 이런 식으로 자신을 알아야 합니다. 이런 느낌들을 알고서 놓아버릴 수 있나요? 놓아버리지 못하는 느낌이 있다면 이를 대상으로 명상해야 합니다. 어떤 특정한 느낌을 놓아버릴 수 없다면 지혜로 그 느낌을 살펴봐야 합니다. 이것이 명상입니다. 예를 들어, 질투심을 느낀다면 명상하십시오. 그리고 게으름을 느껴도 계속 명상하십시오. 전력으로 계속 명상할 수 없다면 적어도 절반의 속도로라도 명상하십시오. 게으르게 명상하며 시간을 낭비하지 마십시오. 명상하지 않으며 시간을 허비하는 것은 수행자의 길이 아니며 재앙으로 이끕니다.

요즘 사람들은 이런 얘기를 하곤 합니다. "올해는 정말 안 좋았어요. 1년 내내 아파서 명상을 전혀 할 수 없었어요."

죽음이 가까웠을 때 명상하지 않으면 언제 할까요? 건강해지면 명상을 할까요? 그러면 행복에 빠져버립니다. 고통을 받아도 고통에 빠져 명상하지 않습니다. 사람들이 언제 명상을 할지 모르겠습니다. 사람들은 자신이 아프고 괴롭고 고열로 죽을 뻔했다는 것만 봅니다. 이런 일들은 물론 힘들지만, 바로 이때 명상할 수 있습니다. 행복할 때 사람들은 행복에 취해 자만하고 허영에 빠집니다.

명상한 지 5년 정도 되었을 때 저는 다른 사람들과 함께 사는 것이 장애로 느껴졌습니다. 오두막에서 명상을 하려 하면 사람들이 얘기를 하러 와서 방해했습니다. 저는 이게 싫어서 작은 마을 근처의 버려진 작은 숲속 사찰로 갔습니다. 거기서 홀로 지내며 누구와도 얘기하지 않았습니다. 그 사찰에는 얘기할 사람이 아무도 없었습니다.

거기서 지낸 지 보름 정도가 되자 이런 생각이 들었습니다. '사미나 행자가 함께 있으면 좋을 것 같아. 그러면 그들이 소소한 일들을 도와줄 수 있을 텐데.' 저는 이런 생각이 일어날 줄 알고 있었고, 정말 이런 생각이 일어났습니다.

저는 스스로에게 이렇게 말했습니다. '이봐! 넌 참 이상한 사람이야! 동료 스님들과 사미들이 지긋지긋하다고 하더니 이제는 사미가 한 명 있었으면 하는군. 무슨 소리야?'

그러자 이런 대답이 떠올랐습니다. '아니. 난 좋은 사미를 원하는 거야.'

'좋은 사람들은 모두 어디에 있지? 한 사람이라도 찾을 수 있어? 어디서 그런 사람을 찾지? 온 사찰에 좋지 않은 사람들밖에 없었잖아. 네가 유일한 좋은 사람이라서 거기서 도망쳐 나온 거잖아!'

이어서 이런 생각이 들었습니다.

'음, 좋은 질문이군. 좋은 사람이 어디에 있지? 좋은 사람이 하나도 없다면, 자신에게서 좋은 사람을 찾아야 해.'

자기 자신 이외에 다른 곳에서 선함을 찾을 수는 없습니다. 자신이 선하다면 어디를 가든 선합니다. 다른 사람들이 여러분을 비난하든 칭찬하든 여러분은 여전히 선할 것입니다. 여러분이 선하지 않으면, 다른 사람이 여러분을 비난하면 화가 나고 칭찬하면 기뻐합니다.

저는 이것이 언제나 진실이라는 걸 알게 되었습니다. 내면에서 선함을 발견해야 합니다. 이것을 알자마자 원하는 마음이 사라졌습니다. 원하는 마음이 일어날 때마다 이것을 떠올려 원하는 마음을 놓아버릴 수 있었습니다. 제가 어디에 살든, 사람들이 비난하든 칭찬하든, 사람들이 좋게 혹은 나쁘게 말하는 것이 중요하지 않다는 사실을 반조했습니다. 자기 내면에서 선과 악을 보아야 합니다. 사람들이 어떻게 느끼든 그것은 그들의 문제입니다.

'오늘은 너무 더워', '오늘은 너무 추워', '오늘은……'. 이렇게 생각하지 마십시오. 날씨는 원래 그런 것입니다. 여러분은 날씨에 관한 자신의 게으름을 비난하고 있을 뿐입니다. 자기 자신에게서 법을 봐야 합니다. 그러면 더욱 확고한 평화가 생깁니다.

명상에서 평화를 경험할 때 성급하게 자축하지 마십시오. 마찬가지로 마음이 혼란스럽더라도 자신을 비난하지 마십시오. 상황이 좋아 보여도 기뻐하지 말고, 상황이 좋지 않아도 싫은 마음을 내지 마십시오. 그저 자신이 가진 것을 지켜보십시오. 그것을 판단하려 하지 마십시오. 좋아도 너무 집착하지 말고, 나빠도 거부하지 마십시오. 좋은 것이나 나쁜 것이나 우리를 물 수 있습니다. 그러니 이것들에 집착하지 마십시오.

명상은 그냥 앉아서 모든 것을 지켜보는 것입니다. 좋은 감정과 나쁜 감정은 그 본성에 따라 나타납니다. 자신의 마음을 칭찬만 하지도 말고 그렇다고 비난만 하지도 마십시오. 축하해야 할 때는 축하해야 하지만 너무 지나치면 안 됩니다. 학생들을 가르칠 때처럼 때로는 조금 훈육해야 할지도 모릅니다. 때로는 자신에게 벌을 주어야 할지도 모르지만 언제나 벌주어서는 안 됩니다. 그러면 명상을 포기하게 될 것입니다.

눈을 감고 좌선하는 것만 명상이라고 생각하지 마십시오. 이런 생각을 바꾸십시오. 꾸준한 명상은 걷거나 서 있거나 앉아 있거나 누워 있으면서도 명상의 자세를 유지하는 것입니다. 좌선에서 나오더라도 명상에서 나온다고 생각하지 마십시오. 그저 자세를 바꾼다고 생각하십시오. 이렇게 생각하면 평화로울 것입니다. 그러면 어디에 있든 내면에 지속적인 알아차림이 있습니다.

감정에 빠져 마음이 하루종일 마음대로 돌아다니도록 내버려두면, 다음에 좌선을 할 때는 하루종일 했던 쓸데없는 생각의 여파만이 남습니다. 그래서 고요함의 바탕이 사라집니다. 이렇게 명상하면 마음이 명상에서 점점 멀어집니다. 때때로 제자들에게 명상을 어떻게 하느냐고 물으면 그들은 이렇게 말합니다. "요즘은 명상에서 손을 놓았어요." 그들은 한 달 정도는 명상을 지속하지만 1, 2년이 지나면 모두 명상을 포기합니다.

왜 그럴까요? 이 핵심적인 부분을 명상에 적용하지 않았기 때문입니다. 좌선을 마치면 그들은 삼매를 놓아버립니다. 좌선하는 시간은 점점 짧아지고, 결국에는 앉자마자 좌선을 끝내고 싶어합니다. 결국은 좌선을 전혀 하지 않습니다. 불상에 절하는 것도 마찬가지입니다. 처음에는 매일 밤 잠자기 전에 불상 앞에서 절을 하지만 얼마 지나지 않아 마음이 흐트러집니다. 그러면 형식적으로 고개만 까딱하다가 결국에는 이조차도 하지 않습니다. 명상을 완전히 내팽개쳐버립니다.

지속적인 명상에서 알아차림의 중요성을 이해해야 합니다. 바른 명상이란 꾸준히 명상하는 것입니다. 앉아 있거나 서 있거나 걷거나 누워 있거나 명상을 계속해야 합니다. 명상은 몸이 아닌 마음으로 하는 것입니다. 마음에 열의와 양심, 그리고 열정이 있으면 깨어 있을 것입니다.

바르게 이해해야 바르게 명상합니다. 바르게 명상해야 헤매지 않습니다. 그러면 명상을 조금만 해도 괜찮습니다. 예를 들어, 좌선을 마칠 때 명상을 끝내는 것이 아니라 자세를 바꾸는 것일 뿐이라고 스스로를 상기시키십시오. 그러면 마음이 여전히 고요합니다. 앉으나 서나 걸으나 누우나 알아차림이 있습니다. 이런 알아차림이 있으면 내적인 명상을 유지할 수 있습니다. 저녁에 다시 좌선을 하면 명상이 끊기지 않고 지속됩니다. 노력이 끊기지 않고 지속되어 마음이 고요합니다.

명상을 할 때 어떤 사람들은 원하는 것을 얻지 못하면 "나는 공덕이 부족해서 명상을 할 수가 없어"라고 하며 포기합니다. 그들은 그렇게 번뇌의 편에 서 있습니다.

어떤 일이 일어나든 마음이 명상의 길에서 벗어나지 않도록 하십시오. 자신의 내면을 살펴보면 명확하게 볼 수 있습니다. 제가 보기에, 명상을 잘하기 위해 책을 많이 볼 필요는 없습니다. 모든 책들을 치워버리고 자신의 마음을 읽으십시오. 여러분은 학교에 입학했을 때부터 책 속에 자신을 묻어왔습니다. 이제야 책들을 벽장 속에 넣고 잠가버릴 기회가 왔습니다. 그저 자신의 마음을 읽으십시오. 좋아하는 것이든 싫어하는 것이든, 옳은 것이든 그른 것이든 '이것은 확실하지 않아'라고 하며 마음에 일어난 모든 것들을 전부 잘라버리십시오. 무엇이 일어나든 이렇게 잘라버리십시오. '확실하지 않아. 확실하지 않아'라는 하나의 도끼로 모든 것들을 잘라버리십시오. '확실하지 않아'는 지혜를 계발하는 아주 중요한 명상입니다. 더 많은 것들을 볼수록 더 많은 것들이 확실하지 않음을 볼 것입니다. '확실하지 않아'로 어떤 것을 끊어버리면 그것이 돌고 돌아 다시 나타날 것입니다. 이것은 정말 확실하지 않습니다. 무엇이 나타나건 '확실하지 않아'라는 꼬리표를 붙이십시오. 태어났을 때부터 달이 지나고 해가 지나도록 여러분을 속이고 있던 이 욕망하는 마음을 볼 것입니다. 그러면 있는 그대로를 깨달을 것입니다.

이 정도가 되면 느낌들에 집착하지 않습니다. 모든 느낌들이 불확실하기 때문입니다. 시계가 멋져 보여서 샀는데 며칠이 지나자 그 시계에 싫증난 적이 있을지 모릅니다. '이 펜은 정말 예쁘군' 하고 생각하며 펜을 사지만 몇 달 되지 않아 그 펜에 싫증이 납니다. 지속적이고 확실한 것이 어디 있을까요?

이 모든 것들을 불확실한 것으로 보면 그것들의 거짓된 가치가 사라집니다. 모든 것들이 중요하지 않아집니다. 가치가 없는 것에 집착할 필요가 있을까요? 발 닦는 걸레를 보관하듯 이것들을 보관합니다. 느낌들은 모두 같은 성질을 가지고 있기에, 모든 느낌들을 평등하게 바라봅니다.

느낌을 이해하면 세상을 이해합니다. 느낌에 속지 않으면 세상에 속지 않습니다. 세상에 속지 않으면 느낌에 속지 않습니다. 이렇게 보는 마음은 확고한 지혜의 기초를 갖습니다.

이런 마음에는 많은 문제들이 생기지 않습니다. 어떤 문제도 풀 수 있습니다. 더이상 문제가 없으면 더이상 의심은 없습니다. 의심 대신 평화가 일어납니다. 제대로 명상하면 이렇게 됩니다.

21장

바른 삼매

부처님은 명상과 가르침에서 모범이 되셨습니다. 부처님은 자만을 없애는 효과적인 방법으로 명상을 가르치셨습니다. 부처님이 우리 대신 명상해줄 수는 없습니다. 부처님의 가르침을 듣고서 자신을 가르쳐야 하며 스스로 명상해야 합니다. 그러면 그 결실이 가르침에서가 아니라 바로 여기서 일어날 것입니다.

부처님의 가르침에서 법에 관한 기초적인 이해를 얻을 수는 있지만, 아직 그 법이 우리 가슴속에 있는 것은 아닙니다. 아직 명상하지 않았고, 아직 스스로를 가르치지 않았기 때문입니다. 명상에서 법이 일어나며, 명상을 통해 법을 압니다. 법에 대한 의심이 있으면 명상할 때 의심이 있습니다. 스승들의 가르침은 진리일지 모르지만, 그 가르침은 길을 가리킬 뿐입니다. 법을 깨달으려면 가슴으로 가르침을 받아들여야 합니다. 몸에 관한 법은 몸에 적용시키고, 말에 관한 법은 말에 적용시키며, 마음에 관한 법은 마음에 적용시킵니다. 이는 가르침을 듣고서 법을 알기 위해, 법이 되기 위해 자신을 가르쳐야 한다는 의미입니다.

부처님은 다른 사람을 믿는 사람은 정말로 지혜로운 사람이 아니라고 말씀하셨습니다. 지혜로운 사람은 명상을 통해 법을 가지며, 다른 사람에 의지하지 않고 스스로 완전한 믿음을 가집니다. 확신에는 여러 형태가 있습니다. 법에 따른 확신과 법과 반대되는 확신이 있습니다. 법과 반대되는 확신은 '잘못된 견해'입니다. 이것은 부주의하고 터무니없는 이해입니다.

브라만 디가나카의 예를 들어보겠습니다. 그는 오직 자신만 믿었습니다. 부처님이 라자가하에 머무실 때 디가나카는 부처님의 가르침을 들으러 갔습니다. 그는 자신의 견해를 부처님에게 설하기 위해 갔으므로, 그가 부처님을 가르치러 갔다고 할 수도 있습니다.

"나는 어떤 것도 내게 맞지 않는다는 견해를 갖고 있습니다."

디가나카가 말했습니다.

"그대 자신의 그런 견해 역시 그대에게 맞지 않는가?"

부처님의 물음에 그는 당황했습니다. 그는 뭐라고 해야 할지 몰랐습니다. 부처님은 그가 이해할 때까지 다양한 방식으로 설명했습니다.

"음, 저의 이런 견해는 옳지 않습니다."

부처님의 답변을 듣고서 그는 자신의 오만한 견해를 버리고 진리를 보았습니다. 손을 뒤집듯 그는 즉시 완전히 바뀌었습니다. 그는 부처님의 가르침을 이렇게 찬탄했습니다.

"세존의 가르침을 듣고서 내 마음은 빛나네. 어둠에 사는 이가 빛을 보듯, 길 잃은 사람이 길을 찾은 듯 내 마음은 거꾸로 뒤집혔던 대야가 바로 놓인 것과 같네."

바로 그때 뒤집힌 마음속에서 어떤 앎이 일어났습니다. 잘못된 견해가 사라지고 바른 견해가 그 자리에 나타났습니다. 어둠이 사라지고 빛이 나타났습니다.

브라만 디가나카에게 법의 눈이 열렸다고 부처님이 선언했습니다. 전에 그는 자신의 견해에 집착해 그 견해를 바꾸려 하지 않았습니다. 하지만 부처님의 가르침을 듣고서 진리를 봤습니다. 그는 견해에 대한 자신의 집착이 잘못되었다는 사실을 알았습니다.

우리는 이렇게 바꾸어야 합니다. 자신의 관점을 바꾸려면 번뇌를 버려야 합니다. 명상을 잘하고 있다고 생각했지만 사실은 그렇지 않았습니다. 이제 이 문제를 정말로 들여다보면,

손바닥 뒤집듯이 자신을 바로 뒤집습니다. 이것은 '붓도', '아는 자' 혹은 지혜가 마음속에서 일어나 대상을 새롭게 본다는 의미입니다.

원래는 '아는 자'가 없었습니다. 우리의 앎은 불명확하고, 진실하지 않고, 불완전했습니다. 이 앎이 너무 약해서 마음을 훈련할 수 없었습니다. 하지만 이전의 알아차림을 넘어서는 지혜 혹은 통찰이라고 부를 수 있는 이런 알아차림의 결과로 마음이 변했습니다.

그래서 부처님은 내면을 들여다보라고 가르치셨습니다. 밖을 보지 마십시오. 밖을 보고 있다면, 그런 뒤 내면을 보십시오. 내면의 원인과 결과를 보십시오. 외적인 대상들과 내면의 대상들은 서로 영향을 주고받습니다. 그래서 모든 것들에서 진리를 찾을 수 있습니다. 명상은 알아차림을 더욱 강하게 만듭니다. 그러면 지혜와 통찰이 일어나, 마음의 언어인 마음의 작용과 번뇌들의 방식과 수단을 알게 해줍니다.

부처님께서도 해탈을 찾아 처음 집을 떠났을 때는, 아마도 우리처럼 어떻게 해야 할지 확신이 없었을 것입니다. 그는 지혜를 계발하는 다양한 방법을 시도해봤습니다. 그는 알라라깔라마 같은 스승들을 찾아가 그들과 함께 명상했습니다. 오른다리를 왼다리 위에 얹고, 오른손을 왼손 위에 두고, 허리를 바로 세우고, 눈을 감고, 모든 것들을 놓아버렸습니다.

그래서 매우 높은 단계의 몰입 삼매를 얻었습니다. 하지만 이런 삼매에서 나오면 원래의 생각이 일어나 전처럼 그 생각에 집착하곤 했습니다. 이를 보고 그는 아직 지혜가 일어나지 않았음을 알았습니다. 그의 이해는 아직 불완전하고 부족해서 진리를 꿰뚫지 못했습니다. 하지만 그는 이것이 명상의 끝이 아니라는 사실을 깨달았습니다. 그래서 그는 새로운 스승을 찾아 떠났습니다.

그다음에 부처님은 웃다까 라마뿟따와 함께 명상해서 더욱 높은 경지의 삼매를 얻었습니다. 하지만 이 상태에서 나오자 전처인 야소다라와 아들인 라훌라에 관한 기억이 다시 떠올랐습니다. 그에게는 욕정과 욕망이 여전히 남아 있었습니다. 이런 사실을 보고서 그는 자신이 아직 목표에 도달하지 못했음을 깨달았습니다. 그래서 다시 스승을 찾아 떠났습니다. 그는 스승들의 가르침을 경청하고서 그들의 가르침을 따르기 위해 최선을 다했습니다. 그렇지만 명상의 결과를 끊임없이 점검했습니다.

고행을 시도해본 뒤 그는, 거의 해골이 될 정도로 단식을 하는 것은 몸에 관한 문제일 뿐임을 깨달았습니다. 몸은 아무것도 모릅니다. 고행은 진짜 도둑은 내버려두고 무고한 사람을 사형시키는 것과 같습니다. 그는 명상은 몸으로 하는 것이 아님을 알았습니다. 명상은 마음에 달려 있습니다. 모든 부처님들도 마음으로 깨달음을 얻었습니다.

몸과 마음의 상태는 무상하고 불완전하며 주인이 없습니다. 이것은 자연의 조건들입니다. 몸과 마음은 뒷받침해주는 요소들에 의지해 잠시 존재하다 사라집니다. 인간을 포함한 모든 존재들은 태어남을 자신으로 여기고, 존재함을 자신으로 여기며, 소멸함을 자신으로 여깁니다. 그래서 그들은 모든 것들에 집착합니다. 행복을 경험하고서는 고통을 원하지 않습니다. 고통이 일어나면 가능한 한 빨리 고통에서 벗어나고 싶어합니다. 고통이 아예 일어나지 않기를 바랍니다. 몸과 마음을 자신으로 여기고 자신에게 속한 것으로 여기기에, 몸과 마음이 자기 뜻대로 되기를 원합니다. 부처님은 이런 생각이 고통의 원인이 된다고 보셨습니다. 원인을 깨닫자 이것을 버리셨습니다.

몸과 마음이 그저 물질과 정신에 불과하다는 것을 보면, 몸과 마음이 존재, 사람, '나' 혹은 '그', '그녀'가 아님이 명백해집니다. 구성 요소들은 자연의 법칙을 따를 뿐입니다.

이렇게 아는 것이 명상입니다. 우리는 몸과 마음의 주인이 아니기에 몸과 마음을 통제할 수 없습니다. 통제하려 하면 고통이 일어날 뿐입니다. 몸과 마음을 정말 있는 그대로 보면 명확하게 보게 됩니다. 진리를 보게 되고 진리와 하나가 되는 것입니다. 이것은 용광로에서 시뻘겋게 달궈진 쇠공을 보는 것과 같습니다. 쇠공은 온통 뜨겁습니다. 위를 만져도, 아래를 만져도, 옆을 만져도 뜨겁습니다. 어디를 만지든 뜨겁습니다. 이렇게 대상들을 보아야 합니다.

명상을 시작할 때 대부분 얻기를 원하고 성취하길 원하고 알기를 원하고 보기를 원합니다. 하지만 성취하고 알게 될 것이 무엇인지를 알지 못합니다. 저의 제자 중 한 명은 혼란과 의심 때문에 고통스러웠지만 계속 명상했습니다. 그리고 저는 그가 어느 정도 평화를 얻을 때까지 그를 가르쳤습니다. 하지만 마침내 마음이 고요해지자 그는 다시 의심에 사로잡혔습니다. "다음에 제가 어떻게 해야 하죠?" 그가 제게 물었습니다. 다시 혼란이 일어난 것입니다. 그는 평화를 얻고 싶어했지만, 평화를 얻고 나자 이제 그것을 원하지 않았습니다. 그는 다음에 뭘 해야 하는지를 묻고 있었습니다!

그래서 명상을 할 때는 모든 것들에 대한 집착을 버려야 합니다. 대상을 명확하게 봄으로써 집착을 버려야 합니다. 몸과 마음의 특징들을 있는 그대로 아십시오.

삼매를 닦을 때는 코끝 혹은 윗입술에서 일어나는 들숨과 날숨에 주의력을 둡니다. 이렇게 주의력을 두는 것을 '위따까' 혹은 '들어올림'이라고 부릅니다. 마음을 들어서 대상에 주의력이 고정되면, 이것을 '위짜라'라고 부릅니다. 위짜라의 특징은 원래 다른 정신적 느낌들과 섞인다는 것입니다.

그래서 마음이 고요하게 가라앉지 않는다는 생각이 들지도 모릅니다. 하지만 사실 다른 느낌들과 섞이는 것은 위짜라의 작용일 뿐입니다. 이것이 잘못된 방향으로 지나치게 진행되면 마음이 고요함을 잃어버립니다. 그럴 때는 위따까로 몰입하는 대상에 주의력을 두어 마음을 새롭게 정비해야 합니다. 주의력을 일으키면 위짜라가 즉시 이를 이어받아 다양한 정신적 자극들과 섞입니다.

이런 일이 벌어질 때 이해력이 부족하면 다음과 같은 의문이 들지도 모릅니다. '마음이 왜 방황하지? 마음이 고요하면 좋겠는데 왜 고요하지 않지?' 이것은 집착으로 하는 명상입니다.

사실 마음은 그 성질을 따릅니다. 하지만 이런 마음의 활동에 마음이 고요해지기를 원하는 바람을 더합니다. 그래서 '왜 마음이 고요하지 않지?' 하고 의아해합니다. 그러면 불만이 일어나고, 다른 모든 것들에 이 불만을 덧붙입니다. 의심이 더해지고 고통이 커지며 혼란이 가중됩니다. 따라서 마음속에 일어나는 다양한 것들을 이렇게 위짜라로 살펴보며 지혜롭게 생각해야 합니다. '마음이란 원래 그런 거야.' 바로 이것이 있는 그대로 보도록 얘기해주는 '아는 자'입니다. 마음은 단순히 원래 그렇습니다. 이렇게 놓아버리면 마음이 평화로워집니다. 마음이 다시 몰입되지 않으면 위따까를 다시 일으키십시오. 그러면 마음이 다시 고요해집니다. 이렇게 위따까와 위짜라는 함께 작용합니다. 위짜라를 이용해 일어나는 다양한 느낌들을 사유합니다. 위짜라가 점차 흩어지면 다시 위따까로 주의력을 일으키십시오.

이럴 때는 초연한 마음으로 명상하는 것이 중요합니다. 위짜라가 내적인 느낌들과 상호작용하는 것을 보면, 마음이 혼란스러워지고 싫은 마음이 들지도 모릅니다. 바로 여기서 스스로 고통을 일으킵니다. 마음이 고요하기를 바라기에 행복하지 않습니다. 이는 잘못된 견해입니다. 견해를 조금 바로잡아 이런 작용이 그저 마음의 성질임을 알면 혼란이 줄어듭니다. 이것이 '놓아버림'입니다.

마음의 작용들에 대해 집착하지 않고 명상하면, 위짜라가 할 일이 자연스럽게 줄어듭니다. 마음의 혼란이 멈추면 위짜라는 법에 대해 사유합니다. 법에 대해 사유하지 않으면 마음이 다시 산란해지기 때문입니다.

그래서 위따까 다음에 위짜라, 위따까 다음에 위짜라, 위따까 다음에 위짜라……. 이런 식으로 지속되면서 위짜라가 점점 섬세해집니다. 처음에 위짜라는 흐르는 물처럼 온갖 곳으로 다닙니다. 여기에 사로잡혀 이런 흐름을 멈추려 하면 자연히 괴로움이 생깁니다. 물은 원래 흐르는 성질이 있다는 사실을 이해하면 괴로움은 사라집니다. 위따까가 있고 그다음에 위짜라가 일어나 내적 느낌들과 상호작용합니다. 이런 느낌들을 명상의 대상으로 삼아, 이런 느낌들을 알아차리며 마음을 고요하게 만들 수 있습니다.

이렇게 마음의 성질을 알면, 물이 흘러가도록 내버려두듯이 놓아버릴 수 있습니다. 위짜라는 점점 더 섬세해집니다. 아마도 죽음과 같은 몸에 대한 명상이나 다른 법의 주제들로 마음이 향할 것입니다. 명상 주제가 바르면 행복감이 일어납니다. 이 행복감을 '희열'이라고 합니다. 희열은 소름이 돋거나 시원함이나 가벼움을 느끼는 식으로 나타납니다. 이와 같은 희열은 다양한 느낌들로 나타나는 행복과 몰입을 동반합니다.

삼매의 첫번째 단계에는 위따까, 위짜라, 희열, 행복, 몰입이 있습니다. 그러면 두번째 단계는 어떨까요? 마음이 점점 더 미세해져서 위따까와 위짜라가 상대적으로 거칠어져 이것들이 버려지고, 희열과 행복 그리고 몰입만이 남습니다. 이것은 마음에서 저절로 일어납니다. 이것을 있는 그대로 알기에 이런 경지를 추측할 필요는 없습니다.

마음이 더욱 정제되면 마침내 희열도 버려지고 행복과 몰입만이 남으며, 이를 인식합니다. 희열은 어디로 간 것일까요? 다른 어디로 간 게 아닙니다. 마음이 점점 더 섬세해져서 지나치게 거친 특성들을 버리게 된 것입니다. 마음은 몰입의 최고 단계인 사선정에 이르러 가장 섬세해질 때까지 이렇게 거친 것들을 버립니다. 사선정에 이르면 몰입과 평정만이 남습니다. 더이상은 없습니다.

이런 식으로 나아가면서 마음으로 삼매의 단계를 계발합니다. 하지만 명상의 기본을 이해해야 합니다. 우리는 마음을 고요하게 만들고 싶지만 마음은 고요해지지 않습니다. 이것은 고요를 욕망하는 명상입니다. 마음이 원래 혼란한데 그 마음이 고요해지기를 원해서 더욱 혼란하게 만드는 것입니다. 이런 혼란의 원인은 바로 원함입니다. 우리는 고요를 원하는 마음이 갈애임을 알지 못합니다. 고요를 바라면 바랄수록 마음은 더욱 혼란해집니다. 결국 자신과 싸움만 하다가 포기합니다.

마음이 그 본성에 따라 이렇게 자연스럽게 왔다 간다는 걸 알면, 마음에 지나치게 관심을 갖지 않게 됩니다. 온갖 얘기를 하는 아이들을 이해하듯 마음의 방식을 이해할 수 있습니다. 아이들은 아는 것이 별로 없지만 온갖 얘기를 합니다. 아이들이 원래 그렇다는 걸 이해하고 나면 아이들이 얘기하도록 내버려둡니다. 놓아버리면 아이들에게 집착하지 않습니다. 그러면 아이들이 떠들고 장난을 치더라도 손님들과 이야기를 나눌 수 있습니다. 마음도 이와 같습니다. 마음을 움켜쥐거나 마음에 집착하지 않으면 해롭지 않습니다. 집착이 문제를 일으키는 원인입니다.

희열이 일어날 때는 이것을 경험한 사람만이 이해할 수 있는, 설명 불가능한 대단한 환희가 일어납니다. 행복과 몰입도 일어납니다. 위따까, 위짜라, 희열, 행복, 몰입이 있습니다. 이 다섯 가지 요소들이 한곳에서 합쳐집니다. 한 바구니에 다양한 종류의 과일들이 담겨 있는 걸 보듯, 이것들은 서로 다른 요소들이지만 모두 하나의 마음에서 볼 수 있습니다. '위따까는 어떤 것이죠? 위짜라는요? 희열과 행복은요?' 대답하기 어려운 질문들입니다. 하지만 이것들이 마음에서 합쳐지면 스스로 이것들을 봅니다.

이때 명상이 조금 특별해집니다. 알아차림과 자각이 있어야 하며, 스스로를 잃어버리지 않아야 합니다. 대상을 있는 그대로 아십시오. 이것은 마음에 잠재된 명상의 단계입니다. 명상에 대해 조금도 의심하지 마십시오. 좌선중에 땅속으로 꺼지고 허공으로 날아오르고 혹은 죽는 경험을 하더라도 의심을 일으키지 마십시오. 마음에 어떤 현상들이 나타나더라도 그저 앎과 함께 머무르십시오. 앉으나 서나 걸으나 누우나, 언제나 알아차림과 자각을 갖는 것이 기초입니다. 무엇이 일어나더라도 집착하지 말고 내버려두십시오. 좋거나 싫거나 행복하거나 고통스럽거나 의심이 들거나 확신이 들거나, 이 모두를 위짜라로 사유하며 이것들이 가져올 결과들을 가늠해보십시오. 모든 것들을 분별하려 하지 말고 그냥 아십시오. 마음에 일어난 모든 것들이 그저 느낌임을 아십시오. 이 느낌들은 무상합니다. 일어나고 존재하다 사라지는 것입니다. 여기에는 자아도 존재도 없습니다. 이런 느낌들은 전혀 집착할 만한 가치가 없습니다.

모든 물질과 정신을 이와 같이 지혜로써 보면, 몸과 마음, 행복과 고통, 사랑과 미움의 무상함을 볼 것입니다. 이 모든 것들은 영원하지 않습니다. 이렇게 보면 마음은 몸과 마음에 싫증이 납니다. 일어나고 사라지고 무상한 것들에 싫증이 나는 것입니다. 마음이 미몽에서 깨어나면 이 모든 것들에서 벗어나고 싶어집니다. 마음은 이 세상의 불완전함과 태어남의 불완전함을 보고서 더이상 이런 것들에 빠져 있고 싶어하지 않습니다.

마음이 이처럼 보게 되면 어디를 가든 무상과 불완전함, 그리고 무아를 봅니다. 집착할 만한 것이 아무것도 남지 않습니다. 나무 아래로 가든 산꼭대기로 가든 부처님의 가르침을 들을 수 있습니다. 모든 나무들이 한 나무로 보이고, 모든 존재들이 한 존재로 보입니다. 모든 것들 가운데 특별한 것은 없습니다. 이것들은 모두 태어나고 잠시 존재하며 늙고 죽습니다. 몸과 마음을 있는 그대로 보면, 몸과 마음에 집착하지 않기에 고통이 일어나지 않습니다. 어디를 가든 지혜가 있습니다. 나무 한 그루도 지혜로 볼 수 있습니다. 풀과 벌레를 보는 것도 성찰을 위한 양식이 됩니다.

결국 우리는 모두 한 배에 타고 있습니다. 모든 것들이 법입니다. 이 이상의 것은 없습니다. 이것을 알 수 있다면 여행을 마칠 것입니다. 이것이 세상을 있는 그대로 명확하게 아는 것입니다. 마음은 스스로를 완전하게 알고서 고통의 원인을 잘라버립니다. 더이상 원인이 없으면 결과가 일어날 수 없습니다.

우리는 세 가지 기초를 계발해야 합니다. 첫째, 바르고 정직해야 합니다. 둘째, 잘못된 행위를 두려워해야 합니다. 셋째, 겸허한 마음을 가져야 하고, 적게 가져도 편안하게 여기며 만족해야 합니다. 말이나 다른 모든 것들에 있어서 적어도 만족하면, 자신을 보게 되어 산란함에 빠지지 않습니다. 마음이 덕행과 삼매, 그리고 지혜의 기초를 가질 것입니다.

그래서 수행자들은 방심하지 않아야 합니다. 여러분이 옳더라도 방심하지 마십시오. 잘못되었더라도 방심하지 마십시오. 상황이 잘 진행되거나 행복을 느끼더라도 방심하지 마십시오. 제가 "방심하지 말라"고 하는 이유는 이 모든 것들이 불확실하기 때문입니다. 모든 것이 불확실하다는 것을 아십시오. 평화롭다면 평화롭도록 내버려두십시오. 평화에 정말 탐닉하고 싶겠지만 평화의 진실을 알아야 합니다. 마음에 들지 않는 속성들도 이와 마찬가지입니다.

명상은 여러분에게 달려 있습니다. 자신의 마음을 자신보다 잘 아는 사람은 없습니다. 명상을 할 때는 정직해야 합니다. 최선을 다해 제대로 명상하십시오. 지칠 때까지 명상해야 한다는 의미는 아닙니다. 알아차림과 자각만 있다면, 스스로에게서 옳고 그름을 볼 수 있습니다. 이를 알면 명상을 아는 것입니다. 이렇게 노력하십시오.

22장

한밤중에

날이 저물 무렵 제가 할 수 있는 일은 아무것도 없었습니다. 혼자서는 절대로 가지 못할 거라 생각했기에 행자와 함께 갔습니다. '이제 두려움을 들여다볼 때가 됐어.' 저는 스스로에게 말했습니다. '내가 죽을 때가 됐다면 죽게 내버려둬야지. 마음이 너무 고집이 세고 어리석다면 죽도록 내버려둬야지.' 저는 이렇게 생각했습니다. 사실 가고 싶지 않은 심정이었지만 억지로 온 것이었습니다. 이런 상황에서는 모든 것이 준비될 때까지 기다리면 결국 가지 못할 것 같아서 무작정 간 것이었습니다.

저는 화장터에서 지내본 적이 한 번도 없었습니다. 화장터에 도착했을 때의 느낌은 말로 표현할 수 없을 정도였습니다. 행자는 제 옆에 있고 싶어했지만 저는 그를 제법 멀리 떨어진 곳에 머물게 했습니다. 사실 저는 그와 가까이 있으며 의지하고 싶었지만 그렇게 하지 않았습니다.

'그렇게 무섭다면 오늘밤에 죽어도 괜찮아.' 저는 스스로에게 대담하게 말했습니다. 두려웠지만 용기가 있었습니다. 결국 모두가 죽어야 합니다.

날이 어두워지자 기회가 왔습니다. 마을 사람들이 시체를 가지고 왔습니다. 얼마나 행운인지! 저는 발이 땅에 닿는 것도 느낄 수가 없어서 거기서 벗어날 수가 없었습니다. 마을 사람들은 제가 장례식 염불을 해주길 바랐지만, 저는 관여하기가 싫어 다른 곳으로 걸어갔습니다. 몇 분이 지나자 사람들이 모두 떠났습니다. 원래 자리로 돌아오자 사람들이 시체를 내 자리 바로 옆에 묻었다는 것을 알게 되었습니다. 사람들은 시체를 옮기던 대나무로 저를 위해 좌선대를 만들었습니다. 이제 어떻게 해야 할까? 마을은 2, 3킬로미터는 족히 떨어져 있었습니다.

'죽을 운명이라면 죽겠지!'

이런 경험을 해보지 않으면 어떤 느낌인지 알지 못합니다. 정말 특별한 경험입니다.

날이 점점 어두워지자 저는 어디로 도망칠지 궁리하고 있었습니다.

'그래, 죽으면 그만이지. 어쨌든 태어나면 누구나 죽으니까.'

해가 지자 어둠이 저를 모기장 속으로 밀어넣었습니다. 저는 걷기명상을 하고 싶지 않았습니다. 모기장 속에서만 있고 싶었습니다. 무덤 쪽으로 걸어갈 때마다 뭔가가 저를 잡아당겨 걸음을 멈추게 되는 것 같았습니다. 두려움과 용기가 줄다리기를 하는 것 같았습니다. 하지만 저는 걸었습니다. 이렇게 스스로를 단련해야 합니다.

날이 어두워지자 저는 글롯에 걸려 있는 모기장 속으로 들어갔습니다. 모기장 속은 일곱 겹의 벽이 둘러싸고 있는 듯했습니다. 옆에 있던 믿음직한 발우는 오랜 친구처럼 저를 편안하게 해주었습니다. 때로는 발우도 친구가 될 수 있습니다!

밤새도록 시체를 바라보며 좌선을 했습니다. 눕지도 않았고, 심지어 졸지도 않은 채 그저 조용히 앉아 있었습니다. 너무 겁이 나서 자고 싶어도 잘 수가 없었습니다. 두려웠지만 밤새도록 앉아 있었습니다.

여러분들 중 이렇게 명상할 용기가 있는 사람이 얼마나 있습니까? 화장터에서 밤을 보낼 수 있습니까? 이렇게 명상할 수 없다면 결과를 얻지 못합니다. 진짜로 수행하는 것이 아닙니다.

날이 밝자 이런 생각이 들었습니다. '살아남았어!' 기뻤습니다. 밤을 없애버리고 낮만 남겨두고 싶었습니다. 그리고 이런 생각이 들었습니다. '그래, 밤과는 아무 관계 없지. 모두

내 두려움 때문이지.'

탁발을 하고 공양을 하자 기분이 좋아졌습니다. 해가 뜨자 몸이 편안하고 따뜻해졌습니다. 휴식을 취한 뒤 잠시 걷기명상을 했습니다. 그리고 이런 생각이 들었습니다. '이미 어젯밤을 보낸 경험이 있으니 오늘 저녁에는 명상이 잘될 거야. 어제보다는 낫겠지.'

그런데 오후가 되자 더 큰 시체가 도착했습니다(첫째 날은 아이의 시체였고 둘째 날은 어른의 시체였다). 지난밤보다 상황이 더 안 좋을 것 같았습니다. 사람들은 제가 머무는 천막 바로 앞에서 시체를 화장했습니다.

저는 이렇게 생각했습니다. '좋은 일이야. 여기서 시체를 화장하니 수행에 도움이 되겠군.' 그렇지만 이번에도 저는 사람들을 위해 어떤 의식도 하지 않은 채 그들이 떠나기를 기다렸습니다.

밤새도록 시체가 타는 광경을 앉아서 지켜보는 것은 말로 설명할 수 없습니다. 제가 느꼈던 두려움은 그 어떤 말로도 표현할 수 없습니다. 한밤중에 시체가 타는 불길이 붉은빛 혹은 푸른빛을 내며 흔들렸고, 바지직 하는 작은 소리를 내고 있었습니다. 저는 시체 앞에서 걷기명상을 하고 싶었지만 몸이 말을 듣지 않았습니다. 살이 타는 고약한 냄새가 공기 중에 퍼졌습니다. 결국 저는 모기장 속으로 들어갔습니다.

불꽃이 부드럽게 흔들릴 때 저는 불길에서 등을 돌리고 앉았습니다. 잠자는 것도 잊었습니다. 잠을 생각할 수조차 없었습니다. 두 눈은 두려움으로 딱딱하게 굳었습니다. 어디에도 의지할 사람은 없었고, 칠흑 같은 어둠 속에서 도망갈 곳도 없었습니다.

'여기서 좌선하다가 죽자. 이 자리에서 움직이지 않을 거야.'

보통의 마음으로는 이렇게 하고 싶겠습니까? 이런 마음으로 이런 상황에 처할 수 있겠습니까? 논리적으로 생각한다면 이런 곳에는 절대 가지 않을 것입니다. 누가 이러고 싶겠습니까? 부처님의 가르침에 대한 강한 믿음이 없으면 절대로 이렇게 할 수 없습니다.

밤 열시쯤 되었을 때 저는 불을 등지고 좌선을 하고 있었습니다. 뭔지 모르겠지만 제 뒤의 불길 쪽에서 발을 질질 끄는 듯한 소리가 났습니다. '관이 무너졌나? 아니면 개가 시체로 다가가고 있나?' 하지만 오히려 물소가 천천히 걷는 소리에 가까웠습니다.

'신경쓰지 말자.'

그렇지만 이제 사람이 다가오는 것 같았습니다. 제 등 뒤로 다가오는 발걸음이 무거운 물소의 발소리 같기도 하고 아닌 것 같기도 했습니다. 그것은 낙엽 밟는 소리를 내며 앞쪽을 배회하고 있었습니다. 저는 최악의 상황을 준비하며 어디로 달아날지 생각했습니다. 하지만 그것은 제게로 다가오지 않고 앞쪽을 돌다가 행자가 있는 쪽으로 향했습니다. 그런 뒤 완전히 잠잠해졌습니다. 저는 그것이 무엇인지 몰랐지만 두려움에 사로잡혀 온갖 가능성을 생각했습니다.

삼십 분쯤 지났을 때, 행자 쪽에서 다시 발걸음이 돌아오고 있었습니다. 사람인 것 같았습니다! 이번에는 저를 덮칠 듯이 제 바로 앞까지 다가왔습니다. 저는 눈을 감았습니다. 눈을 뜨고 싶지 않았습니다.

'눈을 감고 죽으리라!'

그것은 점점 가까이 다가오더니 제 앞에서 가만히 멈췄습니다. 그것이 내 꼭 감은 두 눈 앞에서 불탄 손을 앞뒤로 흔드는 것처럼 느껴졌습니다. 정말 그랬습니다! 저는 '붓도(부처님)', '담모(법)', '상고(승가)'라는 염불도 모조리 잊어버렸습니다. 모든 것을 잊어버렸고, 두려움만이 제 마음을 가득 채웠습니다. 다른 생각은 할 수 없었습니다. 태어나서 이렇게 두려웠던 적은 없었습니다. '붓도'와 '담모'는 사라졌습니다. 오직 두려움만이 가슴을 가득 채워서 팽팽하게 당겨진 북의 가죽처럼 느껴졌습니다.

'그냥 있는 그대로 내버려둬야지. 할 수 있는 일이 없으니.'

저는 마치 땅에 닿아 있지 않은 듯이 앉아서 그저 무슨 일이 일어나는지 의식했습니다. 물이 가득찬 항아리처럼 두려움으로 가득했습니다. 항아리가 가득찰 때까지 물을 붓고 나서 물을 좀더 부으면 물이 흘러넘칩니다. 마찬가지로 내면의 두려움이 너무 커서 극에 이르렀고, 두려움이 넘쳐흐르기 시작했습니다.

'내가 뭘 두려워하고 있는 거지?'

내면의 소리가 제게 물었습니다.

'죽음을 두려워하지.'

또다른 목소리가 대답했습니다.

'그럼 이 죽음은 어디에 있지? 왜 그렇게 두려워해? 죽음이 어디에 있는지 보라고. 죽음이 어디에 있지?'

'죽음은 나 자신에게 있잖아!'

'죽음이 나 자신에게 있는데 왜 죽음에서 벗어나려고 도망치지? 도망쳐도 죽을 거고, 여기 있어도 죽을 거야. 죽음은 나 자신에게 있으니 어디를 가든 죽음이 따라올 거야. 도망갈 곳은 없어. 죽음을 두려워하든 그렇지 않든 똑같이 죽을 텐데. 죽음에서 벗어날 수 있는 곳은 없어.'

이런 생각을 하자마자 인식이 완전히 바뀐 것 같았습니다. 손바닥 뒤집듯 간단하게 모든 두려움이 완전히 사라졌습니다. 정말 놀라웠습니다. 그런 엄청난 두려움이 이렇게 사라질 수 있다니! 두려움 대신 담대한 마음이 일어났습니다. 마음이 점점 고양되어 마치 구름 속에 있는 것 같았습니다.

두려움을 정복하자마자 비가 내리기 시작했습니다. 어떤 비였는지는 잘 모르겠습니다. 바람이 세차게 불었습니다. 하지만 저는 이제 죽는 것이 두렵지 않았습니다. 나뭇가지가 제 위로 떨어질지도 몰랐지만 저는 두렵지 않았습니다. 저는 전혀 신경쓰지 않았습니다. 폭우가 격렬히 퍼부었습니다. 비가 그쳤을 때는 모든 것이 완전히 젖어 있었습니다.

저는 미동 없이 앉아 있었습니다.

비에 완전히 젖은 채로 그다음에 제가 어떤 행동을 했는지 아십니까? 울음을 터뜨렸습니다. 눈물이 뺨을 타고 흘렀습니다. 울면서 이런 생각이 들었습니다. '왜 나는 고아처럼 여기에 앉아 있지? 거지나 유배자처럼 비에 젖은 채로 말이야.' 그런 뒤 이런 생각이 들었습니다. '자기집에서 편안하게 앉아 있는 사람들은 한 스님이 밤새도록 비를 맞으며 여기 이렇게 앉아 있으리라고는 아마 생각 못하겠지. 이래서 무슨 소용이 있는 거지?' 이런 생각이 들자 제 처지가 서글프게 느껴져 눈물이 쏟아졌습니다.

'어쨌든 눈물은 좋지 않은 것이니 완전히 말라버릴 때까지 모두 흘러버려라.'

저는 이렇게 명상했습니다.

그다음에 일어난 일을 어떻게 설명해야 할지 모르겠습니다. 저는 앉아서 들었습니다. 느낌들을 정복한 뒤 저는 제게 일어난, 알 수는 있지만 설명이 불가능한 다양한 것들을 앉아서 지켜봤습니다. 그리고 부처님의 말씀이 떠올랐습니다.

"지혜로운 이는 스스로 알 것이다."

내가 이런 고난을 견디며 빗속에 앉아 있을 때 누가 함께 있었습니까? 저만이 이것을 알 수 있습니다. 너무도 큰 두려움에 사로잡혀 있었지만 그 두려움이 사라졌습니다. 누가 이를 목격했습니까? 도시의 자기집에 있는 사람들은 이런 것을 알 수 없습니다. 그것은 저 한 사람의 경험이었습니다. 다른 사람들에게 얘기해도 그들은 제대로 이해하지 못할 것입니다. 이런 경험들은 스스로 경험해야 하는 것입니다. 여기에 대해 깊이 생각하면 할수록 더욱 명확해졌습니다. 저는 점점 더 강해졌습니다. 그리고 제 신념은 해가 뜰 때까지 더욱 단단해졌습니다.

새벽에 눈을 뜨자 모든 것들이 노랗게 보였습니다. 밤사이 소변을 보고 싶었지만 결국에는 그런 느낌조차 사라졌습니다. 자리에서 일어났을 때, 어느 이른 아침 햇빛처럼 모든 것이 노랗게 보였습니다. 방광을 비우러 가자 오줌에서 피가 섞여 나왔습니다.

'이게 뭐지? 장이 찢어지기라도 했나?' 저는 약간 걱정이

됐습니다. '몸안에서 뭔가 찢어졌나보지?'

'그래서 어쨌다는 거야? 찢어졌으면 찢어진 거지 뭐. 누굴 탓하겠어?' 마음에서 즉시 이런 목소리가 들렸습니다. '찢어졌으면 찢어진 거고, 죽으면 죽는 거지. 나는 좌선을 했을 뿐이고 해로운 짓은 하지 않았어. 그러니 방광이 터질 거라면 터져버리라지 뭐.' 내 마음이 이렇게 말했습니다.

제 마음이 스스로 싸움을 하는 것 같았습니다. 마음 한곳에서 나온 목소리는 이렇게 말했습니다. '이봐! 이건 위험하다고!' 또다른 목소리는 이런 말에 반박하고 대항했습니다.

'어딜 가야 약을 구할 수 있을까?' 하는 생각이 들었습니다. 하지만 이런 생각이 떠올랐습니다. '나는 이런 일에 신경 쓰지 않을 거야. 어쨌든 스님은 약초를 캘 수 없잖아. 죽으면 죽는 거지. 이렇게 명상하다가 죽을 준비가 돼 있어. 잘못된 행동을 하는 건 나쁘지만 이렇게 명상하다 죽을 준비는 돼 있어.'

자신의 감정을 따르지 마십시오. 자신을 훈련하십시오. 명상을 할 때는 자신의 목숨을 걸어야 합니다. 여러분은 두세 번 정도는 좌절해서 울음을 터뜨린 적이 있을지 모릅니다. 바로 이것이 명상입니다. 졸려서 눕고 싶어도 눕지 마십시오. 눕더라도 졸음을 떨쳐버리고 누우십시오.

때로는 탁발에서 돌아와 식사하기 전에 음식에 대해 명상해도 마음이 가라앉지 않을 수 있습니다. 마음이 침을 질질 흘리는 미친개와 같아서 배가 너무 고픕니다. 때로는 음식에 대해 명상하기도 귀찮아서 바로 음식에 머리를 박을지도 모릅니다. 이는 재앙입니다. 마음이 고요해지지 않는다면 인내심을 갖고 발우를 치워버리고 먹지 마십시오. 자신을 단련하고 훈련하십시오. 이것이 명상입니다. 자신의 마음을 따르지 마십시오. 발우를 치워버리고, 일어나 다른 곳으로 가버리십시오. 자신이 음식을 먹도록 내버려두지 마십시오. 마음이 매우 고집스럽게 먹고 싶어해도 먹게 내버려두지 마십시오. 그러면 흐르던 침이 멈출 것입니다. 아무것도 먹을 수 없다는 것을 번뇌가 알면 번뇌는 두려워합니다. 그러면 다음날에는 번뇌들이 여러분을 귀찮게 하지 못합니다. 먹을 것을 얻지 못할까봐 번뇌들이 두려워할 것입니다. 제 말이 믿기지 않으면 직접 해보십시오.

사람들은 명상을 믿지 않아서 직접 해보지 않습니다. 그들은 배고픔과 죽음을 두려워합니다. 직접 해보지 않으면 명상이 무엇인지 알지 못합니다. 우리 대부분은 겁이 너무 많아서 직접 명상할 용기를 내지 못합니다.

생각해보십시오. 세상에서 가장 중요한 것이 무엇입니까? 죽음보다 더 중요한 건 세상에 없습니다. 사유하고 명상하고 탐구해보십시오. 옷이 없어도 죽지 않습니다. 씹는담배나 피우는 담배가 없어도 죽지 않습니다. 하지만 밥이나 물이 없으면 죽습니다. 세상에 꼭 필요한 것은 이 두 가지입니다. 몸을 유지하려면 밥과 물이 필요합니다. 그래서 저는 밥과 물 이외의 것들에는 관심이 없었습니다. 저는 어떤 음식을 받아도 만족했습니다. 밥과 물만 있으면 명상하기에 충분했고, 그래서 저는 만족했습니다.

여러분도 밥과 물로 충분한가요? 다른 모든 것들은 여분의 것입니다. 그래서 있든 없든 아무 관계가 없습니다. 정말 중요한 것은 밥과 물뿐입니다.

'이렇게 살아남을 수 있을까?' 자문해봤습니다. '아무 문제 없이 살아갈 수 있어. 아마 어떤 마을로 탁발을 나가도 집집마다 한입씩은 밥을 얻을 수 있을 거야. 물은 어디서든 구할 수 있을 테고. 밥과 물은 충분할 거야.'

마음은 삶에서 수없이 속아왔습니다. 좋아하지 않거나 사랑하지 않는 건 뭐든 피하고 싶어합니다. 명상한다고 말하지만 그저 두려움에 빠져 있습니다. 이런 것을 명상이라고 할 수는 없습니다. 제대로 명상한다면 목숨을 걸 것입니다. 정말 명상할 결심이라면 사소한 것들에 신경쓰지 않습니다. "나는 적게 가졌는데 당신은 많이 가졌어요." "당신이 시비를 거니까 내가 그러는 거죠." 이런 것들은 제가 찾는 것이 아니었기에 관심이 없었습니다. 다른 사람의 일은 저와 아무 관계가 없었습니다. 다른 절에 가도 이런 일들에 관여하지 않았습니다. 다른 사람들이 명상을 열심히 하든 게으르든 저는 전혀 관심이 없었습니다. 저 자신의 일만 살폈습니다. 저는 용기 있게 명상했고, 명상을 통해 지혜와 통찰을 얻었습니다.

제대로 명상하고 있다면 명상이 정말 만족스럽습니다. 밤이나 낮이나 명상해야 합니다. 고요한 밤이 되면 저는 좌선을 했고 그런 뒤 걷기명상을 했습니다. 앉고 걷고 앉고 걷고……. 이런 식으로 밤에 두세 번을 반복했습니다. 명상을 즐겼기에 지겹지 않았습니다.

때때로 가랑비가 내릴 때면 논에서 일하던 생각이 났습니다. 해 뜨기 전에 일어나 전날 젖어서 채 마르지도 않은 바지를 입고 집 아래 우리에서 물소를 몰고 나가곤 했습니다. 보이는 것은 진흙투성이인 물소의 목뿐이었습니다. 저는 소똥이 묻은 고삐를 잡았습니다. 그러면 물소가 꼬리를 휘둘러 제게 소똥을 튀겼습니다. 상처로 쓰라린 발을 옮기며 이런 생각을 했습니다. '산다는 건 왜 이리 비참할까?' 그리고 저는 지금 여기서 걷기명상을 하고 있었습니다. '비가 좀 오는 게 뭐가 대수라고?' 이런 생각으로 명상을 하며 힘을 얻었습니다.

명상이 흐름을 타면 어떤 것과도 비교할 수 없습니다. 수행자의 고통과 같은 고통은 없고, 수행자의 행복과 같은 행복도 없습니다. 수행자의 열정과 비교할 만한 열정은 없고, 수행자의 게으름과 비교할 만한 게으름도 없습니다. 수행자는 무엇에서든 최고입니다. 그래서 저는 진정으로 명상을 하면 제대로 볼 수 있다고 말합니다.

하지만 우리는 명상에 대해 말만 합니다. 우리는 지붕 한쪽이 새면 집의 다른 쪽으로 가서 잠을 자는 사람과 같습니다. 한쪽에서 햇빛이 비치면 그는 다른 쪽으로 굴러가며 이렇게 생각합니다. '나는 언제쯤 다른 사람들처럼 근사한 집을 갖게 될까?' 지붕 전체가 새면 그는 일어나 다른 곳으로 떠납니다. 사람들은 대부분 이렇습니다. 그렇지만 이렇게 행동해서는 안 됩니다.

번뇌를 따라가면 문제들이 일어납니다. 번뇌를 따라가면 갈수록 명상은 퇴보합니다. 제대로 명상할 때는 때때로 자신의 열정에 스스로 놀랍니다. 다른 사람들이 명상을 잘하건 못하건 관심 갖지 말고 꾸준히 자신의 명상만 하십시오. 누가 오든 누가 가든 신경쓰지 말고 그냥 명상하십시오.

아직 서툴고 부족하더라도 최선을 다하십시오. 아직 성공하지 못했다면 포기하지 마십시오. 한 가지를 성공하면 한 가지가 막힐 것입니다. 그러니 모두 성공할 때까지 만족하지 말고 꾸준히 노력하십시오. 여기에 모든 주의력을 기울이십시오. 앉거나 눕거나 걷거나 바로 여기를 지켜보십시오. 매년

벼를 심는 농부가 올해 아직 벼를 심지 못한 것처럼 말입니다. 농부는 이것이 계속 신경쓰여 편안하게 쉴 수 없습니다. 농부는 친구와 함께 있어도 편히 쉬지 못하고 끝내지 못한 일 때문에 괴로워합니다. 혹은 위층에 아기를 두고서 아래층의 가축들에게 먹이를 주러 간 어머니처럼 말입니다. 어머니는 아기가 어디 떨어지지 않을까 항상 마음이 쓰입니다. 다른 일을 하고 있어도 아기에 관한 생각이 그녀를 떠나지 않습니다.

명상도 마찬가지입니다. 우리는 명상을 결코 잊지 않습니다. 비록 다른 일을 하고 있어도 명상에 관한 생각이 머리를 떠나지 않습니다. 밤이나 낮이나 명상이 항상 함께합니다. 이래야 명상이 발전합니다.

처음에는 스승의 가르침과 조언이 필요합니다. 스승이 가르치는 대로 따르십시오. 명상을 이해하고 나면 가르침을 줄 스승은 더이상 필요하지 않고 스스로 명상하면 됩니다. 부주의해지거나 선하지 않은 것들이 일어나면 스스로 알고 스스로 가르치십시오. 마음은 '아는 자', 목격자입니다. 여러분이 아주 많이 속고 있는지, 아주 조금만 속고 있는지를 여러분의 마음은 압니다.

명상은 그런 것입니다. 명상은 거의 미친 짓이나 마찬가지입니다. 여러분 스스로 자신을 미쳤다고 할 수도 있습니다.

제대로 명상하면 여러분은 미치거나 뒤집힌 상태가 됩니다. 뒤집히고 왜곡됐던 인식을 바로잡습니다. 이렇게 인식을 바로잡지 않으면 전처럼 골치 아프고 괴롭습니다.

명상하면서 많은 고통을 겪게 됩니다. 하지만 자신의 고통을 이해하지 못하면 성스러운 고통의 진리를 이해하지 못할 것입니다. 고통을 이해하고 모두 없애려면 고통에 직면해야 합니다. 새를 잡으려는데 먼저 밖에 나가 새를 찾지 않는다면 어떻게 새를 잡을 수 있겠습니까? 부처님은 태어남의 고통과 늙음의 고통을 가르치셨습니다. 고통을 경험하길 거부하면 고통을 볼 수 없습니다. 고통을 보지 못하면 고통을 이해할 수 없습니다. 고통을 이해하지 못하면 고통을 없앨 수 없습니다.

요즘 사람들은 고통을 보고 경험하고 싶어하지 않습니다. 여기서 고통을 받으면 저기로 도망가며 여기저기로 고통을 끌고 다니지만 고통을 없앨 수는 없습니다. 고통에 대해 사유하거나 탐구하지 않습니다. 고통에 대해 알지 못하면 어디를 가든 고통받습니다. 비행기를 타고 날아서 도망가면 고통도 그 비행기에 탑니다. 물속으로 잠수해도 따라옵니다. 고통은 우리 안에 있지만 우리는 고통을 이해하지 못합니다. 고통이 우리 안에 있다면 어디로 도망갈 수 있겠습니까?

의심이 사라질 때까지 이를 열심히 살펴봐야 합니다. 용기 있게 명상해야 합니다. 홀로 있든 함께 있든 고통을 회피하지 마십시오. 다른 사람들이 게을러도 문제가 되지 않습니다. 명상을 많이 하면 반드시 결과가 있을 것입니다. 정말 꾸준히 명상한다면 다른 사람들과 관계없이 한 번의 안거로 족할 것입니다. 여기서 제가 말한 대로 실천해보십시오. 명상을 '빠띠빠다(paṭipadā)'라고 합니다. 빠띠빠다는 명상을 일관되게 꾸준히 한다는 의미입니다. 나이 많은 페 스님처럼 명상하지 마십시오. 페 스님은 어느 안거에 묵언을 하기로 결심했습니다. 그는 말을 멈췄지만 글로 적기 시작했습니다. '내일은 밥을 좀 볶아주세요.' 그는 볶음밥을 먹고 싶었습니다. 그는 말을 멈췄지만 결국 너무 많은 것들을 적게 되어 전보다 더 산만해졌습니다. 이번에는 이걸 적고, 다음에는 저걸 적었습니다. 얼마나 우스운 일입니까! 그가 왜 힘들게 묵언을 했는지 모르겠습니다. 그는 명상이 뭔지 몰랐습니다.

사실 명상은 적은 것에 만족하며 자연스럽게 지내는 것입니다. 의욕이 있든 없든 걱정하지 마십시오. "나는 부지런해" 혹은 "나는 게을러"라는 얘기도 하지 마십시오. 사람들은 대부분 명상을 하고 싶을 때만 하고, 하기 싫을 때는 거들떠보지도 않습니다. 하지만 출가자들은 그렇게 생각해서는 안 됩니다. 출가자들은 명상을 하고 싶을 때도 해야 하고, 하기 싫을 때도 해야 합니다. 다른 것에 대해서는 신경쓰지 말고 자신을 훈련하십시오. 낮이나 밤이나, 올해에도 내년에도 언제나 명상하십시오. 근면이나 나태에 대해 신경쓰지 말고 날씨가 춥든 덥든 상관없이 그저 정진하십시오. 이것이 바른 명상입니다.

어떤 사람들은 일주일 정도 아주 열심히 명상했는데도 원하는 결과가 나오지 않으면 명상을 포기합니다. 그리고 완전히 예전으로 돌아가 잡담이나 사교 등에 빠져 지냅니다. 그런 뒤 다시 명상해야겠다는 생각이 들면, 일주일 정도 명상하고서 또다시 명상을 포기합니다. 농부들 중에도 이렇게 일하는 이들이 있습니다. 처음에는 열심히 일하다가 좀 지나면 일을 그만둡니다. 농기구를 챙겨오는 것도 귀찮아 밭에다 그냥 두고 옵니다. 나중에 땅이 모두 말라서 갈라지고 나서야 다시 일을 해야겠다는 생각에 일을 좀 하지만, 또다시 농기구들을 그냥 두고 집으로 돌아갑니다. 이렇게 일해서는 논밭을 잘 가꿀 수 없습니다.

명상도 이와 비슷합니다. 명상이 중요하지 않다고 생각하면 수행에서 어떤 발전도 이룰 수 없습니다. 두말할 필요 없이 바른 명상은 중요합니다. 꾸준히 명상하십시오. 자신의 기분을 따르지 마십시오. 부처님은 기분이 좋든 나쁘든 상관하지 않으셨습니다. 부처님은 모든 좋은 것들과 나쁜 것들, 바른 것들과 그른 것들을 경험하셨습니다. 부처님은 이렇게 명상하셨습니다. 좋은 것만 취하고 나쁜 것은 버리는 것은 명상이 아닌 재앙입니다. 그러면 어디를 가도 만족할 수 없고 어디에 머물러도 괴롭습니다.

어떤 이들은 어떤 것을 얻으려고 명상합니다. 그래서 원하는 것을 얻지 못하면 명상을 하고 싶어하지 않습니다. 하지만 부처님께서 가르치신 명상은, 포기하는 것이며 놓아버리는 것이며 머무는 것이며 뿌리 뽑는 것입니다.

연세가 지긋한 어떤 사람이 처음에 마하니까이 종단에 출가했습니다. 하지만 마하니까이 종단이 별로 엄격하지 않은 것 같아 담마유트 종단에서 다시 계를 받았습니다(마하니까이와 담마유트는 태국 승가의 두 종단이다). 그런 뒤 그는 명상하기 시작했습니다. 그는 때로 보름 정도 단식을 하고 난 뒤 채식만 했습니다. 그는 동물을 먹으면 나쁜 업을 지으므로 채식을 하는 것이 좋다고 생각했습니다.

시간이 지나자 이런 생각이 들었습니다. '음, 스님 생활은 불편하군. 채식만 하면서 스님으로 지내기는 힘들어. 승복을 벗고 행자가 되어야겠어.' 그래서 그는 승복을 벗고 행자가 되었습니다. 그래서 스스로 채소를 수확하고 뿌리와 마를 캘 수 있게 되었습니다. 이런 것들은 스님이 할 수 없는 일입니다. 한동안 이렇게 생활하다가 결국에 그는 자신이 해야 할 일이 뭔지 알 수 없게 되었습니다. 그래서 그는 모든 것을 포기했습니다. 스님도 포기했고 행자도 포기했고, 모든 것을 포기했습니다. 요즘에는 그가 뭘 하고 지내는지 모릅니다. 살았는지 죽었는지도 모릅니다. 그는 자기 마음에 드는 것을 발견할 수 없어서 포기했습니다. 그는 자신이 번뇌를 따라갔다는 사실을 깨닫지 못했습니다. 번뇌가 그를 끌고 갔다는 사실을 몰랐던 것입니다.

"부처님이 승복을 벗고 행자가 되었나요? 부처님은 어떻게 명상하셨나요?" 그는 이런 생각은 하지 못했습니다. 부처님께서 소처럼 채식만 하셨나요? 이렇게 먹고 싶다면, 이것이 할 수 있는 최선이라면 그렇게 하십시오. 하지만 돌아다니면서 다른 사람들을 비난하지는 마십시오. 자신에게 적합한 명상의 기준이 어떤 것이든 그것을 꾸준히 유지하십시오. "목재를 너무 많이 파면 제대로 된 손잡이를 만들지 못한다."(태국 속담으로, '도를 지나치지 말라'는 의미)라는 속담을 기억하십시오.

여러분은 아무것도 얻지 못하고 결국 포기할 것입니다. 무엇을 위해 명상하는지 생각해보십시오. 명상은 떨쳐버리기 위한 것입니다. 마음은 이 사람은 사랑하고 저 사람은 미워하고 싶어하지만, 바로 이런 것들을 버리려고 명상하는 것입니다. 평화를 얻어도 평화를 던져버리십시오. 앎이 일어나도 그 앎을 던져버리십시오. 알면 그저 아는 것입니다. 하지만 그 앎을 자신의 것으로 여기면 자신이 뭔가를 안다고 생각합니다. 자신이 다른 사람보다 낫다고 생각합니다. 그러면 나중에 어디서도 살 수 없습니다. 어디에 살든 문제가 일어나기 때문입니다. 명상을 잘못하면 명상을 전혀 하지 않은 것이나 다를 바 없습니다.

자신의 기질에 맞게 명상하십시오. 잠을 많이 잡니까? 그런 습관에 저항하십시오. 많이 먹습니까? 적게 먹으려고 노력하십시오. 덕행과 삼매와 지혜를 기초로, 자신이 필요한 만큼 명상하십시오. 그리고 두타 수행도 한번 해보십시오. 두타 수행은 번뇌를 약화시킵니다. 기본 명상이 번뇌들을 제대로 뿌리 뽑는 데 충분하지 않을지도 모르기에 두타 수행을 함께 해야 합니다. 나무 아래나 공동묘지에서 한번 지내보십시오. 공동묘지에서 지내면 어떨까요? 사람들과 함께 지내는 것과 같은 느낌일까요?

두타 수행은 '실천하기 어려운 수행'이란 의미입니다. 두타 수행은 성스러운 이들의 수행입니다. 성스러운 이가 되고 싶다면 두타 수행을 통해 번뇌를 잘라내야 합니다. 두타 수행을 지켜나가며 전념하는 사람은 좀처럼 보기 어렵습니다. 두타 수행은 자신의 성향을 거스르는 것이기 때문입니다. 두타 수행을 하면 승복은 기본적으로 단 세 벌만 가질 수 있고, 탁발한 음식만 먹어야 하며, 발우의 음식만 먹을 수 있으며, 나

반조, 마음을 비추다 2

중에 보시 받은 음식은 거절해야 합니다.

　태국 중부에서는 이런 수행을 하기가 쉽습니다. 그곳은 음식들이 꽤 먹을 만하고 사람들이 매우 다양한 음식을 발우에 담아주기 때문입니다. 하지만 북동부에서는 이런 두타 수행의 의미가 좀 다릅니다. 여기서 얻을 수 있는 것은 흰 쌀밥뿐입니다! 이곳 전통에서는 발우에 쌀밥만 담아줍니다. 이런 두타 수행은 정말 고행입니다. 맨밥밖에 먹지 못합니다. 그 뒤에 가져오는 음식들은 받을 수 없습니다. 그리고 하루에 한 번, 한 자리에서, 한 발우로만 먹습니다. 먹고 난 뒤 그 자리에서 일어나면 그날은 다시 먹을 수 없습니다. 요즘에는 이런 수행을 할 만큼 정진하는 사람을 보기 힘듭니다. 힘든 수행이기 때문입니다. 하지만 힘들기 때문에 두타 수행은 정말 유익합니다.

　요즘 사람들이 명상이라고 부르는 것은 제대로 된 명상이 아닙니다. 제대로 명상하기는 쉽지 않습니다. 대부분 사람들은 제대로 명상할 용기가 없어서 자신의 성향을 정말로 거스르지 못합니다. 그들은 자신들의 감정에 역행하는 것을 하고 싶어하지 않습니다. 사람들은 번뇌에 저항하고 싶어하지 않습니다. 그들은 번뇌를 파고들어 제거하고 싶어하지 않습니다.

　명상할 때 자신의 감정을 따르지 말아야 합니다. 우리는 수많은 생 동안 마음이 자기 자신이라고 믿으며 속아왔습니다. 사실 마음은 사기꾼입니다. 마음은 우리를 끌고 다니며 욕망, 악의, 의혹을 일으키고 도둑질과 강도질을 하게 하며 욕구와 미움을 일으킵니다. 이런 것들은 우리 것이 아닙니다. '선해지고 싶은가?'라고 스스로에게 물어보십시오. 모든 사람들은 선해지고 싶어합니다. 이 모든 행위들이 선한 것입니까? 사람들은 악행을 저지르지만 모두 선해지고 싶어합니다. 그래서 저는 이것을 사기꾼이라고 부릅니다.

부처님은 우리가 마음을 따르지 말고 마음을 훈련하길 바라셨습니다. 마음이 한쪽으로 가면 다른 쪽으로 데려오십시오. 마음이 저쪽으로 가면 이쪽으로 다시 데려오십시오. 간단히 말하자면, 마음이 원하는 것이 무엇이든 그것을 갖지 못하게 하십시오. 이는 오랜 친구와 마침내 더이상 생각이 일치하지 않는 것과 같습니다. 그들은 헤어져 각자의 길을 갑니다. 서로를 더이상 이해하지 못해서 말다툼까지 하고 헤어집니다. 그렇습니다. 마음을 따르지 마십시오. 자신의 마음을 따르는 이는 좋아하고 욕망하는 것을 따라갑니다. 이런 사람은 아직 명상을 전혀 하지 않은 이입니다.

사람들이 명상이라고 부르는 것이 사실은 명상이 아니라 재앙이라고 말하는 이유입니다. 직설적으로 말하자면, 명상할 때는 자신의 목숨을 바쳐야 합니다. 명상은 고통을 수반

합니다. 특히 명상을 시작한 첫해나 두번째 해에는 많은 고통을 경험합니다. 젊은 스님들이나 사미들은 몹시 어려운 시간을 보냅니다.

저는 과거에 음식 때문에 어려움이 많았습니다. 음식과 잠을 좋아하는 스무 살에 스님이 되면 어떨까요? 어떤 날에는 혼자 앉아서 음식을 상상하곤 했습니다. 시럽을 넣은 바나나나 파파야 샐러드를 먹고 싶은 생각이 들면 침이 고이곤 했습니다. 이는 수행의 일부였습니다. 이 모든 것들이 쉽지 않았습니다. 음식을 먹는 문제 때문에 나쁜 업을 많이 지을 수 있습니다. 음식과 잠에 빠져 있는 한창때의 젊은이에게 승복을 입혀놓고 통제하면 그는 미칠 것 같을 것입니다. 급류를 댐으로 막아놓은 것과 같습니다. 언젠가는 댐이 터집니다.

첫해에 명상할 때는 음식에 관한 문제밖에 없었습니다. 앉아 있으면 실제로 바나나가 입속에서 펑 하고 생겨나는 것 같았습니다. 바나나를 조각으로 나눠 그 조각을 입속에 넣는 것을 거의 느낄 수 있을 정도였습니다. 이 모든 것들이 명상의 일부입니다.

그러니 두려워하지 마십시오. 우리 모두는 수많은 생 동안 속아왔습니다. 그래서 자신을 훈련하고 바로잡기가 쉽지 않습니다. 하지만 어렵기에 할 만한 가치가 있습니다.

쉬운 것을 굳이 할 필요가 있을까요? 어려운 것을 통해 자신을 훈련해야 합니다.

부처님도 마찬가지였을 것입니다. 부처님이 가족과 친지, 부와 감각적 쾌락에만 신경썼다면 부처가 될 수 없었을 것입니다. 이것들 역시 사소한 문제는 아닙니다. 대부분 사람들은 이런 것들을 추구합니다. 그래서 이런 것들을 포기하고 젊은 나이에 출가하는 것은 죽는 것과 다를 바 없습니다. 하지만 어떤 사람들은 제게 와서 이렇게 말합니다. "큰스님! 큰스님은 걱정할 아내와 아이가 없으시니 출가 생활이 편안하시겠습니다." 그러면 저는 정색을 하며 이렇게 말합니다. "자네가 그런 얘기를 할 때는 내게 너무 가까이 오지 말게. 주먹으로 머리를 얻어맞을지도 모르니!"

여러분 안에 평화를 확립하십시오. 곧 이해할 것입니다. 명상하고 반조하고 숙고하면 명상의 결실을 얻을 것입니다. 원인과 결과는 비례합니다. 자신의 감정에 항복하지 마십시오. 처음에는 적당한 수면 시간도 알기 어렵습니다. 잠을 어느 정도 자야겠다고 결심하지만 그것을 지킬 수 없습니다. 자신을 훈련해야 합니다. 몇시에 일어나겠다고 결심했다면 그 시간이 되면 즉시 일어나십시오. 때로는 그 시간에 일어날 수 있을 것이고, 때로는 깨자마자 "일어나!" 하고 소리쳐도 꼼짝도 할 수 없을 것입니다. 그러면 이렇게 말해보십시오. "하나…… 둘…… 셋을 세도 일어나지 않으면 지옥에 떨어질 거야." 이렇게 자신을 가르쳐야 합니다. 셋을 세면 지옥에 떨어지는 것이 두려워 즉시 일어날 것입니다. 잘 훈련된 마음은 감히 문제를 일으키지 못합니다. 모든 성스러운 이들은 가슴 깊이 믿음을 가지고 있습니다. 우리도 이래야 합니다. 어떤 사람들은 편하게 살려고 출가합니다. 하지만 편안함이 어디서 오며, 그 전제 조건은 무엇일까요? 모든 편안함은 고통을 경험한 뒤에야 옵니다. 일을 해야 돈을 벌지 않습니까? 벼를 수확하려면 먼저 쟁기질을 해야 합니다. 모든 것들은 먼저 어려움을 경험해야 합니다. 공부를 하지 않고 읽거나 쓸 수 있습니까? 그럴 수는 없습니다.

그래서 공부를 많이 하고 스님이 된 이들은 발전이 없습니다. 그들의 지식은 다른 길을 가는 다른 종류의 것입니다. 그들은 자신을 훈련하지 않고, 자신의 마음을 보지 않습니다. 고요와 절제로 이끌지 않는 것을 좇으며, 자신의 마음을 혼란으로 휘저어버립니다. 부처님의 앎은 세속을 초월한 완전히 다른 종류의 앎입니다.

따라서 불교 승려로 출가한 이라면 모두 이전의 신분이나 지위를 버려야 합니다. 왕이 출가하더라도 이전의 신분을 버려야 합니다. 왕은 그의 세속적 권력을 가지고서 스님이 될 수 없으며 자신의 영향력을 버려야 합니다. 명상은 버리고 놓아버리고 뿌리 뽑고 멈추는 것입니다. 명상을 하려면 이를 이해해야 합니다.

아픈데 약을 먹지 않으면 병이 저절로 나을까요? 두려워하는 장소가 있다면 거기로 가십시오. 공동묘지를 두려워한다면 공동묘지로 가십시오. 승복을 걸치고 공동묘지로 가서 이렇게 명상해보십시오. '모든 형성된 것들은 무상하다.' 서서 혹은 걷기명상을 하며, 자신의 내면속 어디에 두려움이 있는지 살펴보십시오. 모든 것들이 아주 명백할 것입니다. 모든 조건 지어진 것들의 진실을 이해하십시오. 해가 져서 점점 어두워질 때까지, 거기서 밤새도록 머물 수 있을 때까지 머물며 지켜보십시오.

부처님은 말씀하셨습니다.

"법을 보는 이는 여래를 본다. 여래를 보는 이는 열반을 본다."

부처님의 모범을 따르지 않으면 어떻게 법을 보겠습니까? 법을 보지 못하면 어떻게 부처님을 알겠습니까? 부처님을 보지 못하면 부처님의 특징들을 어떻게 알겠습니까? 부처님의 발길을 따라 명상해야만 부처님의 가르침이 정말 확실하며 가장 뛰어난 진리임을 알 것입니다.

23장

반조란 무엇인가

*이 가르침은 1979년 안거 중 고눅 사원에서 아잔 차 스님이 영어권 제자들과 나눈 질의응답 내용입니다. 이해를 돕기 위해 일부 대화 순서를 재배열했습니다.

생각의 과정을 초월하여 일어나는 앎은
더이상 생각에 속지 않게 해준다.

반조의 중요성에 대해 가르치고 계신데요, 좌선하면서 몸의 서른두 부분 같은 특정한 주제를 생각한다는 말씀입니까?

마음이 정말 고요하면 그럴 필요가 없습니다. 고요가 제대로 확립되면 탐구 대상이 명백해집니다. 반조가 '진짜'라면, 옳고 그르고 좋고 나쁘고 하는 차별이 없습니다. 앉아서 '아, 이건 이렇고 저건 저렇고' 하는 식으로 생각하지 마십시오. 이것은 거친 형태의 반조입니다. 명상할 때 반조는 생각으로 하는 것이라기보다 고요 안에서 반조하는 것입니다. 일상생활을 할 때는 비교를 통해 존재의 본질을 주의깊게 생각합니다. 이는 거친 종류의 탐구이지만 제대로 된 탐구로 이끕니다.

몸과 마음에 대해 반조할 때 실제로 생각을 이용합니까? 생각이 진정한 통찰을 일으킬 수 있습니까? 이것이 위빠사나입니까?

나중에는 생각을 초월해야 하지만 처음에는 생각을 이용할 필요가 있습니다. 진정한 반조를 할 때는 모든 이원적 생각들이 사라집니다. 하지만 시작할 때는 이원적 생각이 필요합니다. 결국은 모든 생각들이 사라집니다.

삼매가 충분해야 반조를 할 수 있다고 하셨는데요. 그럼 어느 정도 고요해져야 합니까?

마음이 드러날 수 있을 정도의 고요가 필요합니다.

과거와 미래를 생각하지 않고 바로 여기에 머문다는 의미입니까?

진실로 있는 그대로 이해한다면 과거와 미래에 대해 생각하는 것도 괜찮습니다. 하지만 이것들에 사로잡혀서는 안 됩니다. 다른 모든 것들에 관한 것처럼 사로잡히지 마십시오. 생각을 그저 생각으로 본다면 이것은 지혜입니다. 생각을 조금도 믿지 마십시오. 모든 생각들이 일어났다 사라지는 것임을 깨달으십시오. 그저 모든 것을 있는 그대로 보십시오. 마음은 마음입니다. 그 속에 어떤 실체가 있는 것이 아닙니다. 행복은 그저 행복이고, 고통은 그저 고통입니다. 이렇게 보면 의심을 넘어설 것입니다.

진정한 반조와 생각은 같은 것입니까?

우리는 생각을 도구로 이용합니다. 하지만 생각을 통해 일어난 앎은 생각의 과정을 초월합니다. 그러면 생각에 더이상 속지 않게 됩니다. 모든 생각들이 단지 마음의 움직임이며, 앎은 태어나지도 않고 죽지도 않는다는 것을 깨닫게 됩니다. 마음이라고 부르는 이 모든 움직임들이 생기는 것에 대해 어떻게 생각합니까? 마음이라고 하는 모든 활동은 인습적 마음일 뿐입니다. 이것은 진정한 마음과는 거리가 멉니다. 진정한 것은 그저 '있는' 것이지, 일어나거나 사라지지 않습니다.

말로는 이것을 이해할 수 없습니다. 무상과 고통과 무아를 제대로 생각해야 합니다. 즉 생각을 이용해 인습적 실재의 본질을 반조할 필요가 있습니다. 이것을 통해 지혜가 일어납니다. 진정한 지혜라면, 모든 것이 끝나고 텅 빔을 깨닫습니다. 여전히 생각이 있더라도 그 생각이 비어 있으면 생각에 영향을 받지 않습니다.

진정한 마음의 단계에 어떻게 도달할 수 있습니까?

물론 여러분은 이미 가지고 있는 마음으로 명상을 합니다. 일어나는 모든 것들이 불확실하며, 고정되거나 실체가 있는 것은 아무것도 없다는 것을 명확하게 보십시오. 그리고 정말 집착할 어떤 것도 없다는 사실을 보십시오. 모두 텅 비어 있습니다.

마음에서 일어나는 것들을 있는 그대로 보면, 더이상 깊이 생각할 필요가 없습니다. 이런 문제들에 대해 의심이 전혀 없을 것입니다.

'진정한 마음'이라고 표현하는 것은 비교를 통해 이해를 돕기 위한 것입니다. 공부를 위해 이런 명칭들을 만들기는 했지만 사실 그 본질은 그대로 존재합니다. 우리는 여기 돌로 된 바닥에 앉아 있습니다. 기초인 바닥은 움직이지 않습니다. 우리 위에 있는 위층은 바닥에서 나온 것입니다. 위층은 마음으로 보는 형상, 느낌, 기억, 생각 등과 같습니다. 사실 이것들은 우리가 추측하는 대로 존재하지 않습니다. 이것들은 인습적인 마음일 뿐이며, 일어나자마자 다시 사라집니다. 이것들은 그 자체가 실제로 존재하는 것이 아닙니다.

사리뿟따 존자가 두타 수행을 떠나려는 한 비구를 점검하는 이야기가 경전에 나옵니다. 사리뿟따 존자는 그에게 이런 질문을 합니다. "부처님은 죽은 뒤에 어떻게 됩니까?" 그 비구는 이렇게 대답합니다. "형상, 느낌, 인식, 정신적 형성, 의식은 일어나면 소멸합니다." 사리뿟따 존자는 이 대답을 인정했습니다.

명상은 일어남과 사라짐에 대해 그냥 말만 하는 것이 아니라 이것을 스스로 보는 것입니다. 좌선할 때 무엇이 실제로 일어나는지 지켜보십시오. 어떤 것도 따라가지 마십시오. 반조는 생각에 사로잡히는 걸 의미하지 않습니다. 명상의 길에 대해 반조하는 것은 세속의 생각과 같지 않습니다. 반조의 의미를 제대로 이해하지 못하면 생각할수록 더욱 혼란스러워집니다.

알아차림을 기르라고 가르치는 이유는 마음의 진행 과정을 명확하게 보기 위해서입니다. 알아차림과 이해는 모든 것을 잘 살핍니다. 명상의 길을 아는 이에게는 알아차림이 있습니다. 그래서 분노하거나 어리석게 행동하지 않습니다.

말씀하시는 마음은 '근본 마음'입니까?

무슨 얘기죠?

일반적인 오온으로 이루어진 몸에 담긴 마음, 그 마음 밖에 있는 어떤 것을 말씀하시는 것 같습니다. 그런 것이 있습니까? 그것을 뭐라고 부릅니까?

아무것도 없습니다. 어떻게 부르지도 않습니다. 이뿐입니다. 모든 것이 끝난 것입니다. '앎'조차도 어느 누구에게 속하지 않고 역시 끝나버린 것입니다. 의식은 개체가 아니며, 존재도 아니며, 자아도 아니며, 다른 것도 아닙니다. 원할 만한 가치가 있는 것은 아무것도 없습니다. 모든 것들이 문젯거리일 뿐입니다. 이와 같이 명확하게 보면 모든 것이 끝납니다.

이것을 '근본 마음'이라고 부를 수 있습니까?

원한다면 그렇게 부를 수도 있습니다. 인습적 실재의 측면에서는 원하는 대로 부를 수 있습니다. 인습적 실재를 이용하지 않으면 진정한 실재, 즉 법을 생각할 단어나 개념이 전혀 존재할 수 없습니다. 이를 제대로 이해하는 것이 정말 중요합니다.

이 단계의 고요함은 어느 정도 수준입니까? 어느 정도의 알아차림이 필요합니까?

그렇게 생각할 필요는 없습니다. 적절한 수준의 고요함이 없으면 이런 질문을 감당할 수 없습니다. 있는 그대로 알 수 있을 정도의 몰입의 힘이 있어야 명확한 이해가 일어날 수 있습니다.

이런 질문은 아직 의심이 남아 있음을 보여줍니다. 자신이 하는 것에 대한 의심에 빠지지 않으려면 충분한 마음의 고요가 필요합니다. 명상을 하면 이를 이해할 수 있을 것입니다. 이런 질문을 계속하면 할수록 더욱 혼란스러워집니다. 말하는 것이 반조에 도움이 된다면 괜찮지만, 그런 말이 대상을 있는 그대로 보여주지는 못할 것입니다. 법은 다른 사람의 이야기를 듣고 이해할 수 있는 것이 아니라 스스로 보아야 하는 것입니다.

여러분이 여기서 얘기하고 있는 이해의 수준을 가지고 있다면, 여러분이 해야 할 의무는 끝이 나서 여러분은 아무것도 하지 않습니다. 그렇지만 여전히 할 일이 남아 있다면, 그것을 하는 것이 여러분의 의무입니다.

그저 모든 것을 내려놓으십시오. 그것이 여러분이 하고 있는 일임을 아십시오. '어느 정도의 삼매가 있어야 할까?' 하며 안달하며 걱정하지 마십시오. 명상할 때 무엇이 일어나든 놓아버리십시오. 모든 것이 불확실하며 무상한 것임을 아십시오. 기억하십시오! 모든 것은 불확실합니다. 모든 것을 끝내 버리십시오. 그러면 그 근원인 '근본 마음'에 이를 수 있을 것입니다.

24장
법의 본질

|

때때로 과일나무에 꽃이 필 때 산들바람이 가지를 흔들면 꽃
잎들이 떨어집니다. 어떤 꽃봉오리는 나무에 남아 조그만 푸
른 열매를 맺습니다. 바람이 불면 이 열매들 중 일부가 땅에
떨어집니다. 다른 열매들 역시 모두 익고 나면 땅에 떨어집
니다.

사람도 마찬가지입니다. 꽃잎과 열매가 바람에 떨어지듯,
사람들은 인생의 다른 시기에 각각 떨어집니다. 어떤 이들은
자궁 속에서 죽습니다. 다른 이들은 태어난 지 며칠 되지 않
아 죽습니다. 그리고 또다른 이들은 몇 년 살다가 요절합니
다. 그리고 다른 이들은 성숙하고 나이가 들어 죽습니다.

사람이나 바람에 떨어지는 열매나 모두 매우 불확실합니
다. 출가자의 생활에서도 이런 불확실성을 볼 수 있습니다.

어떤 사람들은 출가하러 오지만 마음이 변해 떠나버립니다. 이미 삭발을 하고 나서 떠나는 이들도 있습니다. 다른 이들은 사미가 되고서 절을 떠납니다. 어떤 승려들은 안거를 딱 한 번 보내고 환속을 합니다. 바람 속의 열매처럼 모든 것이 매우 불확실합니다.

우리 마음도 이와 비슷합니다. 감각적 자극이 일어나 마음을 여기저기로 잡아당기면, 마음은 열매가 떨어지듯 떨어집니다.

부처님은 존재의 불확실한 속성을 아셨습니다. 그는 바람 속의 열매를 보고서 그의 제자인 스님들을 반조했습니다. 그는 둘 다 본질적으로 불확실하다는 것을 깨달았습니다. 이것이 모든 것의 속성입니다.

알아차리며 명상하고 있다면, 모든 것을 보고 이해하도록 가르쳐줄 사람이 필요하지 않습니다. 부처님이 전생에 자나까 꾸마라 왕이었을 때가 이런 경우입니다. 그는 많은 것을 공부할 필요가 없었습니다. 그는 망고나무만 관찰했습니다.

어느 날 그는 코끼리를 타고 신하들과 동산에 갔습니다. 그는 동산에서 잘 익은 망고가 가득 달려 있는 망고나무들을 보았습니다. 거기서 멈출 수가 없어 나중에 다시 와서 망고를 따먹어야겠다고 생각했습니다. 하지만 왕을 따라왔던 신하들이 막대로 망고나무를 흔들고 온 가지를 부러뜨려 탐욕스럽게 망고를 따갈 줄은 미처 예상하지 못했습니다.

저녁 무렵 왕은 달콤한 망고를 기대하며 망고 동산으로 돌아왔습니다. 하지만 망고는 모두 사라진 뒤였습니다. 더구나 망고나무의 가지와 잎들이 여기저기 흩어져 있었습니다.

왕은 실망했고 화가 났습니다. 그런데 그 근처에 잎과 가지가 온전한 다른 망고나무가 있었습니다. 그는 그 나무가 온전한 이유를 깨달았습니다. 그 나무에는 망고 열매가 없었기 때문이었습니다. 나무에 열매가 없으면 아무도 건드리지 않습니다. 그러면 잎과 가지가 상하지 않습니다. 교훈을 얻은 왕은 궁전으로 돌아가는 내내 깊은 생각에 빠졌습니다. '왕의 자리는 불편하고 성가시고 힘들어. 왕은 모든 문제에 대해 항상 걱정해야 하지. 누가 왕국을 공격하거나 약탈하지 않을까 불안해하고.' 그는 평화롭게 쉴 수가 없었습니다. 잠잘 때도 악몽으로 마음이 뒤숭숭했습니다. 그는 열매가 달리지 않아서 잎과 가지가 온전했던 망고나무를 다시 한번 마음속으로 보았습니다. '이 망고나무처럼 되면 우리의 잎과 가지 역시 온전히 보전되겠지.' 왕은 생각했습니다.

그는 방에 앉아 명상에 빠졌습니다. 마침내 그는 망고나무의 가르침에 고무되어 승려가 되기로 결심했습니다. 그는 자신을 망고나무에 비교하며 결론 내렸습니다. '세상사에 얽히지 않으면 모든 걱정과 어려움에서 벗어나 자유로워지겠지.

　　　　　　　반조, 마음을 비추다 2

마음에서 근심이 사라질 거야.' 이런 생각으로 그는 방랑하는 스님이 되었습니다.

그때부터 그는 스승이 누구냐는 질문을 받으면 언제나 이렇게 대답했습니다. "망고나무입니다." 그는 많은 가르침이 필요하지 않았습니다. 그는 내면으로 향하게 하는 가르침을 망고나무로부터 깨달았습니다. 이 깨달음으로 그는 스님이 되었습니다. 그래서 근심 없이 적은 것에 만족하고 홀로 있음을 즐겼습니다. 그는 고귀한 신분을 버렸고, 마침내 평화로워졌습니다.

부처님이 전생에 자나까 꾸마라 왕이었을 때 그랬던 것처럼 우리도 주위를 유심히 살펴야 합니다. 세상 모든 것들이 우리에게 가르침을 줄 수 있기 때문입니다. 약간의 직관적 지혜만 있어도 세상의 이치를 통해 명확하게 볼 수 있습니다. 세상 모든 것들이 스승임을 이해할 것입니다. 예를 들면 나무와 덩굴풀이 실재의 진정한 본질을 드러낼 수 있습니다. 지혜가 있으면 남에게 물어볼 필요도 없고 공부할 필요도 없습니다. 자연에서 배워 충분히 깨달을 수 있습니다. 모든 것이 진리의 길을 따르고 있으며 진리를 벗어나지 않기 때문입니다.

지혜와 결합한 고요와 절제는 자연에 대한 더욱 깊은 통찰을 이끌어냅니다. 그러면 모든 것들의 궁극적 진리가 무상과 고통 그리고 무아임을 알게 될 것입니다. 나무를 예로 들어 보겠습니다. 모든 나무는 무상, 고통, 무아라는 실재를 통해 보면 모두 똑같이 하나입니다. 처음에는 존재하게 되고, 그다음에는 자라고 성숙하며 계속 변하다가, 마침내는 모든 다른 나무들처럼 죽습니다.

마찬가지로 사람과 동물은 태어나고 자라고 살아 있는 동안 변하며 결국에는 죽습니다. 삶에서 죽음에 이르는 다양한 변화는 법의 길을 보여줍니다. 즉 모든 것은 무상하고, 자연적 조건에 의해 부서지고 분해됩니다. 지혜와 알아차림이 있다면 실재로써 법을 볼 것입니다. 사람들이 끊임없이 태어나고 변하며, 마침내 죽는 것을 볼 것입니다. 태어나고 죽는 순환을 누구도 벗어날 수 없습니다. 우주에 있는 모든 이들은 하나입니다. 한 사람을 명백하게 보는 것은 세상 모든 사람들을 보는 것이나 조금도 다를 바가 없습니다.

마찬가지로 신체의 눈으로 보는 것뿐 아니라 마음으로 보는 것도 모두 법입니다. 생각은 일어나고 변하며 사라집니다. 그저 정신적 자극이 일어났다 사라지는 것입니다. 이것이 마음의 진정한 본질입니다. 이 모두가 법의 고귀한 진리입니다. 이렇게 보거나 관찰하지 않으면 제대로 볼 수 없습니다. 제대로 본다면 부처님께서 선언하신 법을 들을 수 있는 지혜를 얻을 것입니다.

부처는 어디에 있는가?

부처는 법에 있다.

법은 어디에 있는가?

법은 부처에 있다.

바로 여기, 지금!

승가는 어디에 있는가?

승가는 법에 있다.

　부처님과 법과 승가는 우리 마음속에 있지만, 이것을 명확하게 보아야 합니다. 어떤 이들은 "부처님과 법과 승가는 우리 마음속에 있어요"라고 쉽게 말합니다. 하지만 그들의 명상은 진리와 일치하지 않습니다. 그래서 그들의 마음속에서는 부처님과 법과 승가를 찾을 수 없습니다. 먼저 마음이 법을 아는 마음이 되어야 하기 때문입니다. 그래야 세상에 진리가 존재한다는 것을 알며, 명상을 통해 그 진리를 깨달을 수 있다는 것을 압니다.

　예를 들어 느낌, 생각, 상상 등의 정신적 법은 모두 불확실합니다. 화가 일어나면 커지고 변화하며, 결국은 사라집니다. 행복 역시 일어나고 커지고 변화하며, 마침내는 사라집니다. 이것들은 모두 텅 비어 있으며, 실제로 어떤 '실체'가 아닙니다. 안으로는 이 몸과 마음이 있습니다. 밖으로는 불확실함의 우주적 법칙을 보여주는 나무와 덩굴들과 온갖 종류의 것들이 있습니다.

나무, 산, 동물 이 모두가 법입니다. 모든 것이 법입니다. 이 법이 어디 있을까요? 간단히 말하자면, 법이 없는 곳은 존재하지 않습니다. 법은 자연입니다. 이것을 진정한 법이라고 합니다. 자연을 보면 법을 보고, 법을 보면 자연을 봅니다. 자연을 보면 법을 압니다.

삶의 매 순간, 모든 행동에서 삶과 죽음의 끊임없는 순환이 궁극적 실재이니 공부를 많이 해서 뭘 하겠습니까? 앉으나 서나 걸으나 누우나 모든 자세를 명확하게 알아차리면, 스스로 깨달을 준비가 된 것이며 바로 지금 이 자리에서 법의 진리를 깨닫게 됩니다.

바로 지금, 진짜 부처는 여전히 살아 있습니다. 부처는 진정한 법이기 때문입니다. 부처가 되는 진정한 법은 다른 곳으로 달아나지 않았고 여전히 존재합니다. 진정한 법은 몸과 마음에서 두 부처를 만듭니다.

"진정한 법은 명상을 통해서만 깨달을 수 있다"고 부처님이 아난다 존자에게 말씀하셨습니다. 법을 보는 이는 누구나 부처를 봅니다. 부처를 보는 이는 누구나 법을 봅니다. 어째서 그럴까요? 고타마 싯다르타가 법을 깨달아 부처가 되고 나서야 부처가 존재하게 되었습니다. 그전에는 부처가 존재하지 않았습니다. 우리가 법을 깨달으면 그와 마찬가지로 부처가 될 것입니다. 이것을 마음속의 부처라고 부릅니다.

우리는 자신이 하는, 선하고 악한 행동의 상속자이므로 모든 일에 주의를 기울여야 합니다. 좋은 행동을 하면 좋은 결과를 얻고, 나쁜 행동을 하면 나쁜 결과를 얻습니다. 이를 이해하고 매일의 삶을 살펴야 합니다. 고타마 싯다르타가 이 진리를 깨달아 세상에 부처가 탄생했습니다. 마찬가지로 모든 이들이 이 진리를 얻기 위해 명상한다면 그들 역시 부처가 될 것입니다.

그래서 부처님은 여전히 살아 계십니다. 이 말을 들으면 어떤 이들은 매우 행복해하며 말합니다. "부처님께서 여전히 살아 계신다면 저도 법을 수행할 수 있습니다!" 여러분도 이렇게 생각해야 합니다.

부처님이 깨달은 법은 세상에 영원히 존재하는 법입니다. 이런 법은 지하수에 비유할 수 있습니다. 우물을 파려면 땅을 깊이 파서 지하수에 도달해야 합니다. 지하수는 원래 존재합니다. 지하수는 만드는 것이 아니라 발견하는 것입니다. 마찬가지로 부처님은 법을 만들어 선언한 것이 아니라 이미 있는 법을 드러낸 것입니다. 부처님은 반조를 통해 법을 보았습니다. 그래서 부처님께서 깨달았다고 하는 것입니다. 깨달음은 법을 아는 것이기 때문입니다. 법이 세상의 진리임을 보았기에 고타마 싯다르타를 부처님이라고 부릅니다. '법을 아는 자'가 부처입니다. 어떤 존재가 훌륭한 행동을 하며 불법에 전념한다면, 그 존재에게 덕행과 선함이 부족하지 않을 것입니다. 이해가 있으면, 부처님에게서 아주 멀리 떨어져 있지 않고 부처님과 얼굴을 맞대고 있음을 알 것입니다. 법을 이해하면 바로 그 순간 부처님을 봅니다. 제대로 명상하면 나무 아래 앉아 있든 누워 있든 어느 자세에서나 불법을 듣습니다. 이것은 그저 생각만으로 하는 것이 아니라 순수한 마음에서 일어납니다. 이것은 바로 법을 보는 것이기에 이런 말로는 충분치 않다는 사실을 기억하십시오. 따라서 법을 볼 수 있도록 마음을 단단히 먹어야 합니다. 그러면 명상이 정말 끝날 것입니다. 앉으나 서나 누우나 부처님의 법을 듣습니다.

부처님은 고요한 곳에 살면서 눈, 귀, 코, 몸, 마음의 감각들을 절제하는 법을 배워야 한다고 하셨습니다. 이것이 명상의 기초입니다. 이런 감각들에서 모든 것이 일어나기 때문입니다. 일어나는 조건들을 알 수 있도록 이런 감각들을 절제해야 합니다. 모든 선과 악은 이 여섯 감각을 통해 일어납니다. 볼 때는 눈이 주요한 역할을 하고, 들을 때는 귀가, 냄새를 맡을 때는 코가, 맛볼 때는 혀가, 뜨겁고 차고 단단하고 부드러운 것과 접촉할 때는 몸이, 정신적 인상이 일어날 때는 마음이 주요한 역할을 합니다. 우리가 해야 할 일은 바로 이러한 감각들이 일어날 때 명상하는 것입니다.

부처님이 이미 필요한 모든 가르침을 주셨으므로 명상은 쉽습니다. 부처님이 과수원을 가꾸어놓으시고 과일을 따가라고 우리를 초대하는 것과 같습니다. 우리는 과일나무를 심을 필요가 없습니다. 덕행과 명상 혹은 지혜를 우리가 만들거나 선언하거나 고민할 필요가 없습니다. 이미 존재하는 부처님의 가르침을 따르기만 하면 됩니다.

부처님의 가르침을 들을 수 있는 우리는 많은 공덕과 행운을 누리는 존재들입니다. 과수원이 이미 있고, 과일은 벌써 익었습니다. 모든 것이 이미 완벽합니다. 명상할 믿음을 지닌 이는 그 과일을 따서 먹기만 하면 됩니다.

우리는 자신의 공덕과 행운을 매우 소중히 여겨야 합니다. 다른 존재들이 얼마나 불운한지 한번 둘러보십시오. 개, 돼지, 뱀이나 다른 존재들은 법을 공부하고 법을 깨닫고 법을 닦을 기회가 없습니다. 이런 존재들은 악업 때문에 불운합니다. 법을 공부하고 깨닫고 수행할 기회가 없으면 고통에서 벗어날 수 없습니다.

인간으로서 명상할 기회가 없는 불운의 희생양이 되어서는 안 됩니다. 열반에 이르는 자유의 길이 박탈되고 덕행을 계발할 수 없는, 희망 없는 이가 되지 마십시오. 벌써 자신에게 희망이 없다고 생각하지 마십시오! 이런 식으로 생각하면 다른 존재들처럼 불운에 빠집니다. 우리는 부처님의 영향력이 미치는 세계로 온 존재들입니다. 그래서 이미 충분한 공덕과 능력을 갖추고 있습니다. 이해와 견해, 그리고 지식을 지금 바로잡고 계발한다면, 이번 생에서 법을 보고 알 수 있는 길로 나아가게 될 것입니다.

그래서 우리는 다른 존재들과 다릅니다. 우리는 법을 깨달을 수 있는 능력과 기회를 가진 존재들입니다. 부처님은 바로 지금 이 순간 여기 우리 앞에 법이 있다고 가르치셨습니다. 부처님은 지금 여기서 우리를 마주보고 앉아 있습니다. 다른 때 다른 곳에서 부처님을 볼 수 있을까요?

바르게 생각하지 않으면 바르게 명상할 수 없어서 동물이 되거나 지옥에 떨어져 아귀나 야차가 될 것입니다. 자신의 마음을 들여다보십시오. 분노가 일어나면 어떤지 지켜보십시오. 어리석음과 탐욕이 일어나면 어떤지 지켜보십시오.

마음이 이런 정신적 상태들을 인식하고 명확하게 이해할 수 없으면 인간으로 태어날 수 없습니다. 모든 조건들은 '형성'의 상태에 있습니다. 형성은 현재 조건들에 의해 결정되어 '탄생'을 일으킵니다. 그러므로 우리는 우리 마음이 조건 짓는 대로 형성되고 존재합니다.

25장

코브라와 함께 살기

우리는 삶과 죽음의 순환에서 겪는 고통에서 벗어나기 위해 이 파퐁 사원에서 공부하고 명상합니다. 명상을 하려면 좋아하고 싫어하는 다양한 모든 마음의 작용들을 코브라처럼 여겨야 합니다. 코브라는 맹독을 갖고 있습니다. 그래서 코브라에게 물리면 독 때문에 죽을 수도 있습니다. 감정도 마찬가지입니다. 좋아하는 감정에는 독이 있고, 싫어하는 감정에도 독이 있습니다. 둘 다 마음이 자유로워지는 것을 막고, 부처님이 가르치신 진리를 이해하지 못하게 방해합니다.

그러므로 낮이고 밤이고 언제나 알아차림을 유지하도록 노력해야 합니다. 앉아 있거나 서 있거나 누워 있거나 말하고 있거나, 무엇을 하든 알아차림을 갖고 행동해야 합니다. 이렇게 알아차림을 확립하면 알아차림과 관련된 명확한 이해가 일어납니다. 알아차림과 명확한 이해라는 두 조건이 지혜를 일으킵니다. 그래서 알아차림, 명확한 이해, 지혜가 함께 작용할 것입니다. 그러면 밤이나 낮이나 깨어 있는 이가 됩니다.

부처님의 이 같은 가르침을 그냥 듣거나 지적인 수준에서만 받아들여서는 안 됩니다. 명상을 통해 이런 가르침들을 일으키고 자신의 마음으로 알 수 있습니다. 어디를 가든 무엇을 하든 이런 가르침들이 함께합니다. '이런 가르침을 지닌다'거나 '진리를 지닌다'는 의미는, 무엇을 하거나 무슨 말을 하든 지혜를 가지고 한다는 의미입니다. 지혜를 가지고 생각하고 사유해야 합니다. 지혜와 결합된 알아차림과 명확한 이해를 가진 이는 부처님에 가까운 사람입니다.

여기를 떠나면 모든 것을 자신의 마음에 간직하며 명상해야 합니다. 알아차림과 명확한 이해로 자신의 마음을 보고 지혜를 계발하십시오. 이 세 가지 조건들에서 '놓아버림'이 일어납니다. 모든 현상들이 끊임없이 일어났다 사라지는 것임을 압니다.

일어났다 사라지는 것이 그저 마음의 활동임을 알아야 합니다. 어떤 것이 일어나면 그것은 사라지고, 다시 일어났다 사라집니다. 법의 측면에서 이런 일어남과 사라짐을 '탄생과 죽음'이라고 부릅니다. 이것이 전부입니다. 고통이 일어나면 고통이 사라지고, 고통이 사라지면 다시 고통이 일어납니다. 그저 고통의 일어남과 사라짐만이 있습니다. 이렇게 보면, 고통의 일어남과 사라짐을 지속적으로 알 수 있습니다. 모든 것은 그저 탄생과 죽음일 뿐입니다. 지속되는 것은 없으며, 그저 이런 일어남과 사라짐이 있을 뿐입니다.

이렇게 보면, 세상에 대한 평온한 느낌이 일어납니다. 사실 원할 만한 가치가 있는 것은 아무것도 없으며, 오직 일어남과 사라짐, 즉 탄생과 그에 뒤따르는 죽음뿐이라는 것을 알게 됩니다. 그러면 마음이 그 본성에 따라 모든 것을 놓아버립니다. 모든 것이 우리 마음에서 일어나고 사라지며, 우리는 이를 압니다. 마음에서 행복이 일어나면 행복을 알고, 불만족이 일어나면 불만족을 압니다. '행복을 안다'는 것은 그 행복을 자신의 것으로 여기지 않는다는 의미입니다. 행복과 고통을 자신의 것으로 여기지 않고 그에 집착하지 않으면 우리에게는 존재의 자연적 방식만이 남습니다.

정신적 활동은 치명적인 독을 지닌 코브라와 같습니다. 코브라가 하는 일에 관여하지 않으면 코브라는 제 갈 길을 갑니다. 코브라에게 매우 치명적인 독이 있지만 우리에게는 아무 일도 없습니다. 코브라에게 가까이 가지 않고 코브라를 잡지도 않으면 코브라는 물지 않습니다. 코브라는 원래 제 할 일을 합니다. 현명한 사람이라면 코브라를 그냥 내버려둘 것입니다. 좋은 것이나 좋지 않은 것이나 그 본성을 따르도록 그냥 내버려둡니다. 좋아함과 싫어함도 코브라를 다루듯 내버려두고 관여하지 않습니다. 악을 원하지 않지만 선도 원하지 않습니다. 무거움도 원하지 않고 가벼움도 원하지 않으며, 행복도 불행도 원하지 않습니다. 그러면 원함이 사라지고 평화가 확고하게 자리잡습니다.

마음에 이 같은 평화가 확립되면 이에 의지할 수 있습니다. 혼란이 끝나면 이 같은 평화가 생깁니다. 부처님은 마지막 깨달음의 성취를 불이 꺼지는 것과 같은 '꺼짐'이라고 표현했습니다. 불이 난 곳에서 불을 끕니다. 뜨거운 곳이 있다면 그곳을 차게 만들어야 합니다. 깨달음도 마찬가지입니다. 윤회에서 열반을 발견합니다. 뜨거움과 차가움이 그러하듯 깨달음과 어리석음은 한자리에 있습니다. 차가운 곳이 뜨거워지고, 뜨거운 곳이 차가워집니다. 열이 생기면 차가움이 사라지고, 차가움이 있으면 열이 있을 수 없습니다. 마찬가지로 열반과 윤회는 같습니다.

윤회를 끝낸다는 것은 끊임없이 굴러가는 혼란의 순환을 멈추는 것입니다. 혼란을 멈추는 것은 불을 끄는 것입니다. 외적인 불이 꺼지면 차가움이 남습니다. 감각적 욕망과 악의, 그리고 어리석음이라는 내면의 불이 꺼지면 차가워집니다.

깨달음의 본질은 불을 꺼서 뜨거움을 식히는 것입니다. 이것이 평화입니다. 이것이 윤회의 끝이며 탄생과 죽음의 끝입니다. 깨달음에 이르면 이렇습니다. 끊임없이 돌고 끊임없이 변하는 것의 끝이며, 우리 마음속의 탐욕과 악의와 어리석음의 끝입니다. 세상 사람들은 깨달음을 도달해야 할 이상으로 이해합니다. 그래서 행복의 측면에서 깨달음을 말합니다. 하지만 사실 깨달음은 행복과 불행 모두를 초월합니다. 깨달음은 완전한 평화입니다.

26장

중도

|

부처님의 가르침은 악을 버리고 선을 행하라는 것입니다. 악을 버리고 선이 확립되면, 선과 악 모두를 놓아버립니다. 중도는 선과 악을 초월하는 길입니다.

부처님의 모든 가르침은, 아직 벗어나지 못한 고통에서 벗어나는 길을 보여주기 위한 것입니다. 그 가르침에서 우리는 바른 이해를 얻습니다. 바르게 이해하지 못하면 평화에 이를 수 없습니다.

모든 부처님은 깨달음을 얻은 뒤 첫 설법에서, 감각적 욕망에 대한 탐닉과 고행이라는 두 극단에 대해 말합니다. 사람들은 이 두 극단 사이에서 감각 세계에 사로잡혀 동요하면서 결코 평화에 이르지 못하고 끊임없이 돌고 돌며 윤회합니다.

깨달은 분께서는 우리 모두가 이 두 극단에 빠져 중도의 법을 보지 못함을 알았습니다. 이 길은 수행자의 길도 아니고 평화의 길도 아닌 중독의 길입니다. 간단히 말하자면, 쾌락에 빠지는 것과 고통에 빠지는 것은 느슨함의 길과 긴장의 길입니다.

순간순간 내면을 살펴보면, 긴장의 길이 분노와 슬픔으로 이끈다는 것을 볼 것입니다. 이 길로 가면 오직 고난과 고통만을 만나게 됩니다. 이 반대인 쾌락에 빠지는 길을 초월하면 행복을 초월합니다. 행복도 불행도 평화로운 상태는 아닙니다. 부처님은 행복과 불행 모두를 놓아버리라고 가르치셨습니다. 이것이 바른 명상이며 중도입니다.

중도는 몸과 말에 관한 것이 아니라 마음에 관한 것입니다. 자신이 좋아하지 않는 정신적 자극이 일어나면 이 때문에 마음이 혼란해집니다. 마음이 혼란해지거나 흔들리는 것은 바른길이 아닙니다. 자신이 좋아하는 정신적 자극이 일어나 마음이 쾌락에 빠지는 것 역시 바른길이 아닙니다.

누구도 고통을 원하지 않습니다. 우리 모두는 행복을 원합니다. 하지만 행복은 정제된 형태의 고통일 뿐입니다. 행복과 불행을 뱀에 비유할 수 있습니다. 뱀의 머리는 불행이고 꼬리는 행복입니다. 뱀의 머리에는 독이 있는 이빨이 있어 몹시 위험합니다. 머리를 건드리면 뱀은 여러분을 바로 물어버릴 것입니다. 하지만 머리가 아닌 꼬리를 잡더라도 뱀은 머리를 돌려 똑같이 여러분을 물 것입니다. 머리와 꼬리 모두가 뱀의 일부이기 때문입니다.

마찬가지로 행복과 불행 혹은 기쁨과 슬픔은 모두 '원함'이라는 똑같은 근원에서 일어납니다. 그래서 행복해도 마음은 평화롭지 않습니다. 예를 들어 우리는 우리가 좋아하는 부, 명예, 칭찬 혹은 행복을 얻으면 즐거워합니다. 하지만 그것들을 잃어버릴지도 모른다는 걱정으로 마음에는 여전히 약간의 불편함이 있습니다. 이런 두려움이 있는 상태는 평화롭지 않습니다. 나중에 실제로 이것들을 잃어버리면 정말 고통스럽습니다.

그래서 행복할 때조차도 알아차리지 않으면 즉시 고통이 일어납니다. 이것은 뱀의 꼬리를 잡는 것과 같습니다. 뱀의 꼬리를 놓아버리지 않으면 뱀에게 물립니다. 그래서 뱀의 꼬리든 머리든, 즉 선한 조건이든 선하지 않은 조건이든 이 모두는 끊임없이 변하는 존재의 특징일 뿐입니다.

불교의 핵심은 평화입니다. 모든 것들의 본질을 진실로 알면 이런 평화가 일어납니다. 자세히 탐구해보면, 평화는 행복도 불행도 아님을 볼 수 있습니다. 행복도 불행도 모두 진리가 아닙니다.

우리가 알고 탐구해야 한다고 부처님이 가르치신 인간의

마음은, 그 활동을 통해서만 알 수 있습니다. 진정한 근본 마음은 판단할 것도 없고 알 것도 없습니다. 그 자연적 상태는 흔들림이 없고 부동합니다. 행복이 일어나면 정신적 자극에 빠져 마음이 움직일 뿐입니다. 이렇게 마음이 움직이면 집착이 생깁니다.

부처님은 명상의 길을 이미 완전하게 만들어놓으셨습니다. 하지만 우리는 아직 명상하지 않았거나 말로만 명상을 했습니다. 우리의 마음과 말이 아직 조화를 이루지 못해서 의미 없는 얘기에 빠집니다. 불교의 기초는 말이나 추론에서 생기는 것이 아닙니다. 실재의 진실에 대해 완전히 아는 것이 불교의 진정한 기초입니다. 이런 진실을 알면 가르침이 필요하지 않습니다. 이를 알지 못하면 가르침을 들어도 이해하지 못합니다. 그래서 부처님은 이렇게 말씀하셨습니다. "깨달은 이는 그 길을 가리킬 뿐이다." 부처님이 여러분 대신 명상해줄 수는 없습니다. 진리는 말로 표현하거나 줄 수 있는 것이 아니기 때문입니다.

모든 가르침은 마음이 진리를 볼 수 있도록 하는 비유와 비교일 뿐입니다. 진리를 보지 못했다면 고통받을 수밖에 없습니다. 예를 들어, 몸에 대해 얘기할 때 흔히 '상카라(saṅkhāra, 조합된 것 혹은 조건 지어진 것. 현상. 태국에서는 일반적으로 '몸'을 의미한다)'라는 단어를 씁니다. 누구든 이 단어를 쓸 수 있지만, 상카라의 진리를 알지 못하기에 상카라에 집착해 문제가 생기고 고통을 받습니다. 몸의 진리를 알지 못해서 고통이 일어납니다.

어느 날 아침, 일하러 가고 있는데 맞은편 거리에서 어떤 남자가 큰 소리로 여러분에게 욕을 한다고 상상해보십시오. 욕을 듣자마자 여러분의 마음은 보통 상태에서 변해 기분이 나빠지고 화가 납니다. 그 남자는 낮이나 밤이나 돌아다니며 여러분을 욕합니다. 욕을 들을 때마다 화가 나고 집에 돌아와서도 화가 풀리지 않아, 원한을 품고 앙갚음을 하고 싶은 마음이 듭니다.

며칠 뒤 다른 사람이 여러분 집에 와서 이렇게 말합니다. "이보게! 며칠 전 자네에게 욕했던 그 남자는 미친 사람이라네. 몇 년째 보는 사람마다 욕을 한다더군. 그래서 사람들은 그가 하는 말에 전혀 신경쓰지 않는다고 하더라고." 이 말을 듣자마자 여러분의 마음은 순식간에 편안해집니다. 마음속에 있던 분노와 상처가 모두 녹아내립니다. 이제 진실을 알게 되었기 때문입니다. 이전에는 그 남자가 정상적인 사람이라고 생각해서 화가 났습니다. 오해가 고통을 불러일으킨 것입니다. 진실을 알게 되자마자 모든 것이 바뀝니다. "그 사람은 미친 사람이었어! 그래서 그랬군."

모든 것을 이해하고 나자 기분이 괜찮아집니다. 이제 놓아버릴 수 있습니다. 진실을 알지 못하면 거기에 집착합니다. 그 남자가 정상이라고 계속 생각했다면 그를 죽였을지도 모릅니다. 하지만 진실을 발견하고 나면 기분이 훨씬 좋아집니다. 이것이 진실에 대한 앎입니다.

법을 보는 이는 이와 비슷한 경험을 합니다. 집착, 악의, 어리석음이 사라질 때는 이와 똑같이 사라집니다. 집착, 악의, 어리석음을 모를 때는 이렇게 생각합니다. '내가 뭘 해야 하지? 난 너무 탐욕스럽고 악의로 차 있어.' 이는 명확한 앎이 아닙니다. 이는 미친 사람을 정상이라고 생각하는 것과 같습니다. 마침내 그가 원래 미친 사람이었다는 걸 알게 되면 안심이 됩니다. 어느 누구도 여러분에게 이것을 보여줄 수 없습니다. 마음이 스스로 보아야만 집착을 뿌리 뽑고 제거할 수 있습니다.

'상카라'라고 부르는 이 몸도 마찬가지입니다. 이 몸은 실체가 아니고 진정한 존재가 아니라고 부처님께서 이미 설명하셨지만, 우리는 이를 받아들이지 못하고 고집스럽게 몸에 집착합니다. 몸이 말을 할 수 있다면 하루종일 이렇게 말할 것입니다. "당신은 내 주인이 아니에요." 사실 몸은 언제나 이렇게 말하고 있습니다. 하지만 법의 언어로 말하고 있기에 우리는 이를 이해할 수 없습니다.

예를 들어 눈, 귀, 코, 혀, 몸이라는 감각기관은 계속 변하고 있지만, 이것들은 단 한 번도 우리에게 허락을 구하지 않습니다. 두통이나 복통이 생길 때 몸은 우리에게 먼저 허락을 구하지 않고 자연의 과정을 따릅니다. 이것은 몸이 어느 누구도 자신을 소유하도록 허락하지 않는다는 사실을 보여줍니다. 몸에는 주인이 없습니다. 부처님은 몸을 실체가 없는 대상이라고 설명하셨습니다.

우리는 법을 이해하지 못해서 상카라를 이해하지 못합니다. 상카라를 자기 자신으로, 자신에게 속한 것으로, 혹은 다른 이에게 속한 것으로 여깁니다. 그러면 집착이 일어납니다. 집착이 일어나면 '형성'이 뒤따릅니다. 형성이 일어나면 태어남이 생깁니다. 태어남이 생기면 늙음, 병듦, 죽음이라는 온갖 고통이 일어납니다.

이것이 연기(緣起)입니다. 어리석음(無明)이 의지적 활동〔行〕을 일으키고, 의지적 활동이 의식〔識〕을 일으키고……. 이 모든 것들은 마음에서 일어나는 현상입니다. 자신이 좋아하지 않는 것과 접촉할 때 알아차림이 없으면 어리석음이 일어납니다. 바로 고통이 일어납니다. 하지만 마음에서 이런 변화는 너무 빨리 진행되어 알아차릴 수 없습니다. 마치 나무에서 무언가가 떨어지는 것과 같습니다. 자신이 알아차리기도 전에 쾅 하고 땅바닥에 떨어집니다. 떨어질 때 많은 줄기와 가지를 지나치지만, 그것을 모두 셀 수 없습니다. 그냥 쾅

하고 떨어질 뿐입니다.

연기도 이와 같습니다. 경전에 따라 나누면, 어리석음이 의지적 활동을 일으키고, 의지적 활동이 의식을 일으키고, 의식이 마음과 물질[名色]을 일으키고, 마음과 물질이 여섯 감각기관[六入]을 일으키고, 여섯 감각기관이 감각 접촉[觸]을 일으키고, 감각 접촉이 느낌[受]을 일으키고, 느낌이 원함[愛]을 일으키고, 원함이 집착[取]을 일으키고, 집착이 형성[有]을 일으키고, 형성이 태어남[生]을 일으키고, 태어남이 늙음, 병듦, 죽음 그리고 모든 형태의 슬픔을 일으킵니다. 하지만 실제로는 좋아하지 않는 대상과 접촉하면 그 즉시 고통이 생깁니다. 사실 이런 고통스런 느낌은 연기의 모든 고리가 작용한 결과입니다. 그래서 부처님은 제자들에게 자신을 완전히 탐구하고 이해하라고 가르치셨습니다.

사람은 이름 없이 세상에 태어납니다. 태어나면 이름을 붙여줍니다. 이것이 인습입니다. 편의상 사람들에게 이름을 붙이고, 그 이름을 부릅니다. 경전도 마찬가지입니다. 실재를 쉽게 공부할 수 있도록 모든 것에 명칭을 붙이고 분류합니다. 마찬가지로 모든 것은 상카라일 뿐입니다. 상카라는 원래 임시로 모인 것입니다. 상카라는 무상하고, 불만족스러우며, 자아가 아니라고 부처님께서 말씀하셨습니다. 상카라는 불안정합니다. 이것을 확고하게 이해하고 있지 않다면 잘못된 견해를 가진 것입니다. 상카라가 나이며 내가 상카라라고 생각하거나, 행복과 불행이 나이며 내가 행복과 불행이라고 생각하는 것은 잘못된 견해입니다. 이렇게 보아서는 대상의 진정한 본질을 명확하게 알 수 없습니다. 이런 모든 것은 우리의 욕망대로 억지로 움직일 수 없고, 그것들은 그저 본성을 따를 뿐이라는 것이 진실입니다.

간단한 비유를 들어보겠습니다. 자동차와 트럭이 매우 빨리 달리는 고속도로 중간에 여러분이 앉아 있다고 생각해보십시오. 여러분은 화를 내면서 이렇게 소리칠 수 없습니다. "여기서 운전하지 말아요! 여기서 운전하지 말라니까요!" 그곳은 고속도로이므로 이런 말을 할 수 없습니다. 할 수 있는 일은 도로에서 벗어나는 것입니다. 도로는 차가 다니는 곳입니다. 도로에 차가 다니지 않기를 바라면 고통스럽습니다.

상카라도 마찬가지입니다. 좌선을 할 때 소리가 들리면 '소리가 방해가 되는군' 하고 생각합니다. 소리가 우리를 방해한다고 생각하면 고통이 일어납니다. 좀더 깊이 탐구해보면, 우리가 소리를 찾아가 방해한다는 것을 알 수 있을 것입니다. 소리는 그저 소리일 뿐입니다. 이를 이해하면, 소리를 그냥 내버려두기만 하면 됩니다. 우리는 소리와 자기 자신이 별개라고 생각합니다. 소리가 자신을 방해한다고 믿는 이들은 스스로를 보지 못합니다. 스스로를 보면 편안해집니다. 소리는 그저 소리입니다. 왜 가서 소리를 잡으려 하나요? 사실은 여러분이 가서 소리를 방해했음을 깨달을 것입니다.

이것이 진실에 대한 진정한 앎입니다. 양면을 모두 보면 평화로워집니다. 한쪽만 보면 고통이 생깁니다. 양면을 보면 중도를 따르게 됩니다. 이 중도가 마음에 관한 바른 명상입니다. 중도는 이해를 명확하게 합니다.

이처럼 모든 상카라의 본질은 무상과 죽음이지만, 우리는 상카라를 움켜쥐고 싶어합니다. 우리는 상카라가 진실이기를 바랍니다. 그것을 가지고 다니면서 갈망합니다. 그것이 진리이기를 원합니다. 우리는 진리가 아닌 것에서 진리를 발견하고 싶어합니다. 상카라를 존재로 여기며 집착하면 고통스럽습니다.

명상에 있어서 스님인지 재가자인지는 중요하지 않습니다. 스스로 명확하게 이해하는 것이 중요합니다. 바른 이해가 있으면 평화에 이릅니다. 출가자든 출가자가 아니든 마찬가지입니다. 누구에게나 법을 닦고 법에 대해 명상할 기회가 있습니다. 우리 모두는 똑같은 것을 명상합니다. 평화를 얻었다면 모두 똑같은 평화입니다. 같은 길이고, 같은 방법입니다.

그래서 부처님은 출가자와 재가자를 차별하지 않으셨습니다. 부처님은 누구나 명상으로 상카라의 진리를 발견하라고 가르치셨습니다. 이 진리를 알면 상카라를 놓아버립니다. 진리를 알면 더이상 형성과 태어남은 없을 것입니다. 상카라의 진리를 완전히 이해했기 때문에 태어남이 일어날 수 없습니다. 진리를 완전히 이해하면 평화가 생깁니다. 가지나 가지지 않으나 완전히 같습니다. 이득과 손실이 하나입니다. 부처님은 우리에게 이를 가르치셨습니다. 이는 행복과 불행에서 벗어난, 기쁨과 슬픔에서 벗어난 평화입니다.

태어날 이유가 없음을 보아야 합니다. 예를 들면, 기쁨으로 태어날 이유가 없습니다. 원하는 것을 얻으면 우리는 기뻐합니다. 이런 기쁨에 집착하지 않으면 태어남이 없습니다. 집착한다면 이것을 '태어남'이라고 부릅니다. 그래서 어떤 것을 얻어도 기쁨으로 태어나지 않습니다. 어떤 것을 잃더라도 슬픔으로 태어나지 않습니다. 이것이 죽음도 없고 태어남도 없는 것입니다. 태어남과 죽음은 모두 상카라에 집착하고 소중히 여기는 마음에 뿌리를 두고 있습니다.

그래서 부처님은 말씀하셨습니다. "나에게 형성은 더이상 없다. 성스러운 삶을 마쳤으며, 이것이 나의 마지막 태어남이다." 그것입니다! 부처님은 태어남과 죽음이 없음을 알았습니다. 부처님은 제자들에게 끊임없이 이런 가르침을 강조하셨습니다. 이것이 바른 명상입니다. 이 같은 중도에 이르지 못하면 고통을 초월할 수 없습니다.

4부

초월

27장

평화의 너머

|

명상은 정말 중요합니다. 명상하지 않으면 모든 지식은 피상적인 껍데기에 불과합니다. 과일이 있지만 그 과일을 먹어보지 않은 것과 같습니다. 그러면 과일을 손에 쥐고 있어도 아무것도 얻을 수 없습니다. 과일을 직접 먹어봐야 그 맛을 제대로 압니다.

부처님은 무조건 다른 사람을 믿는 이를 칭찬하지 않으셨습니다. 부처님은 스스로 아는 이를 칭찬하셨습니다. 과일을 맛보고 나면 과일맛이 달콤한지 신지 다른 사람에게 물어볼 필요가 없습니다. 진리에 따라 보면 모든 문제가 해결됩니다. 법을 깨달은 이는 과일의 단맛과 신맛을 알고 있는 이와 같습니다. 바로 그 자리에서 모든 의문이 사라집니다.

법에 대해 이야기할 때는 결국 모든 것을 다음 네 가지로 말할 수 있습니다. 고통을 아는 것, 고통의 원인을 아는 것, 고통의 소멸을 아는 것, 고통의 소멸에 이르는 명상의 길을 아는 것입니다. 이것이 전부입니다. 지금까지 명상하면서 경험한 모든 것이 이 네 가지에 담겨 있습니다. 이 네 가지를 알면 문제들이 사라집니다.

이 네 가지는 어디서 생길까요? 바로 몸과 마음에서 생깁니다. 그런데 부처님의 가르침은 왜 그렇게 자세하고 방대할까요? 네 가지를 좀더 정확하게 설명해서 우리가 이것들을 볼 수 있게 하기 위해서입니다.

고타마 싯다르타가 세상에 태어나 법을 보기 전까지는 그도 우리 같은 보통 사람이었습니다. 그는 고통의 진리와 고통의 원인, 고통의 소멸, 그리고 고통의 소멸에 이르는 길을 알고 법을 깨달았고, 완전히 깨달은 부처가 되었습니다.

법을 깨달으면 어디에 앉아 있으나 법을 알고, 어디에 있으나 부처님의 가르침을 듣습니다. 법을 이해하면 부처님이 마음속에 있고, 지혜에 이르는 명상이 마음속에 있습니다. 부처님과 법과 승가가 마음속에 있다는 것은 좋은 행동을 하든 나쁜 행동을 하든 그 본질을 명확하게 안다는 의미입니다.

그래서 부처님께서는 세속적 견해와 칭찬, 비판을 버릴 수 있었습니다. 사람들이 그를 칭찬하거나 비판하면 그는 그저 있는 그대로 받아들였습니다. 칭찬과 비난은 세속의 조건일 뿐이기에 그는 칭찬과 비난에 흔들리지 않았습니다. 그는 고통을 알았습니다. 자신이 칭찬과 비난을 믿으면 고통이 일어난다는 사실을 알았습니다.

고통이 일어나면 마음이 동요하고 편안하지 않습니다. 이런 고통의 원인이 무엇일까요? 진리를 모르기 때문입니다. 원인이 존재하면 고통이 일어납니다. 하지만 고통이 일어나도 고통을 멈추는 방법을 모릅니다. 고통을 멈추려 하면 할수록 고통은 더 자라납니다. 우리는 "나를 비난하지 마.", "나를 비판하지 마"라고 말합니다. 하지만 이런 식으로 멈추려 하면 고통이 지속될 뿐 멈추지 않습니다.

그래서 부처님은 마음속에서 법을 실제로 일으키는 것이 고통의 소멸에 이르는 길이라고 가르치셨습니다. 우리는 법을 직접 목격하는 이가 됩니다. 다른 사람이 자신을 좋게 얘기해도 거기에 빠지지 않고, 다른 사람이 자신을 나쁘게 얘기해도 역시 자신을 잊지 않습니다. 그러면 자유로워질 수 있습니다. '선'과 '악'은 마음의 상태이며 세속의 법일 뿐입니다. 선과 악을 따르면 마음이 세속적이게 됩니다. 그래서 어둠 속을 헤매며 그 출구를 찾지 못합니다.

이런 상태라면 아직 자기 자신을 통달하지 못한 것입니다. 다른 사람을 꺾으려 하면 그 과정에서 스스로를 꺾어버릴 뿐입니다. 하지만 자신에게 통달하면 모든 정신적 형성, 형상,

반조, 마음을 비추다 2

소리, 냄새, 맛, 신체적 느낌 등 모든 것에 통달하게 됩니다.

지금 저는 외적인 것에 대해 얘기하고 있습니다. 외적인 것 역시 내면에 반영됩니다. 어떤 사람들은 외적인 것만 압니다. 예를 들어 우리는 "몸속에서 몸을 본다"라고 말하곤 합니다. 외적인 몸을 보는 것으로는 충분치 않고 몸속에서 몸을 보아야 합니다. 그런 뒤 마음을 탐구하고, 마음속에서 마음을 알아야 합니다.

왜 몸을 탐구해야 할까요? '몸속의 몸'이란 무슨 의미일까요? 마음을 안다고 할 때 '마음'이란 무엇일까요? 마음을 알지 못하면 마음속에 있는 것을 알지 못합니다. 우리는 고통을 모르고, 고통의 원인을 모르고, 고통의 소멸을 모르고, 고통의 소멸에 이르는 길을 모릅니다. 고통을 꺼버리는 데 도움이 되어야 할 것들이 도움이 되지 않습니다. 고통을 더욱 키우는 것들 때문에 마음이 혼란스럽기 때문입니다. 머리가 가려운데 다리를 긁는 것과 같습니다. 머리가 가려운데 다리를 긁으면 별 도움이 안 됩니다. 마찬가지로 고통이 일어나도 고통을 다루는 방법을 모르면, 고통의 소멸에 이르는 명상도 알 수 없습니다.

몸을 예로 들어보겠습니다. 여러분은 모두 이곳에 몸을 끌고 왔습니다. 몸의 형태만 보면 고통에서 벗어날 길이 없습니다. 아직 몸의 안쪽을 보지 못하기 때문입니다. 우리는 몸의 바깥만을 보면서 몸을 아름다운 것으로, 어떤 실체로 여깁니다. 부처님은 이것만으로는 충분치 않다고 하셨습니다. 우리는 우리 눈으로 바깥을 볼 수 있습니다. 어린애도 동물도 눈으로 몸의 바깥을 볼 수 있습니다. 이는 어렵지 않습니다. 하지만 이렇게 보면, 몸에 집착하고 몸의 진리를 알지 못합니다. 몸을 움켜쥐면 몸이 우리를 물어버립니다.

그래서 우리는 몸속에서 몸을 탐구해야 합니다. 몸속에 무엇이 있든 한번 지켜보십시오. 외면만 봐서는 명확하지 않습니다. 우리는 머리카락, 손톱 등을 봅니다. 이것들은 우리를 유혹하는 아름다운 것들입니다. 그래서 부처님은 몸의 안쪽을 보라고, 몸속에서 몸을 보라고 말씀하셨습니다. 몸속에 무엇이 있나요? 자세히 살펴보십시오. 그러면 놀라운 것들을 많이 발견할 것입니다. 이것들이 우리 속에 있었지만 전혀 보지 못했기 때문입니다. 어디를 가든 몸속의 것들을 가지고 갑니다. 운전을 할 때도 데리고 가지만, 여전히 이것들을 전혀 알지 못합니다.

친척집을 방문했는데 친척들이 선물을 주는 것과 같습니다. 여러분은 선물을 받고 가방에 넣은 다음 그 속에 무엇이 있는지 열어보지 않고 떠납니다. 나중에 선물을 열어보면 독사들이 우글거리고 있습니다! 우리 몸은 이와 같습니다. 껍데기만 보면 근사하고 아름답습니다. 그래서 자신을 잊어버립니다. 무상과 고통과 무아를 잊어버립니다. 하지만 몸속을 들여다보면 정말 역겹습니다.

설탕을 바르지 않고 현실적으로 보면, 몸은 비참하고 지긋지긋한 것입니다. 이렇게 보면 평온함이 일어납니다. 이런 무관심한 느낌은 싫은 느낌과는 다릅니다. 마음을 비우고 놓아버리는 것입니다. 실체가 있거나 의지할 수 있는 것은 아무것도 없다는 걸 알게 됩니다. 모든 것들은 자연스럽게 본성대로 형성된 것입니다. 내가 이렇게 되기를 바라더라도, 이와 관계없이 모든 것들은 자신의 길을 갑니다. 우리가 웃거나 울게 되더라도 그저 원래 그런 것입니다. 불안정한 것들은 불안정하고, 추한 것들은 추합니다.

그래서 부처님은 형상, 소리, 맛, 냄새, 신체적 느낌, 정신적 상태를 경험하면, 이것들을 놓아버려야 한다고 하셨습니다. 귀로 소리를 들으면 이것을 놓아버리십시오. 코로 냄새를 맡으면 이것을 놓아버리십시오. 그냥 코에게 맡겨두십시오. 신체적 느낌이 일어나면 뒤따르는 좋아함과 싫어함을 놓아버리고 그 느낌이 일어난 곳으로 돌려보내십시오. 마음의 상태도 마찬가지입니다. 이 모든 것들이 자신의 길을 가도록 내버려두십시오. 이것이 앎입니다. 행복이든 불행이든 모두 같습니다. 이것이 명상입니다.

명상을 하는 이유는 마음을 평화롭게 만들어 지혜를 일으키기 위해서입니다. 몸과 마음으로 명상해서 형상, 소리, 맛, 냄새, 접촉, 정신적 형성이라는 감각 자극을 보고 알 수 있어야 합니다. 간단히 말하자면, 행복과 불행의 문제일 뿐입니다. 행복은 마음에서 일어나는 즐거운 느낌이고, 불행은 불쾌한 느낌입니다. 부처님은 이 행복과 불행을 마음에서 분리하라고 가르치셨습니다. 마음은 아는 것입니다. 느낌은 행복 혹은 불행, 좋아함 혹은 싫어함의 특징입니다. 마음이 이런 것들에 빠져 있을 때, 마음이 행복과 불행에 집착하거나 행복과 불행을 소유할 만한 가치가 있는 것으로 여긴다고 말합니다. 집착은 마음의 활동이며, 행복 혹은 불행은 느낌입니다.

　부처님이 마음에서 느낌을 분리하라고 하신 것은, 글자 그대로 마음과 느낌을 다른 곳에 던져두어야 한다는 의미가 아닙니다. 마음이 행복을 알아야 하고 불행도 알아야 한다는 의미입니다. 예를 들어, 앉아서 삼매에 들면 평화가 마음을 가득 채웁니다. 이때는 행복이 일어나도 우리에게 도달하지 못하고, 불행이 일어나도 우리에게 도달하지 못합니다. 이것이 마음에서 느낌을 분리한다는 의미입니다. 병 속에 담긴 물과 기름에 비유할 수 있습니다. 물과 기름은 서로 섞이지 않습니다. 아무리 둘을 섞으려 해도 물과 기름은 서로 밀도가 달라서 물은 물대로, 기름은 기름대로 남아 있습니다.

　마음의 자연적 상태는 행복도 불행도 아닙니다. 느낌이 마음에 들어오면 행복과 불행이 일어납니다. 우리가 알아차리고 있으면 기쁜 느낌을 기쁜 느낌으로 압니다. 아는 마음은 기쁜 느낌을 붙들지 않습니다. 행복은 존재하지만 그 행복은 마음 '밖에' 있지 마음속에 있지 않습니다. 마음은 그저 명확하게 느낌을 압니다.

마음에서 불행을 분리한다는 것은 고통이 사라지고 고통을 겪지 않는다는 의미일까요? 고통을 경험하지만, 마음은 마음으로 느낌은 느낌으로 압니다. 느낌에 집착하거나 느낌을 지니고 다니지 않습니다. 부처님은 앎을 통해 마음과 느낌을 분리했습니다. 부처님도 고통을 경험했을까요? 부처님은 고통의 상태를 알았지만 고통에 집착하지 않았습니다. 그래서 부처님은 고통을 끊어버렸다고 말합니다. 행복을 느꼈지만 그것을 이해하지 못하면, 행복은 독과 같다는 걸 아셨습니다. 그는 행복을 자기 자신으로 여기지 않았습니다. 앎을 통한 행복을 얻었지만, 행복에 집착하거나 마음속에 행복을 지니고 다니지 않았습니다. 그래서 부처님께서 마음에서 행복과 불행을 분리했다고 말하는 것입니다.

부처님이나 깨달은 이가 번뇌를 죽였다고 하는 것은, 실제로 번뇌를 죽였다는 의미가 아닙니다. 모든 번뇌를 죽였다면 아무것도 남지 않을 것입니다. 번뇌를 죽인 것이 아니라, 번뇌를 있는 그대로 알고 놓아버린 것입니다. 어리석은 사람은 번뇌를 잡을 것입니다. 하지만 깨달은 이는 마음의 번뇌가 독임을 깨닫고 번뇌들을 쓸어냅니다. 고통을 일으키는 것들을 쓸어냅니다. 이를 알지 못하는 이는 행복이나 선함 같은 것을 보고 붙잡습니다. 하지만 부처님은 이것들을 있는 그대로 보고 그저 쓸어내버립니다.

부처님은 행복과 불행 모두가 불만족스럽기에 둘 다 똑같은 가치가 있다는 사실을 알았습니다. 행복이 일어나면 행복을 놓아버렸습니다. 부처님은 행복과 불행이 똑같은 가치와 결점을 가지고 있음을 보았습니다. 그래서 그의 수행은 바른 것이었습니다. 행복과 불행은 법의 원리를 따르며, 불안정하고 불만족스럽습니다. 태어난 것은 죽습니다. 부처님이 이것을 보자 바른 견해가 일어났고 바른 명상의 길이 명확해졌습니다. 마음에 어떤 종류의 느낌이나 생각이 일어나도, 그는 이것이 행복과 불행이 끊임없이 나타나는 것에 불과하다는 것을 알았습니다. 그는 행복과 불행에 집착하지 않았습니다.

깨달음을 얻자마자 부처님은 기쁨에 빠지는 것과 고통에 빠지는 것에 관해 설법하셨습니다. "비구들이여, 기쁨에 빠지는 것은 느슨한 길이고, 고통에 빠지는 것은 긴장된 길이다." 깨달음을 얻기까지 이 두 가지가 부처님의 명상을 방해했습니다. 처음에는 그도 이 둘을 놓아버리지 못했습니다. 이 둘을 알아 놓아버리고 나서야 그는 첫 설법을 할 수 있었습니다.

수행자는 행복과 불행의 길을 걷지 않아야 합니다. 오히려 행복과 불행을 알아야 합니다. 고통의 진리를 알면, 고통의 원인과 고통의 소멸과 고통의 소멸에 이르는 길을 알 것입니다. 바로 명상이 고통에서 벗어나는 길입니다. 단순하게 얘기하자면, 알아차려야 합니다.

알아차림은 앎이며, 마음이 현재에 있는 것입니다. '내가 지금 무슨 생각을 하고 있지? 내가 뭘 하고 있지? 내가 무엇을 가지고 다니지?' 이렇게 관찰하며 자신의 삶을 알아차립니다. 이렇게 명상하면 지혜가 일어납니다. 언제나 모든 자세에서 사유하고 탐구해야 합니다. 자신이 좋아하는 정신적 자극이 일어나면, 그것을 실체로 여기며 집착하지 않고 그것을 압니다. 그것은 그저 행복일 뿐입니다. 불행이 일어나도 마찬가지로 불행을 압니다. 그리고 고통에 빠지는 것이 수행자의 길이 아님을 압니다.

이것이 마음에서 느낌을 분리하는 것입니다. 현명하다면 집착하지 않고 대상을 그냥 내버려둡니다. 우리는 '아는 자'가 됩니다. 마음과 느낌은 물과 기름과 같습니다. 물과 기름은 같은 병에 담겨 있어도 서로 섞이지 않습니다. 아프고 고통스러워도 느낌은 느낌으로, 마음은 마음으로 압니다. 고통스럽거나 편안한 상태들을 알지만, 이것들을 자신과 동일시하지 않습니다. 고통과 편안함을 넘어선 평화와만 함께합니다.

행복도 불행도 없이 살아야 합니다. 앎과 함께할 뿐 다른 것들은 지니고 다니지 않아야 합니다.

아직 깨닫지 못했다면 이 모든 이야기가 이상하게 들리겠지만 상관없습니다. 그 방향으로 자신의 목표를 설정해야 합니다. 마음은 마음입니다. 마음은 행복과 불행을 만납니다. 그리고 우리는 그것들을 그냥 그렇게 봅니다. 마음과 행복, 불행이라는 느낌은 분리되어 서로 섞이지 않습니다. 섞이면 행복과 불행을 알 수가 없습니다. 이는 집에 사는 것과 같습니다. 집과 그 집에 사는 사람은 서로 관련되어 있지만 별개입니다. 집에 어떤 위험이 생기면 우리는 걱정하고 집을 지켜야겠다고 생각합니다. 하지만 집에 불이 나면 집에서 뛰쳐나옵니다. 그래서 고통스러운 느낌이 일어나면 불난 집에서 뛰쳐나오듯이 고통에서 벗어납니다. 완전히 불타고 있다는 걸 알면 뛰쳐나올 것입니다. 집과 집에 사는 사람은 서로 별개입니다.

이런 식으로 마음과 느낌을 분리한다고 말하지만, 사실 마음과 느낌은 본질적으로 이미 분리되어 있습니다. 실재에 따라 자연적으로 이렇게 분리되어 있다는 사실을 깨달아야 합니다. 마음과 느낌이 분리되어 있지 않다고 여긴다면, 이는 진리를 알지 못해 집착하기 때문입니다.

부처님은 명상하라고 하셨습니다. 명상은 정말 중요합니다. 지적으로 아는 것만으로는 충분하지 않습니다. 평화로운 마음으로 명상해 일어난 지식과 공부 속에서 얻은 지식은 완전히 다릅니다. 공부에서 생긴 마음에 관한 지식은 진정한 지식이 아니지만, 우리는 이런 지식에 집착합니다. 이런 지식은 잃어버릴 수 있습니다. 그래서 잃어버리고서 울음을 터뜨립니다.

제대로 이해한다면, 놓아버리고 있는 그대로 내버려둘 것입니다. 모든 것들을 있는 그대로 알고, 자신을 잊어버리지 않습니다. 아파도 그 고통에 빠지지 않습니다. 어리석은 사람은 이렇게 말합니다. "올해는 계속 아파서 명상을 하나도 못했어요." 아프거나 죽어가는 사람은 열심히 명상해야 합니다. 명상할 시간이 없다고 말할지 모르겠습니다. 아프거나 고통스러우면 자신의 몸이 미덥지 않아서 명상을 할 수 없다고 생각합니다. 이렇게 생각하면 모든 것이 어려워집니다. 하지만 부처님은 바로 여기서 명상하라고 하셨습니다. 병이 들었거나 거의 죽음에 이르렀을 때가 정말 실재를 알고 볼 수 있을 때입니다.

다른 사람들은 너무 바빠서 명상할 기회가 없다고 말합니다. 때로는 학교 선생님들이 저를 만나러 옵니다. 그들은 할 일이 너무 많아서 명상할 시간이 없다고 합니다. 그러면 저는 이렇게 묻습니다. "가르치면서 숨쉴 시간은 있습니까?" 그들은 그렇다고 대답합니다. "일이 그렇게 바쁜데 어떻게 숨쉴 시간이 있습니까? 여러분들은 법과 거리가 멀군요."

사실 명상은 마음과 마음의 느낌들에 관한 것입니다. 명상은 쫓아다니며 찾아야 하는 것이 아닙니다. 일할 때도 호흡은 지속됩니다. 자연이 자연의 과정을 돌보는 것입니다. 여러분은 호흡을 알아차리기만 하면 됩니다. 명확하게 볼 수 있도록 그저 계속해서 내면으로 향하십시오. 명상은 이런 것입니다.

마음이 현재에 있다면, 어떤 일을 하든 그 일이 옳고 그름을 계속 알아차리게 해주는 도구가 될 것입니다. 명상하기에 충분한 시간이 있습니다. 그저 명상을 완전히 이해하지 못할 뿐입니다. 잠잘 때도 숨쉬고 먹을 때도 숨을 쉽니다. 그런데 왜 명상할 시간이 없을까요? 우리가 어디에 있든 우리는 숨을 쉽니다. 이렇게 생각하면 삶이 호흡만큼 가치 있어집니다. 어디에 있든 명상할 시간이 있습니다.

모든 종류의 생각들은 신체적 조건이 아니라 정신적 조건입니다. 그래서 마음을 현재에 두어야 합니다. 그러면 언제나 옳고 그름을 알 것입니다. 서 있거나 앉아 있거나 걷고 있거나 누워 있거나 시간이 많습니다. 이런 시간들을 적절하게 활용하는 방법을 모를 뿐입니다.

우리가 알게 되면 마음에 통달하고, 정신적 자극에 통달한 사람이 됩니다. 정신적 자극에 통달하면 세상에 통달합니다. 우리는 부처님의 아홉 가지 특징 중 하나인 '세상을 아는 자'가 됩니다. 부처님은 어려움으로 가득찬 세상을 명확하게 아셨습니다. 부처님은 골치 아픈 일들과 그렇지 않은 일들이 바로 여기에 있음을 알았습니다. 이렇게 혼란스러운 세상을 부처님은 어떻게 알 수 있었을까요? 여기서 부처님이 가르치신 법이 우리 능력 밖의 것이 아님을 이해해야 합니다. 모든 자세에서 현재에 마음을 두고 자신을 알아차려야 합니다. 그리고 좌선할 때가 되면 좌선을 해야 합니다.

좌선을 하는 이유는 평화와 정신적 에너지를 확립하기 위해서이지 시간을 허비하기 위해서가 아닙니다. 바로 삼매에 들어 앉아 있는 것 그 자체가 통찰명상입니다. 어떤 이들은 이렇게 말합니다. "지금은 앉아서 삼매에 들고, 그후에 통찰명상을 하세요." 이렇게 분리하지 마십시오. 고요는 지혜를 일으키는 기초이고, 지혜는 고요의 열매입니다. 지금은 고요명상을 하고 나중에 통찰명상을 하는 것은 불가능합니다. 오직 말로만 분리할 수 있습니다. 칼날과 칼등을 분리할 수 없는 것처럼 말입니다. 하나를 집어들면 나머지도 들게 됩니다. 이와 같이 고요가 지혜를 일으킵니다.

덕행은 법의 아버지이자 어머니입니다. 처음에는 덕행을 지녀야 합니다. 덕행을 지니면 평화롭습니다. 덕행은 몸과 말에 잘못이 없다는 의미입니다. 잘못된 행동을 하지 않으면 마음이 동요하지 않고, 마음이 동요하지 않으면 평화와 고요가 생깁니다.

덕행, 삼매, 지혜는 깨달음에 이른 고귀한 이들이 걸었던 길입니다. 사실 이 세 가지는 하나입니다. 덕행이 삼매이고 삼매가 덕행입니다. 삼매가 지혜고 지혜가 삼매입니다. 이것은 망고와 같습니다. 망고나무에 꽃이 폈을 때는 꽃이라고 합니다. 꽃이 열매가 되면 망고라고 부릅니다. 망고가 익으면 익은 망고라고 부릅니다. 원래 하나의 망고였지만 계속 변합니다. 작은 망고가 자라 큰 망고가 됩니다. 이것을 다른 과일이라고 할 수도 있고 모두 하나의 과일이라고도 할 수 있습니다. 망고는 처음에 꽃으로 나타난 순간부터 자라서 익은 망고가 됩니다. 이것으로 충분합니다. 다른 사람이 뭐라고 부르든 상관없습니다. 일단 생겨나면 자라서 늙습니다. 이에 대해 반조해야 합니다.

어떤 사람들은 늙고 싶어하지 않습니다. 그래서 늙으면 우울해합니다. 이런 사람들은 익은 망고를 먹지 말아야 합니다! 왜 망고가 익기를 바라나요? 망고가 제때 익지 않으면 인공적으로 망고를 숙성시키지 않나요? 그렇지만 자신이 늙으면 비탄에 빠집니다. 어떤 이들은 늙고 죽는 것을 너무 두려워해서 울기도 합니다. 그렇다면 이들은 익은 망고가 아닌 꽃을 먹어야 할 것입니다. 이를 볼 수 있다면 법을 볼 수 있습니다. 모든 것이 명확해지고 평화로워집니다. 이와 같이 명상하고자 다짐해야 합니다.

　제가 말한 것을 받아들이고 반조해보십시오. 옳지 않은 것이 있다면 용서해주십시오. 직접 명상을 해봐야 제 말이 옳은지 잘못되었는지를 알 것입니다. 잘못된 것은 모두 버리십시오. 옳은 것은 받아들여 적용하십시오. 사실 옳은 것과 잘못된 것을 모두 놓아버리기 위해 명상하는 것입니다. 결국에는 모든 것을 던져버립니다. 옳은 것을 버리고, 그른 것도 버리십시오. 보통 옳다면 옳음에 집착하고, 잘못되었다면 그름에 집착하기에 논쟁이 뒤따릅니다. 하지만 법은 아무것도 없는 곳입니다.

28장

인습과 해탈

|

세상의 것들은 우리 스스로 만들어낸 인습일 뿐입니다. 우리
는 자신의 개인적 관점과 견해에 집착하며, 인습을 만들고
거기에 빠져 놓아버리려 하지 않습니다. 이런 집착은 결코
끝나지 않습니다. 이것이 끊임없이 흘러가는 윤회입니다. 윤
회에는 끝이 없습니다. 인습적 실재를 알면 해탈을 알게 됩
니다. 해탈을 명확하게 알면 인습적 실재를 알게 됩니다. 이
것이 법을 아는 것입니다. 여기에는 끝이 있습니다.

　서양인들이 함께 좌선하는 것을 본 적이 있습니다. 좌선을
끝내고 일어서면서 때때로 남녀가 서로의 머리를 만졌습니
다(태국에서 다른 사람의 머리를 만지는 것은 일반적으로 모욕
으로 여겨진다). 이를 보고 저는 이런 생각이 들었습니다. '인
습에 집착하면 바로 번뇌가 일어나겠군.' 인습을 놓아버리고

자신의 견해를 포기하면 평화롭습니다.

때로는 계급과 지위가 높은 장군들이 제게 와서 이렇게 말합니다. "제 머리를 만져주십시오."(태국에서 고승이 머리를 만져주는 것은 상서로운 일로 여겨진다.) 이런 얘기는 전혀 이상할 게 없습니다. 제가 머리를 만져주면 그들은 기뻐합니다. 하지만 거리에서 누가 그들의 머리를 만진다면 얘기가 완전히 달라집니다. 집착 때문입니다. 그래서 저는 놓아버림이야말로 평화에 이르는 길이라고 생각합니다. 머리를 만지는 것은 태국의 관습에 어긋나지만 실제로 그것은 아무것도 아닙니다. 머리를 만져도 괜찮다고 동의하면, 배추나 감자를 만지는 것처럼 아무런 문제가 되지 않습니다.

받아들이고 놓아버리고 포기하는 것은 가벼워지는 길입니다. 어디서 집착하건 그 즉시 형성과 태어남이 생깁니다. 곧바로 위험해집니다. 부처님은 인습을 가르치셨고, 인습에서 벗어나 해탈에 이르는 바른길을 보여주셨습니다.

이는 인습에 집착하지 않는 자유입니다. 세상의 모든 것들은 인습적 실재입니다. 인습을 만들고 나서 인습에 속지 않아야 합니다. 인습에 빠지면 너무 고통스럽기 때문입니다. 규칙과 인습에 관한 이런 사실은 정말 중요합니다. 인습을 넘어서는 사람은 고통을 넘어설 수 있습니다.

하지만 인습은 세상의 특징입니다. 분마 씨를 예로 들어보겠습니다. 그는 그저 대중의 한 사람이었습니다. 하지만 지금은 지방 관리로 임명되었습니다. 이는 인습이지만 우리는 인습을 존중해야 합니다. 인습은 사람들이 사는 세상의 일부입니다. '전에 우리는 친구였지. 양복점에서 같이 일하기도 했어'라고 생각하며 사람들이 모인 곳에서 그의 머리를 친다면, 그는 화가 날 것입니다. 옳은 행동이 아니므로 그는 불쾌해할 것입니다. 다른 사람을 화나게 하지 않도록 인습을 따라야 합니다. 인습을 이해하는 것은 유용합니다. 세상살이는 바로 인습에 관한 것입니다. 적절한 때와 장소를 알고, 그 사람을 알아야 합니다.

  인습을 거스르는 것이 왜 잘못일까요? 사람 때문에 잘못된 것입니다. 인습과 해탈 모두를 아는 현명한 사람이 되어야 합니다. 각자에게 적절한 때를 아십시오. 규칙과 인습을 편안하게 쓰는 방법을 알면 통달한 것입니다. 적절하지 않은 때에 높은 수준의 실재에 따라 행동하는 것은 잘못입니다. 어디가 잘못된 것일까요? 모든 사람들이 번뇌를 가지고 있기 때문입니다. 한 상황에서는 어떤 방식으로 행동하고, 다른 상황에서는 다른 방식으로 행동합니다. 인습 속에 살고 있으므로 상황들을 속속들이 알고 있어야 합니다. 인습에 집착하기 때문에 문제들이 일어납니다. 어떤 것이 있을 거라고 추측하기에 그것이 있는 것입니다. 하지만 아주 자세히 살펴보면 사실 이런 것은 존재하지 않습니다.

스님들도 한때는 재가자였습니다. 재가자라는 인습 속에 살았고, 이제는 스님이라는 인습 속에 살고 있습니다. 해탈에 의해 스님이 된 것이 아니라 인습에 의해 스님이 된 것입니다. 처음에 우리는 이런 인습을 만듭니다. 하지만 출가를 했다고 번뇌가 사라지는 것은 아닙니다. 모래 한 움큼을 소금이라 부른다고 모래가 소금이 되나요? 이름만 소금일 뿐이지 사실은 소금이 아닙니다. 모래로 요리를 할 수는 없습니다. 합의된 범위 안에서만 유효할 뿐, 실제로 소금은 없고 모래만이 있습니다.

'해탈'이라는 단어 그 자체는 인습일 뿐입니다. 하지만 해탈은 인습을 넘어서는 것을 가리킵니다. 자유를 성취하고 해탈에 이르고 나서도, 여전히 이것을 인습적으로 '해탈'이라고 부릅니다. 인습이 없으면 의사소통을 할 수 없으므로 인습도 쓸모가 있습니다.

사람들은 서로 다른 이름을 갖고 있지만 모든 사람은 똑같습니다. 이름이 없으면 대중들 가운데 서 있는 사람을 부를 때 이렇게 외쳐야 할 것입니다. "이봐요! 사람! 사람!" 모두가 '사람'이기에 누구를 부르는지 알 수 없습니다. 하지만 "존!"이라고 부르면, 존이 듣고 다가옵니다. 그래서 이름이 필요합니다. 이름은 의사소통 수단이고, 사회적 행동의 기초를 만듭니다.

그래서 인습과 해탈을 모두 알아야 합니다. 인습은 쓸모가 있지만 사실 거기에는 아무것도 없습니다. 사람조차도 존재하지 않습니다. 사람은 단지 요소들의 모임이며, 인과적 조건들에 의해 태어났고, 조건들에 의지하며, 잠시 존재하다 자연적으로 사라집니다. 누구도 이런 과정을 거부하거나 통제할 수 없습니다. 하지만 인습이 없다면 아무 말도 할 수 없습니다. 그러면 이름도 없고 명상도 없고 일도 없을 것입니다. 규칙과 인습이 언어를 만들고 삶을 편리하게 만들 뿐입니다.

돈을 예로 들어보겠습니다. 옛날에는 동전이나 지폐가 없어 물물교환을 했습니다. 하지만 이런 물건들은 오래 보관하기가 힘들었습니다. 그래서 돈을 만들었습니다. 미래에는 왕이 지폐가 아닌 밀랍을 녹여 덩어리로 찍어내 돈으로 사용할지도 모릅니다. 밀랍을 돈이라 부르고 나라 전체에서 사용할 것입니다. 밀랍이 아닌 닭똥을 지역 화폐로 정해 사용할지도 모릅니다. 다른 것은 절대 돈으로 쓸 수 없고 닭똥만 가능합니다! 그러면 사람들은 닭똥 때문에 서로 싸우고 죽일 것입니다.

이것이 인습적 실재입니다. 하지만 보통 사람들이 해탈을 이해하기는 정말 어렵습니다. 돈, 집, 가족, 아이, 친척은 우리가 만들어낸 인습에 불과하지만, 법의 측면에서 보면 이런 것들은 우리의 것이 아닙니다. 이런 얘기를 들으면 기분이 좋지 않겠지만 실제로는 그렇습니다. 이런 것들은 인습의 차원에서만 가치가 있습니다. 그것에 가치를 두지 않는 인습을 만들면 그것은 가치가 없어지고, 가치를 부여하는 인습을 만들면 가치가 생깁니다. 우리는 욕구를 채우려고 세상에 인습을 만듭니다.

이 몸도 내 것이 아닌데 내 것이라고 가정하고 있습니다. 이는 그저 자신에게 편리한 가정일 뿐입니다. 몸에서는 진정한 실체적 자아를 발견할 수 없습니다. 태어나 잠시 지속되다 죽는 요소들만이 존재할 뿐입니다. 몸에는 진정한 실체가 없지만, 컵처럼 적절하게 이용해야 합니다. 컵은 얼마 지나지 않아 깨집니다. 하지만 컵을 가지고 있는 동안은 컵을 사용하며 잘 간수해야 합니다. 컵은 여러분이 사용하는 도구입니다. 언젠가는 깨지겠지만, 깨지면 더이상 쓸 수 없으니 최대한 조심해서 사용해야 합니다.

스님들은 가사, 탁발 음식, 거처, 약이라는 네 가지 필수품을 지닙니다. 부처님은 이것들에 대해 반복해서 반조하라고 가르치셨습니다. 스님들은 이 네 가지에 의지해 명상합니다. 살아 있는 한 이런 필수품들에 의지해야 하지만, 이것들을 이해해야 합니다. 이 네 가지 필수품에 집착하지 마십시오. 집착하면 욕망이 일어납니다.

인습과 해탈은 이렇게 끊임없이 연관됩니다. 인습적 진리를 이용하더라도 그것을 진리라고 믿지 마십시오. 인습에 집착하면 고통이 일어납니다. 옳고 그름에 관한 경우가 좋은 예입니다. 어떤 사람들은 잘못된 것을 옳다고 여기고 옳은 것을 잘못되었다고 여깁니다. 하지만 결국 옳은 것인지 잘못된 것인지를 실제로 누가 알겠습니까? 우리는 알 수 없습니다. 서로 다른 사람들이 옳고 그름에 관한 서로 다른 인습을 만듭니다. 하지만 부처님은 고통을 그 기준으로 삼으셨습니다. 사실 우리는 모릅니다. 하지만 유용성과 실용성의 차원에서는, 자신과 남을 해치지 않는 것이 바른 것이라고 할 수 있습니다. 이것은 긍정적인 결과를 가져옵니다.

결국 규범과 인습, 해탈은 모두 법입니다. 해탈이 보다 높은 경지이지만 모두 함께 갑니다. 확실하게 이렇다저렇다 말할 수 있는 것은 없습니다. 그래서 부처님께서는 그대로 내버려두라고 말씀하셨습니다. 불확실한 채로 내버려두십시오. 좋아하는 것이든 싫어하는 것이든 불확실한 것으로 이해해야 합니다.

시간과 장소를 넘어 아무것도 없는 곳에 이르러 명상이 끝납니다. 그곳은 포기하는 곳이며, 텅 비어 있는 곳이며, 짐을 내려놓는 곳입니다. 이것은 끝입니다. 바람에 흔들리는 깃발을 보고서 어떤 이는 바람이 움직인다고 하고 어떤 이는 깃

발이 움직인다고 하는 것과는 다릅니다. 이런 논쟁은 끝이 없습니다. 닭이 먼저냐, 달걀이 먼저냐 하는 오래된 수수께끼와 같습니다. 여기서는 답을 얻을 수 없습니다. 이것은 그저 본래 그렇습니다.

우리가 말하는 모든 것들은 인습일 뿐이고, 우리 스스로 인습을 만들었습니다. 지혜로 인습을 알면, 무상과 불만족과 무아를 알 수 있습니다. 이것이 깨달음에 이르는 관점입니다.

다양한 이해 수준을 가진 사람들을 가르치기는 정말 어렵습니다. 어떤 사람들은 이미 어떤 생각을 갖고 있어서 무슨 말을 해도 믿지 않습니다. 진실을 말해줘도 그들은 진실이 아니라고 말합니다. "내가 옳고 당신은 틀렸어요." 이런 논쟁에는 끝이 없습니다.

놓아버리지 않으면 고통이 생깁니다. 남자 네 명이 숲에서 닭 우는 소리를 들었습니다. "꼬끼오!" 그중 한 사람이 궁금해하며 말합니다. "암탉인가요? 수탉인가요?" 세 사람은 암탉이라고 하지만 네번째 사람은 동의하지 않습니다. "암탉이 어떻게 저렇게 울죠?" 그가 묻습니다. 그들은 이렇게 응수합니다. "암탉도 목청이 있잖아요?" 그들은 계속 말싸움을 하다 몹시 화가 납니다. 하지만 결국은 그들 모두 틀렸습니다. '암탉' 혹은 '수탉'은 그저 이름일 뿐입니다. 우리는 인습을 만들어, 암탉은 이렇고 수탉은 저러며 암탉은 이렇게 울고 수탉은 저렇게 운다고 말합니다. 이렇게 세속에 빠져버립니다. 실재를 알면 암탉도 수탉도 없습니다. 그러면 이런 논쟁이 끝납니다.

부처님은 집착하지 말라고 하셨습니다. 어떻게 명상해야 집착하지 않을 수 있을까요? 우리는 집착을 포기하면서 명상합니다. 하지만 집착하지 않음을 이해하기란 정말 어렵습니다. 집착을 탐구하고 꿰뚫을 수 있는 예리한 지혜가 있어야 정말 집착하지 않을 수 있습니다.

사람들의 행복과 슬픔, 만족과 불만족은 그들이 얼마나 가졌느냐가 아니라 그들이 가진 지혜에 의해 결정됩니다. 진리를 보는 지혜가 있으면 모든 고통들이 사라집니다.

그래서 부처님은 탐구하고 반조하라고 하셨습니다. 이런 반조를 통해 문제들을 정확하게 이해하려고 노력하는 것, 이것이 명상입니다. 생로병사는 가장 자연스럽고 일반적인 일입니다. 부처님은 이런 사실들을 반조하라고 하셨지만, 어떤 사람들은 이해하지 못합니다. "무엇을 반조해야 하죠?"라고 그들은 묻습니다. 그들은 태어났지만 태어남을 알지 못하고, 죽을 것이지만 죽음을 알지 못합니다.

이것들을 반복해서 탐구하는 이는 그 본질을 볼 것입니다. 본질을 보고 나면, 자신의 문제들을 차근차근 해결할 것입니다. 집착이 아직 남아 있더라도, 지혜로 늙음과 병듦, 죽음이 자연의 법칙임을 깨닫는다면 고통을 줄일 수 있습니다. 우리는 고통을 치유하기 위해 법을 공부합니다.

불교의 기초는 많은 것을 담고 있지 않습니다. 고통의 생성과 소멸이 있을 뿐이며, 그것이 진리라고 부처님이 말씀하셨습니다. 태어남도 고통이고, 늙음도 고통이며, 병듦도 고통이며, 죽음도 고통입니다. 사람들은 이런 고통을 진리로 보지 못합니다. 진리를 알면 고통을 압니다.

자신의 견해에 대한 자만은 끝이 없습니다. 마음을 쉬게 하고 평화를 발견하기 위해 과거와 현재, 생로병사와 같이 자신에게 내재한 것들에 대해 반조해야 합니다. 이런 것들 때문에 괴로워하지 않으려면 어떻게 해야 할까요? 지금은 별로 걱정되지 않더라도, 꾸준히 탐구해서 이것들에 대한 진리를 알아야 합니다. 그러면 더이상 집착이 생기지 않아서 모든 고통들이 줄어들 것입니다.

29장

머묾 없음

어떤 가르침은 들어도 이해할 수가 없습니다. 그래서 다른 설명이 필요하다고 생각하며 그 가르침을 따르지 않습니다. 하지만 사실 모든 가르침에는 그럴 만한 이유가 있습니다. 잘못된 것 같지만 실제로는 그렇지 않습니다. 처음에 저는 좌선을 믿지 않았습니다. 눈을 감고 그냥 앉아 있는 것이 무슨 쓸모가 있는지 의문이 들었습니다. 걷기명상도 마찬가지였습니다. '왜 이 나무에서 저 나무까지 걷고, 돌아서 다시 걸어가야 하지? 힘들게 왜 그러는 거지? 걷기명상을 하면 뭐가 좋은 거지?' 저는 이런 생각을 했습니다. 하지만 좌선과 걷기명상은 정말 효과가 있습니다.

어떤 사람은 걷기명상을 좋아하고, 어떤 사람은 좌선을 좋아합니다. 하지만 둘 중 어느 하나만으로는 제대로 명상할 수 없습니다. 경전에서는 서고, 걷고, 앉고, 눕는 네 가지 자세에 대해 얘기합니다. 우리는 이 네 가지 자세로 삶을 살아갑니다. 어느 한 자세를 선호할지도 모르지만, 네 가지 자세를 모두 활용해야 합니다.

경전에서는 이 네 가지 자세를 균일하게 하라고 하고, 모든 자세에서 균일하게 명상하라고 합니다. 처음에 저는 자세를 균일하게 한다는 의미를 이해하지 못했습니다. '두 시간 자고, 두 시간 서 있고, 두 시간 걸으라는 의미인가?' 그렇게 해봤지만 그건 불가능했습니다. 모든 자세를 균일하게 한다는 것은, 알아차림에 관한 것입니다. 이것은 마음을 밝히고 마음에 지혜를 일으키는 것입니다. 모든 자세에서 이런 지혜가 있어야 합니다. 서 있으나 앉아 있으나 걷고 있으나 누워 있으나, 모든 정신적 상태들이 무상하고 불만족스러우며 무아임을 알아야 합니다. 이런 식으로 모든 자세를 균일하게 만드는 것은 가능합니다. 마음에 좋아함이 있든 싫어함이 있든 명상을 잊지 말아야 하고 알아차려야 합니다.

지속적으로 마음에 주의력을 두면, 명상의 핵심을 실천하고 있는 것입니다. 세상에서 말하는 좋거나 나쁜 마음 상태들을 경험해도, 좋고 나쁨에 빠지지 않고 자신을 잊어버리지 않습니다. 그냥 똑바로 나아갑니다. 이런 식으로 자세를 유지할 수 있습니다.

꾸준히 명상하면, 칭찬은 그저 칭찬일 뿐이고 비난은 그저 비난일 뿐입니다. 칭찬이나 비난에 들뜨거나 상심하지 않고 바로 여기에 머뭅니다. 이 모든 것들의 위험을 보고 그 결과를 보기 때문입니다. 칭찬과 비난의 위험을 계속 알아차립니다. 기분이 좋으면 마음 역시 좋아집니다. 그래서 좋은 기분과 마음을 같은 것으로 여깁니다. 기분이 나쁘면 마음이 나빠집니다. 그리고 이를 좋아하지 않습니다. 보통때는 이렇게 균일하지 못한 명상을 합니다.

자신의 감정과 감정에 대한 집착을 알려고 꾸준히 노력하고 있다면, 아직 놓아버리지 못했더라도 아주 바람직합니다. 우리는 알아차림을 가지고 있고, 일어나는 것을 압니다. 좋음과 나쁨에 자신이 집착하는 것을 보고 이것을 압니다. 좋음에 집착하며 이것이 바른 명상이 아님을 알지만, 아직 놓아버릴 수 없습니다. 이는 이미 50퍼센트나 70퍼센트 정도 명상을 한 것입니다. 아직 놓아버리지는 못했지만, 놓아버리면 평화로워질 것이라는 사실을 압니다. 모든 좋아함과 싫어함, 칭찬과 비난의 해로운 결과들을 지속적으로 봅니다. 상황이 어떻든지 간에 마음이 이렇게 지속됩니다.

하지만 세속 사람들은 비난을 받으면 몹시 화가 나고, 칭찬을 받으면 기분이 좋아집니다. 다양한 감정의 진실을 알면, 칭찬과 비난을 포함한 모든 것들에 대한 집착의 위험을 안다면, 자신의 모든 감정들에 민감해집니다. 감정에 집착하면 정말 고통이 일어난다는 것을 압니다. 이 고통을 보고, 자신의 집착이 고통의 원인임을 봅니다. 좋고 나쁨에 집착한 결과를 보기 시작합니다. 그렇게 집착해서는 진정한 행복을 얻을 수 없음을 알고, 이제 놓아버리는 길을 찾습니다.

'놓아버리는 길'은 어디에 있을까요? 불교에서는 이렇게 말합니다. "어떤 것에도 집착하지 말라." 어딜 가나 이런 얘기를 듣습니다. 이는 어떤 것을 가질 수 없다는 의미가 아니라 집착하지 않는다는 의미입니다. 손전등처럼 말입니다. "이게 뭐지?" 하며 손전등을 집어듭니다. "손전등이군!" 그러고는 손전등을 다시 내려놓습니다. 이것이 어떤 것을 가지는 방법입니다.

아무것도 가지지 않으면 뭘 할 수 있을까요? 걷기명상을 비롯해 다른 어떤 활동도 할 수 없습니다. 그래서 우리는 어떤 것을 가져야 합니다. 사실 이것은 일종의 원함이지만 나중에는 바라밀(덕 혹은 완성)이 됩니다. 처음에 자가로 스님(당시 파나나차 사원의 주지)은 파퐁 사원에 오기를 원했습니다. 여기에 오고 싶지 않았다면 그는 지금 여기에 없을 것입니다. 다른 사람들도 마찬가지로 원했기에 여기로 왔습니다. 하지만 원함이 일어날 때 거기에 집착하지 마십시오! 손전등을 집어들어 보고는 '손전등이군'이라고 알고 손전등을 내려놓습니다. 이것이 집착하지 않고 가지는 것입니다. 우리는 알고 난 뒤에 놓아버립니다. 좋은 것이든 나쁜 것이든 모두 알고서 놓아버립니다. 어떤 것에 어리석게 집착하지 않고, 지혜로써 그것들을 가집니다. 이런 '자세'여야 지속적으로 명상할 수 있습니다. 이렇게 지속해야 합니다. 마음으로 이렇게 알아서 지혜가 일어나게 하십시오. 마음에 지혜가 있으면 다른 것을 찾을 필요가 없습니다.

우리는 여기서 하고 있는 일을 반조해봐야 합니다. 왜 여기에 살고 있나요? 무엇을 위해 일하고 있나요? 세상 사람들은 이런저런 대가를 바라며 일을 하지만, 스님에게는 이보다 좀더 깊은 의미가 있습니다. 스님은 무엇을 하든 대가를 바라지 않습니다. 세상 사람들은 이런저런 것들과 이득을 원해서 일을 합니다. 하지만 부처님은 그저 일하기 위해 일하라고 가르치셨습니다. 스님은 이것 말고 다른 어떤 것도 바라지 않습니다.

어떤 대가를 얻으려 일을 하면 고통이 일어납니다. 한번 시험해보십시오. 여러분은 마음을 평화롭게 만들고 싶어서 자리에 앉아 마음을 평화롭게 하려 애씁니다. 그러면 고통이 일어납니다. 명상의 길은 좀더 섬세합니다. 우리는 어떤 것을 하고서 놓아버립니다. 하고 난 뒤에는 놓아버리는 것입니다.

제물을 바치는 브라만을 보십시오. 그는 마음속에 욕망이 있어서 제물을 바칩니다. 이런 행동들은 욕망에서 나온 것이므로 그는 고통을 넘어설 수 없습니다. 처음에는 마음에 약간의 욕망을 가지고 명상을 합니다. 계속 명상하지만 욕망을 성취하지 못합니다. 그래서 아무런 대가를 바라지 않으며 명상하는 지점에 이를 때까지 계속해서 명상해야 합니다. 우리는 놓아버리기 위해 명상합니다. 여기에는 매우 깊은 의미가 있으며, 스스로 이를 보아야 합니다. 열반에 이르고 싶어서 명상하면 열반에 도달하지 못합니다! 평화를 원하는 것이 자연스러운 일이긴 하지만 실제로 바른 것은 아닙니다. 아무것도 원하지 않으며 명상해야 합니다. 아무것도 원하지 않으면 무엇을 얻게 될까요? 아무것도 얻지 않습니다! 무엇을 얻든 그것은 고통의 원인입니다. 그래서 아무것도 얻지 않기 위해 명상하는 것입니다.

이것이 '마음을 텅 비게 만드는' 것입니다. 마음은 비어 있지만 여전히 작용합니다. 이런 텅 빔을 사람들은 보통 이해하지 못합니다. 이런 텅 빔에 도달한 이들만이 그 진정한 가치를 압니다. 이것은 아무것도 없는 텅 빔이 아니라 여기 있는 것들 속에 있는 텅 빔입니다. 우리는 이 손전등이 텅 비었다고 봅니다. 여기 있는 손전등이 텅 비어 있기 때문입니다. 이는 아무것도 볼 수 없는 텅 빔이 아닙니다. 이렇게 이해하고 있는 사람들은 완전히 잘못 알고 있는 것입니다. 여기 있는 것들 속에서 텅 빔을 이해해야 합니다.

여전히 뭔가를 얻으려는 생각으로 명상하는 이들은 소원을 성취하기 위해 제물을 바치는 브라만과 같습니다. 내가 성수(聖水)를 뿌려주길 바라며 찾아오는 사람과 마찬가지입니다. "왜 이 성수를 원하는 건가요?" 하고 물으면 그들은 이렇게 말합니다. "행복하고 편안하고 아프지 않게 살고 싶어서요." 이런 식으로는 결코 고통을 넘어설 수 없습니다.

세속에서는 어떤 대가를 얻으려고 일을 하지만, 불교에서는 얻는다는 생각 없이 어떤 일을 합니다. 세상은 원인과 결과의 측면에서 어떤 것을 이해하지만, 부처님은 원인과 결과를 뛰어넘으라고 가르치셨습니다. 부처님의 지혜는 원인과 결과를 초월하며, 삶과 죽음을 초월하며, 행복과 고통을 초월합니다.

머물 곳이 없다고 생각해보십시오. 사람들은 집에 삽니다. 집을 떠나 집이 없는 곳으로 가면 어찌할 바를 모릅니다. 언제나 형성과 집착과 함께 살아왔기 때문입니다. 집착할 수 없으면 우리는 어찌할 바를 모릅니다.

그래서 대부분 사람들은 열반에 들고 싶어하지 않습니다. 거기에는 정말 아무것도 없기 때문입니다. 여기 지붕과 바닥을 보십시오. 지붕은 가장 높은 곳에 있습니다. 이것은 '거처'입니다. 바닥은 가장 아래에 있습니다. 이것도 '거처'입니다.

하지만 지붕과 바닥 사이의 텅 빈 공간에는 머물 곳이 없습니다. 지붕 위에 머물 수도 있고 바닥 위에 머물 수도 있지만, 텅 빈 공간에는 머물 수 없습니다. 거처가 없는 곳, 이곳이 텅 빔이 있는 곳입니다. 열반은 이런 텅 빔입니다.

이런 얘기를 들으면 사람들은 움츠러들어 가고 싶어하지 않습니다. 그들은 아이들과 친척들을 보지 못할까봐 걱정합니다. 그래서 스님들은 재가자들을 위해 이렇게 축원합니다. "오래 살고, 아름답고, 행복하고, 건강하기를 기원합니다." 그러면 그들은 몹시 기뻐하며 "고맙습니다!"를 외칩니다. 사람들은 이런 것을 좋아합니다. 하지만 텅 빔에 대해서는 듣고 싶어하지 않습니다. 그들은 거처에 집착합니다.

아름다운 외모에 힘이 넘치고 행복한 노인을 본 적이 있습니까? 없을 것입니다. 하지만 스님이 "긴 수명과 아름다움, 행복, 건강을 기원합니다"라고 말하면 모두들 정말로 기뻐합니다. 모두 고마워합니다. 자신이 원하는 바를 이루기 위해 제물을 바치는 브라만과 같습니다.

어떤 것을 얻으려고 명상하지 않기에, 명상하면서 제물을 바치지 않습니다. 어떤 것도 원하지 않습니다. 어떤 것을 여전히 원한다면 어떤 것이 여전히 있을 것입니다. 그저 마음을 평화롭게 하면 됩니다. 하지만 제가 이렇게 얘기하면 마음이 그리 편치 않을지 모릅니다. 여러분은 다시 '태어나고'

싶기 때문입니다.

모든 재가 수행자들은 스님들을 가까이하며 그들의 수행을 지켜봐야 합니다. 스님들과 가까이한다는 것은 부처님과 가까이하는 것이며 법을 가까이한다는 의미입니다. 부처님께서 말씀하셨습니다.

"아난다! 열심히 명상해서 마음을 계발하라. 법을 보는 이는 나를 볼 것이고, 나를 보는 이는 법을 볼 것이다."

부처님은 어디에 계실까요? 부처님이 이미 입적하셨다고 생각할지도 모릅니다. 하지만 부처님은 법이요 진리입니다. 어떤 사람들은 이런 말을 즐겨합니다. "부처님 당시에 태어났다면 열반에 이를 수 있을 텐데." 어리석은 사람입니다. 부처님은 여전히 여기에 계십니다. 부처님은 진리입니다. 누가 태어나고 죽든 관계없이 진리는 여전히 여기 있습니다. 진리는 세상에서 떠나지 않고 항상 여기에 있습니다. 부처님이 태어나든 그렇지 않든, 누가 진리를 알든 모르든 진리는 여전히 여기에 있습니다.

비유하자면 이것은 추 선생님과 같습니다. 처음에 그는 선생님이 아니라 그냥 추 씨였습니다. 공부를 해서 필요한 과정을 통과한 뒤 그는 선생님이 되었고, 추 선생님이라고 알려졌습니다. 그가 어떻게 선생님이 되었나요? 필요한 과목을 공부했기 때문입니다. 추 선생님이 죽더라도 선생님이 되는 데 필요한 공부는 여전히 남아 있습니다. 그리고 그 공부를 하면 누구나 선생님이 될 것입니다. 선생님이 되기 위한 공부의 과정과 같이 부처님이 부처가 될 수 있었던 진리는 사라지지 않습니다. 그래서 부처는 여전히 여기에 있습니다. 명상을 해서 법을 보는 이는 누구나 부처를 봅니다.

그러니 아주 작은 일에도 주의를 기울이십시오. 스님들을 닮도록 열심히 노력하십시오. 대상들을 반조해보십시오. 그러면 알 것입니다. 이것으로 충분합니다.

30장
바른 견해

|

명상은 우리의 습관을 거스릅니다. 진리는 욕망을 거스르기에 명상하는 데 어려움이 있습니다. 잘못되었다고 생각하는 것이 바를 수도 있고, 바르다고 생각하는 것이 잘못일 수도 있습니다. 왜 그럴까요? 마음이 어둠 속에 있어서 진리를 명확하게 보지 못하기 때문입니다. 우리는 정말 아무것도 몰라서 다른 사람들의 거짓말에 속습니다. 잘못된 것이 옳다고 해도 믿고, 옳은 것이 잘못되었다고 해도 역시 믿습니다. 아직 우리 자신의 주인이 아니기 때문입니다. 감정은 끊임없이 우리를 속입니다. 이런 마음과 그 견해를 길잡이로 삼아서는 안 됩니다. 이런 마음은 진리를 모르기 때문입니다.

어떤 사람은 남의 말을 전혀 들으려 하지 않습니다. 이는 지혜로운 자의 태도가 아닙니다. 지혜로운 사람은 모든 것을 들습니다. 법을 듣는 이는 좋아하는 것이나 싫어하는 것이나 똑같이 들어야 합니다. 맹목적으로 믿거나 불신해서는 안 됩니다. 중간 지점에 머물러야 하며 방심하지 말아야 합니다. 듣고 나서 숙고하면 그에 따라 바른 결과가 생깁니다.

지혜로운 사람은 들은 대로 믿기에 앞서 원인과 결과를 반조하여 깨달아야 합니다. 스승이 진리를 말하더라도 직접 깨달은 것이 아니므로 무조건 믿어서는 안 됩니다.

우리 모두 마찬가지입니다. 저는 여러분들보다 훨씬 전에 명상을 시작했고, 많은 거짓말을 들었습니다. 예를 들면 "명상은 정말 힘들어"와 같은 말입니다. 명상이 왜 힘들까요? 잘못된 견해를 갖고 있고 잘못 생각하기 때문에 힘들 뿐입니다.

전에 저는 다른 스님들과 살았는데, 함께 사는 것이 맞지 않는다고 느꼈습니다. 그래서 스님들을 피해 숲과 산으로 도망갔습니다. 저는 그들이 저만큼 명상을 열심히 하지 않는다고 생각했습니다. 아무개는 이런 문제가 있고 아무개는 저런 문제가 있고……. 이런 생각이 저를 혼란으로 밀어넣었습니다. 이것이 끊임없이 도망가는 이유였습니다. 하지만 혼자 있어도 다른 사람들과 함께 있어도 여전히 평화롭지 못했습니다. 혼자 있어도 만족하지 못했고, 많은 대중들과 함께 있어도 만족하지 못했습니다. 저는 이런 불만족이 동료, 기분, 음식, 날씨 때문이라고 생각했습니다. 계속해서 내 마음에 드는 것을 찾고 있었습니다.

두타 수행자로서 저는 방랑하고 있었지만 여전히 바른 상태가 아니었습니다. '바르게 되려면 내가 뭘 해야 하지?'라는 생각이 들었습니다. '내가 할 수 있는 일이 뭘까?' 저는 많은 사람들과 함께 살아도 만족하지 못했고, 소수의 사람들과 살아도 만족하지 못했습니다. 이유를 알 수 없었습니다. 저는 왜 만족하지 못했을까요? 잘못된 법에 집착해서 잘못된 견해를 갖고 있었기 때문입니다. 어디를 가도 만족하지 못하며 '이곳은 좋지 않아, 저곳은 좋지 않아'라고 끊임없이 생각했습니다. 저는 다른 사람들을 탓했습니다. 날씨를 탓하고, 더위와 추위를 탓하고, 모든 것을 탓했습니다. 미친개처럼 말입니다. 미친개는 마주치는 대로 뭐든 물어버립니다. 마음이 이렇다면 명상이 결코 자리잡을 수 없습니다. 오늘은 기분이 좋지만 내일은 기분이 좋지 않습니다. 언제나 그렇습니다. 그래서 만족도 평화도 얻지 못합니다.

부처님은 숲 밖으로 도망치는 자칼을 보았습니다. 자칼은 잠시 가만히 멈춰 있다가 덤불 속으로 뛰어들었습니다. 거기서 잠시 엎드려 있다가 다시 뛰어나왔습니다. 그런 뒤 나무의 빈 구멍 속으로 뛰어들었고, 그러고는 다시 밖으로 나왔습니다. 잠시 가만히 서 있다 달리고, 눕고, 깡충 뛰고……. 자칼은 피부병을 앓고 있었습니다. 가만히 서 있으니 가려워서 뛰었습니다. 뛰어도 여전히 불편해서 멈췄습니다. 서 있는 것 역시 편안하지 않아 누웠습니다. 그런 뒤 다시 덤불 속과 나무 구멍 속으로 뛰어들며 결코 가만있지 못했습니다.

부처님은 말씀하셨습니다. "비구들이여, 오늘 오후에 저 자칼을 보았느냐? 자칼은 서서도 괴로웠고, 달리면서도 괴로웠고, 앉아서도 괴로웠고, 누워서도 괴로웠다. 덤불 속에서도, 나무 구멍 속에서도, 동굴에서도 자칼은 괴로웠다. 자칼은 서 있고, 앉아 있고, 달리고, 누워 있어서 불편하다고 생각했다. 그리고 이런 불편함이 나무와 덩굴과 동굴 때문이라고 생각했다. 사실 문제는 이런 것들과는 아무 관계가 없다. 피부병에 걸린 것이 문제였다."

스님들은 이런 자칼과 같습니다. 잘못된 견해에서 불만족이 생깁니다. 고통의 원인을 외적인 것들에서 찾는 이유는 감각기관을 단속하지 않기 때문입니다. 파퐁 사원에 살든, 미국에 살든, 런던에 살든 만족하지 못합니다. 파나나차 사원이나 다른 분원에 살더라도 여전히 만족하지 못합니다. 잘못된 견해를 갖고 있으면 어디를 가도 만족하지 못합니다.

하지만 피부병이 나으면 자칼이 어디를 가든 만족하듯이 우리도 마찬가지입니다. 저는 이것을 몹시 중요하게 생각하기에 자주 반조하라고 가르칩니다. 다양한 감정의 진실을 알면 만족하게 됩니다. 더워도 추워도 만족하고, 많은 사람들과 있건 적은 사람들과 있건 만족합니다. 만족은 얼마나 많은 사람과 함께 사느냐에 달려 있는 것이 아닙니다. 만족은 바른 견해에서 생깁니다.

하지만 우리들 대부분은 잘못된 견해를 가지고 있습니다. 이는 구더기와 같습니다. 구더기가 사는 곳은 더럽고, 구더기의 음식은 더럽습니다. 하지만 구더기에게는 더러운 것이 잘 맞습니다. 막대로 구더기를 똥 무더기 밖으로 밀어내려 하면, 구더기는 똥 무더기 속으로 열심히 다시 기어들어갑니다. 스승이 여러분을 바르게 보라고 가르칠 때도 이와 같습니다. 여러분은 그런 가르침이 불편해서 저항합니다. 그러고는 똥 무더기로 다시 돌아가려 합니다. 그곳이 편안하기 때문입니다. 우리 모두는 이와 같습니다. 모든 잘못된 견해로 인한 해로운 결과들을 보지 못하면 잘못된 견해를 버릴 수가 없습니다. 그래서 명상이 어려워집니다.

바른 견해를 갖고 있으면 어디를 가든 만족합니다. 저는 명상으로 이미 바른 견해를 깨달았습니다. 요즘 많은 승려들과 재가자들이 저를 찾아옵니다. 제가 아직 이해하지 못했다면, 여전히 잘못된 견해를 가지고 있다면, 저는 지금쯤 죽었을 것입니다. 바른 견해가 바로 승려가 머물러야 할 바르고 시원한 장소입니다. 다른 곳을 찾아서는 안 됩니다.

그래서 불행해도 문제가 되지 않습니다. 불행은 지속되지 않습니다. 그 불행이 여러분의 '자아'입니까? 불행에 어떤 실체가 있습니까? 저는 불행을 실재하는 것으로 보지 않습니다. 불행은 잠시 일어났다 사라지는 감정일 뿐입니다. 행복도 마찬가지입니다. 행복이 계속 지속되나요? 행복이 정말 실체인가요? 행복은 별안간 생겨났다 사라지는 감정일 뿐입니다. 행복은 생성되고 소멸합니다. 사랑은 잠시 번쩍 일어났다 사라집니다. 사랑은 마음속에서 타올랐다가 사라진 인상일 뿐입니다. 감정은 끊임없이 우리를 속입니다. 우리는 어디서도 확실한 것을 찾을 수 없습니다. 부처님은 이렇게 말씀하셨습니다. "불행이 일어나면 잠시 머물다 사라진다. 불행이 사라지면 행복이 일어나 잠시 머물다 사라진다. 행복이 사라지면 불행이 다시 일어난다……."

결국에는 태어남의 고통, 삶의 고통, 죽음의 고통 말고는 아무것도 없습니다. 하지만 어리석은 우리는 끊임없이 그 고통을 쫓아가 잡으려 합니다. 우리는 이렇게 계속해서 변하는 진리를 알지 못합니다. 이를 이해하면 많이 생각하지 않아도 많은 지혜가 생깁니다. 이를 알지 못하면 지혜가 일어나는 것이 아니라고 생각을 하게 됩니다. 그러면 지혜가 전혀 생기지 않을지도 모릅니다. 자신이 한 행동의 해로운 결과를 보아야 그 행동을 버릴 수 있습니다. 마찬가지로 명상이 주는 진정한 이익을 보아야 명상을 시작해서 마음을 훌륭하게 만들 수 있습니다.

나무를 베어 통나무를 강물에 던지면 바다에 도달합니다. 통나무는 가라앉거나 썩지 않고 강둑 위에서 굴러다니지도 않습니다. 명상도 여기에 비유할 수 있습니다. 부처님께서 놓은 길을 따라 명상하면서 그 길을 바르게 따라가면 두 극단을 넘어설 것입니다. 두 극단은 무엇일까요? 쾌락에 빠지는 것과 고통에 빠지는 것입니다. 이는 강의 양쪽 둑과 같습니다. 그중 하나는 미움이고 다른 하나는 사랑입니다. 혹은 한쪽 강둑은 행복이고 다른 강둑은 불행이라 할 수도 있습니다. 통나무는 마음입니다. 통나무는 강 하류로 떠내려가면서 행복과 불행을 경험합니다. 마음이 행복이나 불행에 집착하지 않으면 열반의 바다에 도달할 것입니다. 일어나고 사라지는 행복과 불행 말고 다른 것은 없다는 사실을 알아야 합니다. 행복과 불행의 강둑 위를 달리고 있지 않다면 진정한 수행자의 길 위에 있습니다.

이것이 부처님의 가르침입니다. 행복과 불행, 사랑과 미움은 변치 않는 법칙에 따라 자연적으로 생긴 것입니다. 지혜로운 이는 이것들을 따르지 않고 여기에 집착하지 않습니다. 이런 마음은 쾌락과 고통에 대한 탐닉을 놓아버립니다. 이것이 바른 명상입니다. 통나무가 결국 바다에 이르듯, 이 두 극단에 집착하지 않는 마음은 반드시 평화에 이를 것입니다.

31장

진정한 집

|

* 죽음을 앞둔 나이 많은 여신도와 그 가족들, 그리고 간호사들에게 한 법문이다.

경건하게 법을 들을 준비를 하십시오. 부처님이 바로 여러분 앞에 앉아 계시는 것처럼 제 말을 경청하십시오. 눈을 감고 자신을 편안하게 하고, 마음을 고요히 하고 집중하십시오. 지혜의 삼보(三寶), 진리, 청정함이 자신의 마음속에 겸허히 머물도록 하며, 완전히 깨달은 이에게 존경을 표하십시오.

오늘 제가 여러분에게 드릴 것은 실체가 있는 물건이 아니라 부처님의 가르침인 법입니다. 엄청난 공덕을 쌓은 부처님도 육신의 죽음을 피할 수 없었다는 사실을 알아야 합니다. 부처님은 늙음에 이르렀을 때 몸을 건네주고 무거운 짐을 놓아버렸습니다. 이제 여러분 역시 자신의 몸에 오랜 세월 의지할 수 있었던 것에 만족할 줄 알아야 합니다. 이 정도면 충분하다고 생각해야 합니다.

오랫동안 사용한 컵, 받침, 접시 같은 가정용품들을 생각해 보십시오. 처음에는 깨끗하고 광이 났지만 오래 사용한 지금은 닳기 시작했을 것입니다. 일부는 이미 깨졌고, 일부는 없어졌고, 남은 것들은 낡았습니다. 이것들은 영원하지 않습니다. 이것이 그 본성입니다. 여러분의 몸도 마찬가지로 태어난 날부터 유년기와 청년기를 거쳐 노인이 될 때까지 끊임없이 변합니다. 이를 받아들여야 합니다. 부처님은 내적인 조건들이나 외적인 조건들이나 모두 자아가 아니며 변하는 속성을 갖고 있다고 하셨습니다. 이 진리에 대해 명확히 반조해야 합니다.

여기 누워 쇠약해지고 있는 고깃덩어리는 실재입니다. 이 몸에 관한 사실들은 실재입니다. 이는 부처님의 시간을 초월한 가르침입니다. 부처님은 이를 반조하고 그 본질을 받아들이라고 가르치셨습니다. 몸이 어떤 상태이든 몸과 함께 평화롭게 머물 수 있어야 합니다. 몸은 감옥에 갇혀 있지만 마음만은 갇히지 말라고 하셨습니다. 이제 나이가 들면서 몸이 쇠약해지기 시작합니다. 저항하지 마십시오. 그렇지만 몸과 함께 마음도 쇠약해져서는 안 됩니다. 마음을 몸에서 분리시키십시오. 진리를 있는 그대로 깨달아 마음에 에너지를 주십시오. 부처님은 몸의 본질을 가르치셨습니다. 몸은 태어나고 병들고 죽습니다. 이 흐름에서 벗어날 수는 없습니다. 이는 여러분이 지금 목격하고 있는 위대한 진리입니다. 지혜로 몸을 보고 깨달으십시오.

집이 물에 잠기거나 완전히 타버리더라도 이런 위협이 집에만 미치도록 하십시오. 물에 잠겨도 자신의 마음이 물에 잠기게 하지 마십시오. 불이 나도 이 불이 자신의 마음을 태우게 하지 마십시오. 바깥에 있는 집만 물에 잠기고 불에 타도록 하십시오. 이제 마음에서 집착을 놓아버릴 때입니다.

여러분은 오래 살았습니다. 눈으로는 수많은 형상과 색깔을 보았고, 귀로는 수많은 소리를 들었습니다. 수많은 경험을 했지만 모두 경험일 뿐입니다. 맛있는 음식들도 먹었습니다. 맛있는 것은 그저 맛있는 것에 불과합니다. 맛없는 것은 맛없는 것일 뿐입니다. 눈으로 아름다운 형상을 본다면 그것은 아름다운 형상일 뿐입니다. 추한 형상은 그저 추한 형상일 뿐입니다. 귀로 매혹적이고 아름다운 선율을 듣는다면 그저 그런 것일 뿐입니다. 삐걱거리는 소리와 시끄러운 소리도 그저 그런 것일 뿐입니다.

부자든 가난하든, 젊든 늙었든, 인간이든 동물이든 세상 어떤 존재도 한 상태로 자신을 오래 지속할 수 없다고 부처님

반조, 마음을 비추다 2

이 말씀하셨습니다. 모든 것은 변화와 상실을 경험합니다. 이는 바꿀 수 없는 삶의 진실입니다. 우리가 할 수 있는 것은, 몸과 마음을 반조해서 "이 둘 중 어느 것도 '내'가 아니고 '나의 것'이 아니다"라는 사실을 보는 것이라고 부처님이 말씀하셨습니다. 몸과 마음은 일시적인 실재입니다. 명목상으로만 여러분의 것인 집처럼 말입니다. 여러분은 자신이 가는 곳으로 집을 가져갈 수 없습니다. 부와 소유물과 가족도 마찬가지로 명목상으로만 여러분의 것입니다. 이것들은 여러분에게 속한 것이 아니라 자연에 속한 것입니다.

이 같은 진리는 모두에게 적용됩니다. 모든 사람들이 한 배에 타고 있습니다. 부처님과 그의 깨달은 제자들까지도 말입니다. 있는 그대로를 받아들인다는 단 한 가지 측면에서 그들은 우리와 다릅니다. 그들은 다른 방식이 있을 수 없다는 것을 알았습니다.

그래서 부처님은 발바닥부터 정수리까지, 그리고 다시 정수리에서 발바닥까지 몸을 살펴보라고 하셨습니다. 그냥 이 몸을 지켜보십시오. 어떤 것이 보이나요? 본질적으로 깨끗한 것이 있나요? 내재하는 실체가 있나요? 모든 몸은 점점 쇠퇴합니다. 부처님은 몸이 우리에게 속하지 않는다고 가르치셨습니다. 모든 조건 지어진 현상들은 변하므로 몸이 이렇게 쇠퇴하는 것은 자연스러운 일입니다. 달리 어떤 방법이 있겠습니까? 사실 몸에는 아무런 문제가 없습니다. 몸이 아니라 잘못된 생각이 고통을 일으킵니다. 모든 것을 잘못된 방식으로 바라보면 혼란이 일어납니다.

이는 강과 같습니다. 물은 원래 아래로 흐릅니다. 이것이 물의 속성입니다. 어떤 사람이 강둑에 서서 물이 위로 흐르길 바란다면, 그는 어리석은 사람입니다. 어디를 가도 어리석은 생각 때문에 마음이 평화롭지 못합니다. 그들은 잘못된 생각 때문에 고통받습니다. 그들의 생각이 흐름을 거스르기 때문입니다. 바른 견해를 갖고 있다면, 물은 필연적으로 아래로 흐를 수밖에 없다는 것을 압니다. 이 사실을 깨닫지 못하면 당황하고 좌절할 것입니다.

경사진 곳을 흘러내려가는 강물은 우리 몸과 같습니다. 한때 젊었으나 나이가 들고 죽음을 향해 굽이쳐 흐릅니다. 이는 어떻게 할 수 없습니다. 그러니 다르게 되기를 바라지 마십시오. 부처님은 대상들을 있는 그대로 보고 그것들에 대한 집착을 놓아버리라고 하셨습니다. 이 놓아버림을 자신의 귀의처로 삼으십시오. 피곤하고 지치더라도 꾸준히 명상하십시오. 마음을 호흡과 함께하십시오. 호흡을 몇 번 깊이 들이쉬고서 '붓도'라는 염불을 이용해 호흡에 주의력을 확립하십시오. 이렇게 지속적으로 명상하십시오. 지칠수록 더 섬세하고 강한 집중력이 필요합니다. 그래야 고통스런 느낌이 일어

반조, 마음을 비추다 2

나면 대처할 수 있습니다. 피로를 느끼기 시작하면, 모든 생각을 멈추고 마음을 하나로 모아 호흡을 알아차리십시오. 마음속으로 계속 '붓도, 붓도'를 반복하십시오.

외적인 것들은 모두 놓아버리십시오. 아이들이나 친척들에 대한 생각에 사로잡히지 마십시오. 어떤 생각에도 사로잡히지 마십시오. 놓아버리십시오. 마음을 하나로 모으고, 그 고요한 마음이 호흡과 함께하도록 하십시오. 오로지 호흡만 알아차리십시오. 마음이 점점 미세해져서 느낌들이 대수롭지 않아지고, 내면의 명확함과 깨어 있음이 강해지도록 몰입하십시오. 그러면 고통스런 느낌들이 일어나도 점차 저절로 사라질 것입니다.

여러분을 방문하는 친척들을 보듯이 들숨과 날숨을 바라보십시오. 친척들이 떠날 때면 여러분은 그들을 배웅하기 위해 따라갑니다. 여러분은 그들이 차를 타고 시야에서 사라질 때까지 바라본 뒤 다시 집안으로 돌아갑니다. 이와 똑같이 호흡을 바라봅니다. 호흡이 거칠면 거칠다고 알고, 호흡이 미세하면 미세하다고 압니다. 호흡이 점점 섬세해져도 호흡을 따라갑니다. 그러면 마음이 깨어납니다. 결국은 호흡이 모두 사라지고 알아차림만이 남습니다. 이것이 부처님을 만나는 것입니다. 우리는 명확한 깨어 있음을 지닙니다. 이것이 '아는 자', '깨어난 자', '빛나는 자'인 부처입니다. 앎과 명확함으로 부처님을 만나고 부처님과 함께하는 것입니다. 돌아가신 분은 역사적 부처님일 뿐입니다. 여전히 명확하게 빛나는 앎인 진정한 부처님은 오늘날에도 경험할 수 있고 성취할 수 있습니다. 그리고 부처를 성취하면 마음이 하나가 됩니다.

그러니 앎을 제외하고는 모든 것을 놓아버리고 내려놓으십시오. 명상을 하다 마음에 형상이나 소리가 나타나도 속지 말고, 그것들을 모두 내려놓으십시오. 어떤 것도 잡지 말고, 그저 하나가 된 깨어 있음과 머무르십시오. 과거나 미래에 대해 걱정하지 마십시오. 그냥 가만히 있으면 나아감도 없고 물러남도 없고 멈춤도 없는 곳에 이를 것입니다. 여기에는 집착하고 잡을 것이 하나도 없습니다. 왜 그럴까요? '자아'가 없고, '내'가 없고, '나의 것'이 없기 때문입니다. 부처님은 어떤 것도 지니지 말고, 이렇게 모든 것을 비우라고 가르치셨습니다. 알고는 놓아버리십시오.

태어남과 죽음의 순환에서 벗어나 법을 깨닫는 길은 모두 홀로 가야 합니다. 그러니 놓아버리고 가르침을 이해하도록 계속 노력하십시오. 명상에 노력을 기울이십시오. 가족에 대해서는 걱정하지 마십시오. 지금은 건강하지만 그들도 미래에는 여러분과 같이 될 것입니다. 이런 운명을 벗어날 수 있는 사람은 세상에 아무도 없습니다. 부처님은 내재하는 실체가 없는 것들을 내려놓으라고 가르치셨습니다. 모든 것을 내려놓으면 진리를 볼 것입니다. 그러지 못하면 진리를 볼 수 없습니다. 세상 모든 사람도 마찬가지입니다. 그러니 어떤 것도 붙잡지 마십시오.

지혜롭게 생각한다면 생각을 해도 괜찮습니다. 어리석게 생각하지는 마십시오. 아이들에 대해 생각할 때도 어리석음이 아닌 지혜로써 생각하십시오. 마음이 어디를 향하든, 지혜로 생각하고 그 본질을 알아차리십시오. 어떤 것을 지혜로 알면 그것을 놓아버리기에 고통이 생기지 않습니다. 마음은 밝고 즐겁고 평화로우며, 산만함에서 벗어나 몰입됩니다. 지금 여러분이 도움을 받을 곳은 호흡뿐입니다.

이는 자신이 해야 하는 일입니다. 남들은 그들의 일을 하도록 내버려두십시오. 여러분은 자신의 일과 의무가 있습니다. 가족의 의무를 짊어질 필요는 없습니다. 다른 어떤 것도 취하지 말고 모두 놓아버리십시오. 놓아버리면 마음이 고요해질 것입니다. 오로지 마음에 몰입하고 평화롭게 하면 됩니다. 다른 모든 것들은 다른 사람들에게 맡겨두십시오. 형상, 소리, 냄새, 맛 등은 이것들을 돌보는 사람들에게 맡기십시오. 모든 것을 놓아버리고 자신이 해야 할 바를 하십시오. 마음속에 고통에 대한 두려움이나 죽음에 대한 두려움 혹은 다른 사람들에 대한 걱정 등 무엇이 일어나든 이렇게 말하십시오. '나를 귀찮게 하지 마. 나와는 더이상 관계없는 일이야.'

이렇게 스스로에게 계속 말하면 법이 일어날 것입니다.

법이란 무엇을 말하는 것일까요? 모든 것이 법입니다. 법이 아닌 것은 없습니다. 그러면 속세란 무엇일까요? 속세는 현재 이 순간에 여러분을 동요하게 하는 마음 상태입니다. '다른 사람들은 뭘 하며 지낼까? 내가 죽으면 누가 그들을 돌볼까? 그들이 어떻게 생활을 꾸려나갈까?' 이 모두가 그저 '속세'일 뿐입니다. 죽음과 고통에 대한 두려움 같은 생각만 일어나는 것이 속세입니다. 속세를 버리십시오! 속세는 원래 그런 것입니다. 속세가 의식을 지배하도록 허락하면, 마음이 흐릿해져 자기 마음을 볼 수 없습니다. 그러니 마음에 무엇이 나타나건 이렇게 말하십시오. '이건 나와는 관계없는 일이야. 이것은 무상하고 불만족스러우며 자아가 없어.'

오래 살고 싶다는 생각이 들면 괴롭습니다. 지금 바로 죽고 싶다는 생각 역시 바르지 않습니다. 이것은 고통스럽습니다. 조건들은 우리에게 속하지 않고 자체의 자연적 법칙을 따릅니다. 여러분이 몸에 대해 할 수 있는 일은 전혀 없습니다. 젊은 여성들이 립스틱을 바르고 손톱을 기르는 것처럼 몸을 치장해서 잠시 보기 좋게 만들 수는 있겠지만, 늙음이 닥치면 우리 모두는 한 배에 타게 됩니다. 몸이란 원래 그런 것이기에 다른 방법이 있을 수 없습니다. 하지만 마음을 계발하고 아름답게 만들 수는 있습니다.

반조, 마음을 비추다 2

누구나 나무와 벽돌로 집을 지을 수 있습니다. 하지만 이런 집은 명목상으로만 우리 것이지 우리의 진정한 집이 아닙니다. 속세의 집은 속세의 길을 따릅니다. 진정한 집은 내면의 평화입니다. 외적인 물질인 집도 아름다울 수 있지만 그리 평화롭지는 않습니다. 이런 집에는 이런저런 걱정이 있기에 우리의 진정한 집이 아닙니다. 이런 집은 조만간 버려야 합니다. 이 집은 우리 것이 아니어서 계속 살 수 없습니다. 이 집은 세상의 것입니다. 우리 몸도 마찬가지입니다. 우리는 자신의 몸을 '자아', '나', '나의 것'이라고 여기지만, 사실은 전혀 그렇지 않습니다. 몸은 세상의 또다른 집입니다. 여러분의 몸은 태어나서부터 자연의 과정을 거쳐 지금은 늙고 병들었습니다. 이런 늙음과 병듦을 막을 수는 없습니다. 이와 다르기를 바라는 것은 오리가 닭이 되기를 바라는 것만큼이나 어리석은 생각입니다. 오리는 오리여야 하고 닭은 닭이어야 하듯이 몸은 늙고 죽어야 합니다. 이것이 불가능함을 알면 용기와 힘을 얻게 됩니다. 몸이 아무리 오래 지속되기를 바라더라도 그렇게 될 수 없습니다.

부처님은 이렇게 말씀하셨습니다.

"모든 조건 지어진 것들(상카라)은 무상하니
일어나고 사라질 뿐이다.

태어났으면 반드시 사라져야 한다.

조건들을 가라앉히는 것이 진정한 행복이다."

'상카라'는 이 몸과 마음을 의미합니다. 상카라는 무상하고 불안정합니다. 몸과 마음은 생겼다 사라지고 사라졌다 생깁니다. 하지만 모든 사람은 어리석어서 몸과 마음이 영원하길 바랍니다. 호흡을 지켜보십시오. 호흡은 들어왔다 나갑니다. 이것이 호흡의 본질입니다. 들숨과 날숨이 교대하며 변화합니다. 변화에 의한 조건들이 존재합니다. 이것을 막을 수는 없습니다. 숨을 들이쉬지 않고 내쉴 수 있습니까? 그렇게 하면 기분이 좋을까요? 또는 숨을 들이쉬기만 할 수 있을까요? 우리는 어떤 것이 영원하길 바라지만 그것은 불가능합니다. 숨이 들어왔으면 나가야 합니다. 숨이 나갔으면 다시 안으로 들어와야 합니다. 이것이 자연스럽습니다, 그렇죠? 일단 태어나면 늙고 병듭니다. 이는 지극히 자연스럽고 정상적인 일입니다. 이런 식으로 들숨과 날숨이라는 조건들이 교대하며 해야 할 일을 했기에 인류가 오늘날에도 여전히 존재하는 것입니다.

우리는 태어나자마자 죽습니다. 삶과 죽음은 하나입니다. 이것은 나무와 같습니다. 뿌리가 있으면 가지가 있습니다. 가지가 있으면 뿌리가 있어야 합니다. 하나 없이 다른 하나가 존재할 수는 없습니다. 죽은 사람을 대하면 슬픔과 비탄에 빠지고, 생명의 탄생을 대하면 행복하고 즐거워하는 모습이 좀 이상하게 보입니다. 이는 어리석어서 명확하게 보지 못하기 때문입니다. 정말 울고 싶다면 누군가가 태어났을 때 울어야 합니다. 탄생이 죽음이고, 죽음이 탄생입니다. 가지가 뿌리이고, 뿌리가 가지입니다. 울어야 한다면 뿌리를 향해, 태어남을 향해 우십시오. 태어남이 없으면 죽음도 없습니다. 이해할 수 있습니까?

너무 걱정하지 말고 이렇게 생각하십시오. '원래 그런 거야.' 이것이 여러분이 해야 할 일이고 의무입니다. 지금은 아무도 여러분을 도울 수 없습니다. 가족도 소유물도 여러분을 위해 아무것도 해줄 수 없습니다. 오로지 명확한 깨어 있음만이 지금 여러분을 도울 수 있습니다.

그러니 동요하지 말고 놓아버리십시오. 모든 것을 던져버리십시오.

설사 놓아버리지 않더라도 모든 것이 어쨌든 여러분을 떠나기 시작합니다. 몸의 모든 다양한 부분들이 여러분을 떠나려는 것이 보입니까? 머리카락을 예로 들어보겠습니다. 어렸을 때는 머리카락이 검고 굵었습니다. 이제 머리카락이 빠지고 있습니다. 머리카락이 떠나고 있는 것입니다. 눈도 건강하고 시력이 좋았지만 이제는 침침해져 잘 보이지 않습니다. 여러분의 신체 기관들은 떠나갑니다. 이곳이 그들의 집이 아니기 때문입니다. 아이였을 때는 이가 단단하고 튼튼했지만, 이제는 이가 흔들거리거나 틀니를 하고 있습니다. 눈, 귀, 코, 혀 등 모든 것들이 떠나려 합니다. 이곳이 그들의 집이 아니기 때문입니다. 여러분은 조건들 속에서 영원한 집을 만들 수 없습니다. 잠시 머물다 떠나야 합니다. 이것은 세 든 사람이 자신의 아주 작은 집을 침침해진 눈으로 지켜보고 있는 것과 같습니다. 그는 이도 좋지 않고 눈도 좋지 않고 몸도 건강하지 않습니다. 모든 것들이 떠나가고 있습니다.

그러므로 아무것도 걱정할 필요가 없습니다. 이것은 진정한 집이 아니라 임시 거처이기 때문입니다. 세상에 태어난 이상 그 본질에 대해 사유해야 합니다. 모든 것이 사라질 준비를 하고 있습니다. 자신의 몸을 보십시오. 원래 그대로 남아 있는 것이 하나라도 있나요? 피부가 예전 그대로인가요? 머리카락은요? 예전과 같지 않습니다. 모든 것들이 어디로 갔나요? 이것이 원래 그대로의 본질입니다. 시간이 되면 조건들은 갈 길을 갑니다. 이 세상에서 의지할 수 있는 것은 아무것도 없습니다. 세상에서는 혼란과 여러 가지 문제들, 기쁨과 고통이 끊임없이 반복됩니다. 세상에는 평화가 없습니다.

진정한 집이 없는 이는, 여기저기 다니다 잠시 머물고 다시 길을 떠나는 정처 없는 나그네와 같습니다. 자기 마을을 떠난 사람처럼, 진정한 집으로 돌아오지 않으면 마음이 편안하지 않습니다. 집에 돌아와야 제대로 평화롭게 쉴 수 있습니다.

세상 어디서도 진정한 평화를 찾을 수 없습니다. 가난한 자도 평화롭지 않고 부자도 평화롭지 않습니다. 어른도 평화롭지 않고 아이도 평화롭지 않습니다. 못 배운 사람도 평화롭지 않고 많이 배운 사람도 평화롭지 않습니다. 어디에도 평화는 없습니다. 이것이 세상의 본질입니다. 소유물이 적은 사람도 고통받고 소유물이 많은 사람도 고통받습니다. 아이, 어른, 노인, 모든 사람이 고통받습니다. 나이듦의 고통, 젊음의 고통, 부유함의 고통, 가난함의 고통. 모두 오직 고통밖에 없습니다.

이렇게 사유하면 무상과 고통을 볼 것입니다. 왜 모든 것이 무상하고 고통스러울까요? 무아이기 때문입니다.

병들고 아파 누워 있는 몸과 그 병과 고통을 알아차리는 마음 모두를 법이라고 합니다. 생각, 느낌, 인식 같은 무형의 것을 '정신적 법'이라고 합니다. 통증으로 고통받고 있는 것을 '물질적 법'이라고 합니다. 물질도 법이고 물질이 아닌 것도 법입니다. 그래서 우리는 법과 함께 살고, 법 속에서 살며, 우리가 법입니다. 사실 여기서는 자아를 찾을 수 없습니다. 오직 법이 연속적으로 일어나고 사라질 뿐입니다. 모든 순간에 우리는 탄생과 죽음을 경험합니다. 이것이 본래 이치입니다.

부처님의 진실한 가르침을 생각하면 부처님에 대한 존경심과 경외심이 솟아납니다. 실제로 법 수행을 하지 않았더라도 어떤 것들의 진리를 보면 부처님의 가르침을 봅니다. 하지만 가르침에 대한 지식을 가지고 공부와 명상을 했더라도 아직 진리를 보지 못했다면, 우리는 여전히 집 없는 떠돌이입니다.

이 점을 알아야 합니다. 모든 사람들과 존재들은 떠날 준비를 하고 있습니다. 존재들이 적당한 기간 동안 살고 나면 그들의 길을 가야 합니다. 부자, 빈자, 젊은이, 노인 모두가 이런 변화를 경험합니다.

세상의 본질을 이해하면 세상이 지긋지긋한 곳이라고 느끼게 될 것입니다. 진짜 실체가 있는 건 아무것도 없다는 것을 알게 되면 지긋지긋해지고 염오심을 느낍니다. 염오심을 느낀다는 것은 싫어한다는 의미가 아닙니다. 마음은 명확합니다. 마음은 이런 일들을 조금도 바꿀 수 없음을 압니다. 세상은 원래 이런 것입니다. 이렇게 알면 집착을 놓아버릴 수 있습니다. 행복하지도 슬프지도 않은 마음으로 놓아버릴 수 있습니다. 그리고 지혜로 변화하는 본질을 알아서 조건들에 대해 평화로운 마음으로 놓아버릴 수 있습니다. 모든 조건들은 무상합니다.

무상이 곧 부처입니다. 무상한 조건을 진정으로 볼 때, 그것이 영원함을 봅니다. 변한다는 사실만이 변하지 않습니다. 이것이 살아 있는 존재의 영원성입니다. 아이가 노인이 될 때까지 살아 있는 존재들은 끊임없이 변합니다. 이런 변하는 성향, 즉 무상은 불변합니다. 이렇게 보면 마음이 편안해질 것입니다. 이렇게 대상들을 보면, 그것들이 지긋지긋하게 느껴지고 염오심이 생깁니다. 더이상 감각적 쾌락의 세계에서 기뻐하지 않습니다. 많이 가지고 있다면 많이 남겨두고 떠나야 함을 압니다. 적게 가지고 있다면 적게 남겨두고 떠날 것입니다. 부는 그저 부일뿐이고, 오래 사는 것은 그저 오래 사는 것일 뿐입니다. 특별한 것이 아닙니다.

중요한 것은, 부처님께서 가르치신 대로 실천하고 제가 설명한 대로 자신의 집을 짓는 것입니다. 자신의 집을 지으십시오. 마음이 나아감도 없고 물러남도 없고 멈춤도 없는 평화에 이를 때까지 놓아버리십시오. 쾌락은 여러분의 집이 아니고 고통도 여러분의 집이 아닙니다. 쾌락과 고통 모두 쇠퇴하고 사라집니다.

부처님은 모든 조건들이 무상함을 보시고, 그것들에 집착하지 말라고 가르치셨습니다. 삶의 끝에 이르면 어쨌든 선택의 여지가 없습니다. 그러니 죽기 전에 내려놓는 것이 좋지 않습니까? 이것들은 무거운 짐일 뿐입니다. 왜 지금 짐을 내려놓지 않습니까? 놓아버리고 긴장을 풀고, 가족이 여러분을 돌보도록 하십시오.

병자를 간호하는 사람은 선행과 덕을 쌓습니다. 다른 사람에게 그런 기회를 주는 환자는 그들을 힘들게 하지 말아야 합니다. 고통이나 어떤 문제들이 일어나면 사람들이 알게 하고 선한 마음 상태를 유지하십시오. 부모를 돌보는 이는 자신의 마음을 따뜻함과 친절로 채워야 하고, 싫은 마음에 사로잡혀서는 안 됩니다. 이때 여러분은 다른 사람에게 빚을 갚을 수 있습니다. 태어나서 유년기를 거쳐 자랄 때까지 여러분은 부모님에게 의지했습니다. 부모님께서 많은 도움을 주었기에 지금의 여러분이 있는 것입니다. 여러분은 부모님에게 헤아릴 수 없는 은혜를 빚지고 있습니다.

오늘 여기에 모인 모든 자녀들과 친척들은 여러분의 어머니가 여러분의 아이가 된 모습을 보고 있습니다. 어머니는 나이가 들어서 다시 아이가 되었습니다. 기억은 사라졌고 눈은 잘 보이지 않고 귀도 잘 들리지 않습니다. 때로는 단어를 혼동합니다. 이런 것들을 걱정하지 마십시오. 병자를 돌보는 이 역시 놓아버리는 방법을 알아야 합니다. 집착하지 말고, 그녀가 자신의 길을 가도록 허락하십시오. 어린아이가 말을 듣지 않으면 때때로 부모는 평화롭고 행복하게 지내기 위해 아이를 그냥 내버려둡니다. 이제 여러분의 어머니가 그 아이와 같습니다. 그녀의 기억과 인식은 혼란스럽습니다. 때로는 여러분의 이름을 헷갈리기도 하고, 접시를 원하면서 컵을 가져오라고 하기도 합니다. 이는 정상이니 걱정하지 마십시오.

환자를 간호한 이들을 환자가 기억하게 하고, 환자가 인내심 있게 고통을 견디게끔 해주십시오. 마음으로 노력하십시오. 마음을 산만하거나 혼란스럽게 만들지 말고, 여러분을 돌보는 이들을 힘들게 하지 마십시오. 간호하는 사람들의 마음이 덕과 친절함으로 가득차게 하십시오. 고름이나 대소변을 치우는 지저분한 일을 싫어하지 말고 최선을 다하십시오. 가족 모두가 도와야 합니다.

그녀는 여러분의 유일한 어머니입니다. 그녀가 여러분에게 생명을 주었고, 그녀가 여러분의 선생님이었고 의사였으며 간호사였습니다. 그녀는 여러분의 모든 것이었습니다. 여러분을 키우고, 재산을 나누어주고, 여러분에게 상속을 해준 것은 부모님의 큰 선행입니다. 그래서 부처님은 은혜를 알아야 하고 그 은혜를 갚아야 한다고 하셨습니다. 이 두 가지 법은 서로를 보완합니다. 부모가 어려운 상황에서 필요로 하면 우리는 최선을 다해 부모님을 도와야 합니다. 이런 은혜와 은혜를 갚는 덕이 세상을 지탱해줍니다. 이는 가족이 깨지는 것을 막고, 안정적이고 조화로운 가족을 이루게 해줍니다.

오늘 저는 환자를 위해 법의 선물을 가지고 왔습니다. 물질적으로는 아무것도 줄 것이 없습니다. 물질적인 것은 이 집에 이미 많이 있는 것 같습니다. 그래서 저는 여러분에게 영원히 가치 있고 결코 사라지지 않는 법을 선물했습니다. 받은 법을 많은 사람들에게 나누어주더라도 법은 결코 줄어들지 않습니다. 이것이 진리의 속성입니다. 이런 법의 선물을 주게 되어 기쁩니다. 이 선물이 고통을 이겨나가는 데 힘이 되길 바랍니다.

반조, 마음을 비추다 2

저는 여러 해 동안 스승 노릇을 하며 많은 어려움을 겪어왔습니다. 현재 파퐁 사원의 분원은 모두 40여 곳이 넘는데, 요즘에도 가르치기 어려운 제자들이 있습니다. 어떤 제자들은 명상하는 방법을 알지만 게을러서 명상을 하지 않습니다. 그리고 어떤 제자들은 명상하는 방법을 모르면서 알려고 하지도 않습니다. 이런 제자들을 어떻게 해야 할지 모르겠습니다. 왜 그런 마음을 갖게 될까요? 무지한 것도 문제지만, 제가 얘기해도 그들은 귀를 기울이지 않습니다. 제가 더이상 뭘 할 수 있을지 모르겠습니다. 사람들은 자신의 명상에 의심이 너무 많습니다. 그들은 언제나 의심합니다. 그들은 모두 열반에 이르고 싶어하지만, 열반에 이르는 길을 걷고 싶어하지 않습니다. 이해할 수가 없습니다. 명상하라고 하면 두려워하고,

두려워하지 않으면 그냥 졸고 있습니다. 대개는 제가 가르치지 않은 것을 하고 싶어합니다. 다른 스승들과 얘기해보면, 그들의 제자들도 마찬가지라고 합니다. 이것이 가르치는 자의 고뇌입니다.

오늘 저는 현재의 삶, 현재 순간에서 문제를 해결하는 길에 대해 이야기하려 합니다. 어떤 사람들은 할 일이 너무 많아서 명상할 시간이 없다고 합니다. "어떡해야 하죠?" 그들은 묻습니다. 저는 명상이 숨쉬는 것과 같다고 말합니다. 일하면서도 숨쉬고, 잠자면서도 숨쉬고, 앉아서도 숨쉽니다. 호흡의 중요성을 알기에 호흡할 시간이 있습니다. 마찬가지로 명상의 중요성을 알면 명상할 시간을 찾을 수 있습니다.

고통스러웠던 적이 있나요? 행복했던 적은 있나요? 바로 여기가 진리이며, 이곳에서 명상해야 합니다. 누가 행복한가요? 마음이 행복합니다. 누가 괴로워하나요? 마음이 괴로워합니다. 이것들은 일어나는 곳에서 사라집니다. 그 원인이 무엇일까요? 이것이 우리의 문제입니다. 고통, 고통의 원인, 고통의 소멸, 고통의 소멸에 이르는 길을 알면 문제를 해결할 수 있습니다.

고통에는 일상적 고통과 이상한 고통이 있습니다. 일상적 고통은 조건들에 내재한 속성인 고통입니다. 서는 것도 고통이고, 앉는 것도 고통이고, 눕는 것도 고통입니다. 부처님조차도 이런 고통들을 경험했습니다. 부처님은 안락과 고통을 경험했지만, 이것들이 자연 속에 있는 조건들임을 알았습니다. 부처님은 그 진정한 본질을 이해하여 안락하고 괴로운, 이런 일상적이고 자연적인 느낌들을 극복했습니다. 그는 이런 자연적 고통을 이해했기에 이런 느낌들에 동요하지 않았습니다.

두번째 고통이 더 중요합니다. 이 '이상한 고통'은 밖에서 슬며시 들어옵니다. 몸이 아프면 의사에게 주사를 맞습니다. 주삿바늘이 피부에 꽂히면 고통이 일어납니다. 이는 자연스러운 일입니다. 주삿바늘을 빼면 고통이 사라집니다. 이것이 일상적 고통입니다. 이상한 고통은 어떤 것에 대한 집착에서 생기는 고통입니다. 독이 든 주사를 맞는 것과 같습니다. 이것은 더이상 일상적 고통이 아닙니다. 죽음에 이르는 고통입니다.

모든 조건 지어진 것들의 무상한 속성을 알지 못하는 잘못된 견해는 또다른 문제입니다. 조건 지어진 것들은 윤회의 세계에 있습니다. 변하지 않기를 바라면 고통받을 것입니다. 몸이 자신이라고 생각하거나 자신의 것이라고 생각하면 몸의 변화가 두렵습니다. 어떤 것을 잃어버렸다고 상상해보십시오. 그 물건이 정말 자신의 것이라고 생각하면 고민이 됩니다. 그 물건을 자연의 법칙을 따르는, 조건 지어진 것으로 보지 못하면 고통스러울 것입니다. 하지만 숨을 들이쉬고서 내쉬지 않거나, 숨을 내쉬고서 들이쉬지 않고 살 수 있습니까? 조건 지어진 것들은 이처럼 자연적으로 변합니다. 이것을 보는 것이 법을 보는 것이며, 무상 즉 변화를 보는 것입니다. 우리는 이런 변화에 의지해 살아갑니다. 대상을 있는 그대로 알면 그것을 놓아버릴 수 있습니다.

명상은 고통이 일어나지 않도록 있는 그대로를 이해하는 것입니다. 잘못 생각하면, 세상과 반목하고 법과 진리와 반목합니다. 몸이 아파서 병원에 가야 한다고 생각해보십시오. 사람들은 대부분 이렇게 생각합니다. '나를 죽게 내버려두지 마세요. 저는 낫고 싶어요.' 이런 잘못된 생각은 고통으로 이끕니다. 여러분은 이렇게 생각해야 합니다. '몸이 나으면 낫는 거지. 죽으면 죽는 거고.' 이것이 바른 생각입니다. 본질적으로 여러분이 조건들을 통제할 수 없기 때문입니다. 이렇게 생각하면 몸이 회복되든 죽든 걱정할 필요가 없습니다. 반드시 몸이 낫기를 바라고 죽음을 두려워하는 것은 마음이 조건들을 이해하지 못하기 때문입니다. 이렇게 생각해야 합니다. '몸이 회복되면 괜찮고, 몸이 회복되지 않아도 괜찮아.' 그러면 자신을 있는 그대로 돌려보낸 것입니다.

부처님은 이 모든 것들을 명확하게 보셨습니다. 부처님의 가르침은 언제나 적절해서 시대에 뒤떨어지지 않습니다. 그 가르침은 언제나 진실입니다. 그 가르침을 가슴에 품으면 평화와 행복의 결실을 얻을 수 있습니다.

'이것은 나 자신이 아니고, 이것은 내게 속하지 않는다'라는 무아에 대한 가르침이 있습니다. 하지만 사람들은 자아 관념에 집착해 이런 가르침을 좋아하지 않습니다. 이것이 고통의 원인입니다.

한 여성이 화를 다루는 방법에 대해 제게 질문한 적이 있습니다. 저는 그녀에게 다음번에 화가 나면 탁상시계를 바로 앞에 갖다 놓고 두 시간을 기다려보라고 말했습니다. 화가 정말 '그녀의 화'라면 화에게 이렇게 말할 수 있습니다. "두 시간이 됐으니, 사라져!" 하지만 화는 내 것이 아니어서 명령을 내릴 수 없습니다. 때로는 두 시간이 지나도 여전히 화가 남아 있습니다. 다른 때에는 한 시간도 지나지 않아 화가 사라집니다. 화를 개인적 소유물로 여기며 화에 집착하면 고통이 일어납니다. 화가 정말 우리에게 속한다면 우리에게 복종해야 합니다. 복종하지 않는다는 것은 속임수일 뿐이라는 의미입니다. 거기에 속지 마십시오. 마음이 행복하든 슬프든 사랑하든 미워하든, 거기에 속지 마십시오. 모두 속임수입니다.

화가 나면 기분이 좋은가요, 아니면 나쁜가요? 기분이 나쁘면 왜 그 감정을 던져버리지 않나요? 이런 감정에 집착하면서 지혜롭고 지성적인 사람이라고 말할 수 있을까요? 태어나서 지금까지 얼마나 많이 마음에 속아서 화를 냈습니까? 어떤 날은 마음이 온 가족과 싸우게 만들 수도 있고 혹은 밤새도록 울게 만들 수도 있습니다. 하지만 여전히 계속 화를 냅니다. 그리고 여전히 화에 집착해서 고통받습니다. 고통을 보지 못하면 계속해서 고통받아야 합니다. 화의 고통을 보고, 화를 그냥 버려버리십시오. 화를 버리지 못하면 화가 끊임없이 고통을 일으킬 것입니다. 윤회의 세계는 이렇습니다. 그 이치를 알면 문제를 해결할 수 있습니다.

'이것은 나 자신이 아니며 나의 것이 아니다'라고 보는 것보다 고통을 극복하는 데 더 좋은 방법은 없다고 부처님이 가르치셨습니다. 이것은 가장 훌륭한 방법입니다. 하지만 보통 여기에 주목하지 않습니다. 고통이 일어나면 배우려 하지 않고 그냥 울어버립니다. '아는 자'인 부처를 계발하려면 고통을 잘 관찰해야 합니다.

이제 저는 경전 밖에 있는 법을 전하려 합니다. 대부분 사람들은 경전을 읽지만 법을 보지 못합니다. 그들은 핵심을 놓치거나 이해하지 못합니다.

함께 길을 걷던 두 사람이 오리와 닭을 본다고 상상해보십시오. 그들 중 한 사람이 이렇게 말합니다. "왜 닭은 오리처럼 될 수 없지? 그리고 오리는 왜 닭이 될 수 없는 거지?" 이런 바람은 불가능한 것입니다. 오리가 닭이 되고 닭이 오리가 되기를 평생 동안 바랄 수는 있겠지만, 이런 일은 일어나지 않습니다. 닭은 닭이고 오리는 오리일 뿐이기 때문입니다. 이런 식으로 생각하는 한 고통받을 것입니다. 다른 사람은 닭을 닭으로 보고 오리를 오리로 보면서 그뿐이라고 생각합니다. 그러면 아무런 문제가 없습니다.

이와 같이 무상의 법칙은 모든 것이 영원하지 않다는 것입니다. 어떤 것이 영원하기를 바라면 고통받습니다. 모든 것이 원래 영원하지 않음을 보는 이는 갈등에서 벗어나 편안합니다. 어떤 것이 영원하길 바라는 이는 갈등하고 잠을 이루지 못할지도 모릅니다.

법을 알려면 어디를 봐야 할까요? 몸과 마음을 들여다봐야 합니다. 책장에서 법을 찾을 수는 없습니다. 진정으로 법을 보려면 자신의 몸속과 마음속을 들여다봐야 합니다. 이 두 곳뿐입니다. 육체적 눈으로는 마음을 볼 수 없습니다. 마음은 '마음의 눈'으로 보아야 합니다. 몸속에 있는 법은 몸속에서 보아야 합니다. 그러면 무엇으로 몸을 볼까요? 마음으로 몸을 봅니다. 다른 곳을 봐서는 법을 발견할 수 없습니다. 행복과 고통 모두 바로 여기서 일어나기 때문입니다. 나무나 강 혹은 날씨에서 일어나는 행복과 불행을 본 적이 있나요? 행복과 불행은 자신의 몸과 마음에서 일어나는 느낌입니다.

그래서 부처님은 바로 여기에서 법을 알라고 하셨습니다.

어떤 사람은 책에서 법을 찾으라고 말합니다. 하지만 정말 그렇게 생각한다면 결코 법을 찾을 수 없습니다. 책을 봤다면 그 가르침으로 내면을 비춰봐야 법을 이해할 수 있습니다. 법은 우리의 몸과 마음, 바로 여기에 존재하기 때문입니다.

그러면 마음에서 지혜가 일어날 것입니다. 그러면 어디를 봐도 법이 있습니다. 언제나 무상, 고통, 무아를 볼 것입니다. 하지만 이를 보지 못하면, 항상 모든 것을 자신의 자아로, 그리고 자신의 것으로 볼 것입니다. 이는 인습적 실재에 대한 진리를 보지 못한다는 의미입니다. 예를 들어, 여기 앉아 있는 모든 사람에게는 이름이 있습니다. 이름은 인습입니다. A, B, C, D 네 사람은 각각 이름이 있어서 편리하게 의사소통하고 함께 일할 수 있습니다. A씨에게 말하고 싶을 때 A씨를 부르면 다른 사람이 아닌 A씨가 옵니다. 이것이 인습의 편리함입니다. 하지만 본질을 깊이 들여다보면 여기에는 사실 어떤 사람도 없다는 사실을 볼 수 있습니다. 여러분은 초월의 세계를 볼 것입니다. 여기에는 오직 흙, 물, 바람, 불이라는 네 가지 요소만이 존재합니다. 이 네 가지가 우리 몸을 이루는 모든 것입니다.

하지만 자아에 대한 집착 때문에 이런 식으로 보지 못합니다. 명확하게 보면, 사람이라고 부를 만한 것이 실제로는 존재하지 않음을 볼 것입니다. 단단한 부분은 흙의 요소입니다.

액체로 된 부분은 물의 요소입니다. 몸속 에너지의 흐름과 공기와 기체로 된 부분은 바람의 요소입니다. 열을 공급하는 부분은 불의 요소입니다. 흙, 물, 바람, 불이 모두 모인 것을 인간이라 부릅니다. 사람을 분해해보면 이 네 가지 요소만이 존재합니다. 그러니 어디서 사람을 찾을 수 있겠습니까?

부처님은 "이것은 나 자신이 아니며 나의 것이 아니다"라고 보는 것보다 더 뛰어난 명상은 없다고 가르치셨습니다. '나'와 '나의 것'은 단지 인습일 뿐입니다. 이런 식으로 모든 것을 이해하면 평화로워집니다. 현재 순간 속에서 무상의 진리를 깨닫고, 어떤 것이 나의 자아가 아니며 나의 것이 아님을 알면, 이것이 허물어질 때 평화로울 수 있을 것입니다. 이것은 흙, 물, 바람, 불의 요소일 뿐입니다.

이렇게 보기는 힘들지만 우리 능력을 벗어난 것은 아닙니다. 이것을 보는 데 성공하면 만족을 얻습니다. 그리고 화와 욕심, 어리석음이 줄어듭니다. 마음속에는 언제나 법이 있습니다. 모든 사람들이 그저 흙, 물, 바람, 불이기에 질투나 원한이 사라집니다. 이 이상의 무엇은 없습니다. 이 사실을 받아들이면 부처님 가르침의 진리를 봅니다.

부처님 가르침의 진리를 볼 수 있다면 그리 많은 스승이 필요하지 않습니다. 매일 가르침을 들을 필요도 없습니다. 이해한다면 필요한 일만 하면 됩니다. 하지만 사람들은 가르침을 받아들이지 않고 가르침을 가지고 스승과 논쟁합니다. 그래서 그들을 가르치기가 정말 힘듭니다. 스승 앞에서는 올바르게 행동하지만 뒤에서는 도둑처럼 행동합니다!

주의를 기울이지 않으면 법을 보지 못합니다. 가르침을 받아들여 깊이 반조해야 합니다. 이 꽃이 아름답습니까? 이 꽃에서 추함이 보입니까? 꽃의 아름다움이 얼마나 갈까요? 나중에는 어떻게 보일까요? 왜 그렇게 변하죠? 사나흘이 지나 아름다움이 사라지면 꽃을 버리지 않나요? 사람들은 아름다움과 선에 집착합니다. 어떤 것이 좋으면 거기에 완전히 속아버립니다. 부처님은 아름다운 것에 대한 집착 없이 아름다운 것을 보라고 하셨습니다. 기쁜 느낌이 있어도 여기에 속지 않아야 합니다. 선은 확실한 것이 아니고, 아름다움도 확실한 것이 아닙니다. 확실한 것은 아무것도 없습니다. 이것이 진리입니다. 아름다움처럼 진리가 아닌 것은 변합니다. 아름다움이 지닌 유일한 진리는, 그것이 끊임없이 변한다는 것입니다. 어떤 것이 정말 아름답다고 믿으면, 그 아름다움이 사라질 때 우리 마음도 아름다움을 잃습니다. 어떤 것이 더이상 훌륭하지 않으면, 우리 마음도 그 훌륭함을 잃어버립니다. 이런 식으로 마음을 물질에 투사합니다. 이런 것이 파괴되거나 손실을 입으면 괴롭습니다. 이런 것들을 자신의 것으로 여겨 집착했기 때문입니다. 이런 것은 자연이 만든 것일 뿐이라고 부처님은 말씀하십니다. 아름다움은 나타났다 곧 사라집니다. 이를 보면 지혜가 생깁니다.

어떤 것이 아름답다는 생각이 들면, 그렇지 않다고 자신에게 말해야 합니다. 어떤 것이 추하다면, 그렇지 않다고 자신에게 말해야 합니다. 이런 식으로 보려고 노력하고, 이런 식으로 끊임없이 반조하십시오. 그러면 진실하지 않은 것에서 진리를 보고, 불확실한 것에서 확실함을 볼 것입니다.

저는 고통, 고통의 원인, 고통의 소멸, 고통의 소멸에 이르는 길을 이해하는 방법에 대해 설명했습니다. 고통을 알면 고통을 던져버려야 합니다. 고통의 원인을 알면 그것을 던져버려야 합니다. 고통의 소멸을 보기 위해 명상하십시오. 무상, 고통, 무아를 보면 고통이 사라질 것입니다.

명상을 하는 이유가 무엇일까요? 버리기 위해 명상합니다. 얻기 위해서가 아닙니다. 한 여성이 제게 고통스럽다고 말했습니다. 그녀에게 원하는 것이 뭐냐고 물었더니 깨달음을 얻고 싶다고 말했습니다. 저는 이렇게 대답했습니다. "깨달음을 얻고 싶어하는 한 그대는 결코 깨닫지 못할 것입니다. 아무것도 원하지 마십시오."

고통의 진리를 알면 고통을 던져버립니다. 고통의 원인을 알면, 그런 원인을 만들지 않고 고통을 소멸시키기 위해 명상합니다. '이것은 나 자신이 아니며, 내가 아니며, 나의 것이 아니다'라고 보는 것이 고통의 소멸에 이르는 명상입니다. 이렇게 보면 고통이 소멸합니다. 이것은 목적지에 도달해 멈추는 것과 같습니다. 이것은 소멸입니다. 이것은 열반에 가까워지는 것입니다. 다른 식으로 표현하자면, 나아가는 것은 고통이고 물러나는 것은 고통이며 멈추는 것은 고통입니다. 나아가지도 않고 물러나지도 않고 멈추지도 않으면 어떻게 될까요? 무엇이 남을까요? 몸과 마음이 여기서 소멸합니다. 이것이 고통의 소멸입니다. 이해하기 어렵죠? 하지만 이 가르침을 부지런히 지속적으로 공부하면, 대상을 초월하고 이해할 것입니다. 그리고 여기에 소멸이 있을 것입니다. 여기가 종착점이며 부처님의 궁극적 가르침입니다. 완전한 버림에서 부처님의 가르침은 끝납니다.

이 가르침이 옳은지 그른지 서둘러 판단하지 마십시오. 일단 먼저 경청하십시오. 제가 과일 하나를 주고 그것이 맛있다고 말하면, 제 말을 주의깊게 들어야 하지만 제 말을 무조건 믿어서는 안 됩니다. 여러분이 아직 과일을 맛보지 못했기 때문입니다. 과일이 달콤한지 신지 알려면 과일을 잘라서 맛을 봐야 합니다. 제가 준 가르침도 마찬가지입니다. 이 과일을 버리지 마십시오. 이 과일을 맛보고 스스로 그 맛을 아십시오.

부처님에게는 스승이 없었습니다. 한 수행자가 부처님의 스승이 누구냐고 묻자, 부처님은 스승이 없다고 대답했습니다. 그는 고개를 흔들며 떠나갔습니다. 부처님은 너무 정직했습니다. 그는 진실을 받아들일 수 없는 사람과 얘기하고 있었습니다. 그래서 저는 저를 믿지 말라고 합니다. 부처님은 무조건 남을 믿는 이는 어리석은 사람이라고 하셨습니다. 명확한 앎이 없기 때문입니다. 그래서 부처님은 "내게는 스승이 없다"라고 말씀하셨습니다. 이는 진실입니다. 그렇지만 이를 바르게 이해하여 스승을 경시하지 않아야 합니다. "내게는 스승이 없어"라고 함부로 얘기하지 마십시오. 무엇이 옳고 그른지 알려면 스승에게 의지해야 합니다. 그런 뒤 그에 따라 명상해야 합니다.

부처님 당시에는 부처님을 좋아하지 않는 제자들이 있었습니다. 부지런하고 방심하지 말라고 부처님께서 그들을 타일렀기 때문입니다. 게으른 이들은 부처님을 두려워하고 원망합니다. 부처님이 돌아가시자 한 무리의 제자들은 그들을 인도해줄 부처님이 더이상 계시지 않는다는 생각에 슬퍼하며 울음을 터뜨렸습니다. 다른 무리의 제자들은 그들을 간섭할 부처님이 더이상 계시지 않는다는 생각에 기쁘고 안심이 되었습니다. 세번째 무리의 제자들은 '일어난 것은 자연적 결과로 사라진다'라는 진리를 반조하며 평온하게 있었습니다.

여러분은 어디에 속하나요?

요즘도 그리 다르지 않습니다. 모든 스승들에게는 그들을 원망하는 제자들이 있습니다. 밖으로 드러내지는 않더라도 그런 마음을 품고 있습니다. 아직 번뇌가 있는 사람들이 이런 감정을 가지는 것은 당연합니다. 부처님에게도 그를 싫어하는 이들이 있었습니다. 제게는 저를 원망하는 제자들이 있습니다. 저는 선하지 않은 행동을 버리라고 하지만, 그들은 그런 행동들을 소중히 여기며 저를 싫어합니다. 이런 사람들이 많이 있습니다. 현명한 이는 굳은 마음으로 명상합니다.

33장

텅 빈 경전 스님

|

불교를 후원하는 데는 두 가지 방법이 있습니다. 첫째는 물질적 보시로 후원하는 것입니다. 음식, 의복, 거처, 약이라는 네 가지 필수품으로 돕는 것입니다. 승단에 이 같은 물질적 보시를 함으로써 스님들에게 명상을 할 수 있는 적절한 환경을 제공할 수 있습니다. 물질적 보시는 부처님의 가르침을 직접 깨닫는 데 도움을 주고, 불교가 계속 번영할 수 있게 해줍니다.

불교는 나무에 비유할 수 있습니다. 나무에는 뿌리, 몸통, 굵은 가지, 잔가지, 잎이 있습니다. 잎과 가지는 뿌리에 의지해 땅에서 양분을 흡수합니다. 마음은 양분을 흡수해 가지와 잎으로 보내는 뿌리와 같습니다. 우리가 하는 말은 이런 마음에 의지하고 있는 가지와 잎과 같습니다. 가지는 말과 행동이라는 열매를 맺습니다. 마음이 어떤 상태에 있든 마음은 행동과 말을 통해 그 속성을 밖으로 표현합니다.

그래서 가르침을 실제로 적용해 불교를 후원하는 것이 가장 중요한 보시입니다. 포살일 수계식에서 스승은 피해야 할 해로운 행동들을 설명합니다. 하지만 그 의미를 반조해보지 않고 수계식에 참여하면 발전하기 어렵습니다. 진정한 명상을 찾을 수 없습니다. 참된 절제와 삼매, 그리고 지혜를 기르는 명상을 통해 진정으로 보시할 수 있습니다. 그러면 불교가 무엇인지 알 것입니다. 명상을 통해 이해하지 못하면, 모든 경전을 다 배워도 깨닫지 못합니다.

부처님 당시에 뚜초 뽀띨라라는 스님이 있었습니다. 이 스님은 매우 학식이 깊어서 모든 경전의 내용에 통달해 있었습니다. 그는 매우 유명해서 모든 지역 사람에게 존경받았고, 열여덟 개의 사건을 맡고 있었습니다. 뚜초 뽀띨라라는 이름을 들으면 위엄에 눌려 누구도 그의 가르침에 감히 의문을 제기하지 못했습니다. 사람들은 그의 유려한 가르침을 존경했습니다.

어느 날 그는 부처님께 인사를 드리러 갔습니다. 부처님께 예를 표할 때 부처님이 말씀하셨습니다. "어서 오게! 텅 빈 경전 스님!" 이렇게 말입니다. 서로 잠시 대화를 나누고 시간이 되어 떠나려 하자 부처님이 말씀하셨습니다. "이제 떠나는가? 텅 빈 경전 스님!"

　부처님은 그가 도착하자마자, "어서 오게! 텅 빈 경전 스님!"이라고 말씀하셨고 그가 떠날 때가 되자 "이제 떠나는가? 텅 빈 경전 스님!"이라고 하셨습니다. 이는 부처님이 주신 가르침이었습니다. 그는 당혹스러웠습니다. '왜 부처님이 그런 말씀을 하시지? 무슨 의미일까?' 그는 배운 모든 것들을 떠올리며 생각하고 또 생각해 마침내 깨달았습니다. '그렇구나. 텅 빈 경전 스님은 나였어. 나는 공부만 하고 명상은 하지 않는 스님이었어.' 자신의 마음을 살펴보자 그는 자신이 세속 사람들과 사실 다르지 않음을 알았습니다. 사람들이 원하는 것을 그 역시 원했고, 사람들이 즐기는 것들을 그도 즐겼습니다. 그에게는 진정한 사문의 마음이 없었습니다. 그에게는 고귀한 길과 진정한 평화에 이르게 하는 심오한 자질들이 없었습니다.

　그래서 그는 명상하기로 결심했습니다. 하지만 갈 곳이 없었습니다. 주위의 모든 스승들은 그의 제자들이었습니다. 그래서 아무도 선뜻 그를 가르치려 하지 않았습니다. 일반적으로 사람들은 스승을 대하면 그를 공경하고 두려워해서 그의 스승이 되려 하지 않습니다.

　마침내 그는 깨달음을 얻은 어떤 어린 사미승에게 가서 명상을 지도받고 싶다고 말했습니다. 사미승이 말했습니다.

"네, 물론 저와 함께 명상할 수 있지요. 하지만 진심이어야 합니다. 진심이 아니면 저는 스님을 받아들일 수 없습니다." 그는 사미승의 제자가 되기로 맹세했습니다.

그런 후 사미승은 그에게 모든 승복을 걸치라고 말했습니다. 마침 진흙 구덩이가 가까이에 있었습니다. 뚜초 뽀띨라 스님이 값비싼 승복들을 정성스럽게 걸치자 사미승이 말했습니다. "이제 저 진흙 구덩이로 뛰어드세요. 제가 멈추라고 할 때까지 멈추지 마세요. 제가 나오라고 할 때까지 나오지 마세요. 자, 이제 뛰세요."

단정하게 승복을 입은 뚜초 뽀띨라는 진흙 구덩이로 뛰어들었습니다. 그가 진흙투성이가 되고 나서야 사미승이 멈추라고 말했습니다. 그는 멈췄습니다. "자, 이제 나오세요." 그러자 그가 구덩이에서 나왔습니다.

확실히 뚜초 뽀띨라는 자만심을 버렸습니다. 그는 가르침을 받아들일 준비가 되어 있었습니다. 그가 배울 준비가 안 돼 있었다면, 그토록 유명한 스승이었던 그가 그렇게 진흙 구덩이에 뛰어들지 않았을 것입니다. 이를 보고 어린 사미승은 뚜초 뽀띨라가 진심으로 명상을 하려고 결심했음을 알았습니다. 그래서 사미승은 그에게 가르침을 주었습니다. 그는 개미굴에 숨어 있는 도마뱀을 잡으려는 한 남자의 비유로 감각 대상을 관찰하도록 가르쳤습니다. 개미굴에 구멍이 여섯 개 있으면 어떻게 도마뱀을 잡을 수 있을까요? 다섯 개의 구멍을 막고 단 하나의 구멍만 열어두어야 합니다. 그런 뒤 그 한 구멍을 지켜보며 기다려야 합니다. 그리고 도마뱀이 나오면 그때 잡으면 됩니다.

마음을 관찰하는 것도 이와 같습니다. 눈, 귀, 코, 혀, 몸을 닫고 오직 마음만 내버려둡니다. 감각을 닫는다는 것은 감각을 절제하고 가라앉힌다는 의미입니다. 명상은 도마뱀을 잡는 것과 같습니다. 우리는 호흡을 알아차리기 위해 '사띠'를 이용합니다. 사띠는 알아차리는 특성입니다. '내가 뭘 하고 있지?' 하고 자문하는 때처럼 말입니다. '삼빠잔냐'는 '나는 이런저런 것을 하고 있어'라고 아는 깨어 있음입니다. 우리는 사띠와 삼빠잔냐로 들숨과 날숨을 관찰합니다.

알아차림의 이런 특성은 명상에서 생기는 것이지 책에서 배울 수 있는 것이 아닙니다. 일어나는 느낌을 아십시오. 마음이 잠시 전혀 움직이지 않다가 느낌이 일어날 수 있습니다. 이런 느낌들과 함께 사띠가 작동합니다. '나는 말할 거야', '나는 갈 거야', '나는 앉을 거야' 등의 알아차림, 즉 사띠가 있습니다. '나는 지금 걷고 있어', '나는 지금 누워 있어', '나는 이런저런 감정을 경험하고 있어' 같은 깨어 있음, 즉 삼빠잔냐가 있습니다. 사띠와 삼빠잔냐, 이 둘로 지금 이 순간 자신의 마음을 알 수 있습니다. 마음이 감각 자극에 어떻게 반응하는지 알 수 있을 것입니다.

감각 대상을 알아차리는 것을 마음이라고 부릅니다. 감각 대상들은 마음에 들어옵니다. 예를 들어 소리는 귀를 통해 마음으로 전달되고, 새소리 또는 차 소리라고 마음이 인식합니다. 소리를 인식하는 마음은 아주 기본적인 것입니다. 이것은 보통의 마음입니다. 인식하는 이런 마음에서 아마 불쾌감이 일어날 것입니다. '인식하는 마음'을 훈련하여 '진리에 따라 아는 마음', 즉 '부처'로 바꾸어야 합니다. 진리에 따라 명확하게 알지 못하면 사람 소리, 기계 소리, 차 소리 등이 불쾌하게 들립니다. 보통의 훈련되지 않은 마음은 소리를 불쾌하게 인식합니다. 이런 마음은 진리가 아닌 편애에 따라 압니다. 이런 마음을 더욱 훈련하여 정제된 마음의 힘으로 통찰과 안목을 갖고 알아야 합니다. 그러면 마음은 소리가 그저 소리임을 알 것입니다. 소리에 집착하지 않으면 불쾌감이 사라집니다. 소리가 들리면 그저 그 소리를 압니다. 이것이 감각 대상의 일어남을 진정으로 아는 것입니다. '부처'를 계발하면 소리를 소리로 명확하게 깨달아, 소리를 들어도 불쾌하지 않습니다. 소리는 조건에 따라 일어나는 것이고, 존재도 아니며 개체도 아니며 자아도 아니며, '우리'도 아니며 '그들'도 아닙니다. 그저 소리일 뿐입니다. 마음이 놓아버립니다.

이처럼 명확하게 꿰뚫는 앎을 '부처'라고 부릅니다. 이런 앎을 가지면 소리를 그냥 소리로 내버려둘 수 있습니다. '나는 저 소리가 듣고 싶지 않아. 거슬려'라고 생각하지 않으면 소리가 우리를 방해하지 않습니다. 그런 생각 때문에 고통이 일어납니다. 고통의 원인은 문제의 진실을 알지 못하는 것입니다. 우리는 부처를 계발하지 못했습니다. 우리는 아직 명확하지 않고 깨어 있지 않고, 알아차리고 있지 못합니다. 이렇게 전혀 훈련되지 않은 마음은 아직 쓸모가 없습니다.

몸을 단련하듯이 마음을 단련해야 합니다. 몸을 단련하려면 아침저녁으로 조깅 등 운동을 해야 합니다. 운동을 하면 곧 몸이 민첩하고 강인해집니다. 호흡기와 신경계도 더 좋아집니다. 마음 운동은 이와 다릅니다. 마음을 움직이지 말고, 마음을 멈추고 쉬게 해야 합니다.

예를 들면, 명상을 할 때 들숨과 날숨을 명상 주제로 삼습니다. 이때는 호흡이 주의력의 대상이 됩니다. 호흡을 알아차린다는 것은, 호흡을 알아차리며 따라가고 호흡의 리듬을 알아차리며 호흡이 들어오고 나가는 것을 알아차리고, 나머지 모든 것은 놓아버린다는 의미입니다. 한 대상을 알아차리며 그 대상과 함께 머물면 마음이 맑아집니다. 마음이 이리저리 방황하도록 내버려두면, 마음은 몰입할 수 없고 휴식할 수 없습니다.

마음이 멈췄다는 것은 마음이 이리저리 움직이지 않으며,

멈춘 것처럼 느껴진다는 의미입니다. 이것은 날카로운 칼과 같습니다. 칼로 돌이나 벽돌, 풀 등을 닥치는 대로 자르면 칼날이 금방 무더집니다. 칼은 용도에 맞는 것만을 자르는 데 써야 합니다. 이와 비슷하게, 마음이 아무 가치도 없고 소용도 없는 생각이나 느낌을 쫓아가게 하면 마음이 피곤해지고 약해집니다. 마음에 에너지가 없으면 지혜가 일어나지 않습니다. 에너지가 없는 마음은 삼매가 없는 마음이기 때문입니다.

마음이 멈추지 않았다면 감각 대상들을 있는 그대로 명확하게 볼 수 없습니다. 마음은 마음이고 감각 대상은 그저 감각 대상이라는 앎은 불교가 자라고 발전한 뿌리입니다. 이는 불교의 핵심입니다. 우리 자신의 모습과 행동을 보십시오. 우리는 어린아이와 같습니다. 어린아이는 아무것도 모릅니다. 어른들이 보기에 아이들은 목적 없이 여기저기 뛰어다니는 것 같습니다. 훈련되지 않은 마음은 어린아이와 같습니다. 우리는 알아차림 없이 말하고 지혜 없이 행동합니다. 아이처럼 말입니다. 그래서 파멸에 빠지고 엄청난 불행을 일으키면서도 그것을 깨닫지조차 못합니다.

마음을 훈련해야 합니다. 부처님은 마음을 훈련하라고 하셨습니다. 네 가지 필수품으로 보시하는 것은 나무껍질처럼 피상적인 것입니다. 오직 명상을 통해서만 진정으로 보시할 수 있습니다. 즉 가르침에 따라 행동과 말과 생각을 훈련해야 심재(心材)에 도달할 수 있습니다. 절제와 지혜, 솔직한 태도를 갖고 명상하면 행복을 얻을 것입니다. 악의와 적개심의 원인이 사라질 것입니다. 이것이 불교가 우리에게 가르치는 것입니다.

스승이 진리를 전해주더라도 관습적으로만 계를 받으면 명상은 불완전합니다. 가르침을 공부하고 반복할 수는 있겠지만, 그 가르침을 정말 이해하려면 명상을 해야 합니다. 수많은 생 동안 불교의 핵심을 꿰뚫지 못한 것은 명상을 하지 않았기 때문입니다.

명상은 여행 가방의 열쇠와 같습니다. 맞는 열쇠, 즉 명상의 열쇠를 가지고 있으면 자물쇠가 아무리 단단히 잠겨 있어도 열쇠를 꽂아 돌리면 열립니다. 열쇠가 없으면 자물쇠를 열 수 없습니다. 그래서 여행 가방 안에 무엇이 들어 있는지 알 수 없습니다.

앎에는 두 가지가 있습니다. 법을 아는 이는 단순히 기억으로 말하지 않습니다. 그는 진리를 말합니다. 세상 사람들은 보통 기억으로 말하고, 심지어는 자만심으로 말합니다. 예를 들어 오랫동안 서로 만나지 못한 두 사람이 있다고 생각해보십시오. 어느 날 그들이 기차에서 만납니다. "아! 깜짝 놀랐네요. 안 그래도 당신을 찾아가려고 생각하고 있었어요." 이 말은 진실이 아닙니다. 그들은 서로에 대해 전혀 생각하지 않았지만 흥분해서 이런 말을 합니다. 이 말은 거짓말이 됩니다. 경솔해서 내뱉는 거짓말입니다. 거짓말을 하는 줄 모르고 하는 거짓말입니다. 이것은 미묘한 형태의 번뇌로 매우 자주 일어납니다.

마음에 관해서는 뚜초 뽀틸라도 사미승의 가르침에 따랐습니다. 그는 들숨과 날숨을 계속 알아차렸습니다. 그래서 자기 안에 있는 거짓말쟁이, 즉 자기 마음의 거짓말을 보았습니다. 그는 도마뱀이 개미굴에서 나오듯이 일어나는 번뇌들을 보았습니다. 그는 번뇌들을 보았고, 번뇌들이 일어나자마자 그 진정한 본질을 알았습니다. 그는 마음이 어떻게 한순간에 한 가지를 만들어내고, 그다음 순간에는 또다른 것을 만들어내는지를 알았습니다.

연관된 조건들이 생각을 만듭니다. 생각은 조건 지어진 것입니다. 완벽한 알아차림을 지닌, 잘 훈련된 마음은 정신적 상태를 만들어내지 않습니다. 이런 마음은 고귀한 진리를 꿰뚫고 모든 외적인 것들을 초월합니다. 고귀한 진리를 아는 것이 진리를 아는 것입니다. 꼬리에 꼬리를 무는 우리의 마음은 진리를 피하며 이렇게 말합니다. "이건 좋아." "이건 아름다워." 하지만 마음속에 부처가 있으면 마음이 더이상 우리를 속이지 않습니다. 마음을 있는 그대로 알기 때문입니다.

마음은 더이상 왜곡된 마음 상태를 만들 수 없습니다. 모든 마음 상태들이 불안정하고 불완전하며, 여기 집착하는 이들에게 고통의 원천이 된다는 명확한 앎이 있기 때문입니다.

어디를 가든 뚜초 뽀띨라의 마음속에는 언제나 '아는 자'가 있었습니다. 그는 마음이 만든 것들과 마음이 조작한 것들을 알고 관찰했습니다. 그는 마음이 얼마나 다양한 방식으로 거짓말을 했는지 보았습니다. 그는 명상의 핵심을 이해했습니다. "이 거짓된 마음을 지켜봐야 한다. 이 마음이 우리를 행복과 고통의 극단으로 이끌며, 기쁨과 고통 그리고 선과 악 속에서 끊임없이 윤회하게 한다." 한 남자가 도마뱀의 꼬리를 잡은 것처럼 그는 진리를 깨달았고 명상의 핵심을 간파했습니다.

우리 모두 마찬가지입니다. 오직 이 마음이 중요합니다. 그래서 마음을 훈련하는 것입니다. 어떻게 마음을 훈련할까요? 사띠와 삼빠쟌냐를 지속적으로 가지면 마음을 알 수 있습니다. 이 '아는 자'는 마음을 넘어선 단계로 마음의 상태를 아는 것입니다. 마음을 그저 마음으로 아는 것이 '아는 자'입니다. '아는 자'는 마음을 넘어서 있으므로, 마음을 보살피고 무엇이 옳고 그른지를 마음에게 가르칠 수 있습니다. 결국 모든 것이 이 증식하는 마음으로 돌아옵니다. 마음이 이런저런 생각으로 분화되면, 알아차림이 없는 것이기에 명상을 해도 소용이 없습니다.

　마음을 훈련하여 법을 들어야 합니다. 일상적 마음을 넘어 존재하는 명확하고 빛나는 알아차림인 붓도(부처님)를 계발하고, 그 안의 모든 내용을 알 수 있게 마음을 훈련해야 합니다. 그래서 '붓도'라는 단어를 이용해 명상해야 합니다. 그러면 마음을 넘어선 마음을 알 수 있습니다. 좋거나 나쁘거나 마음의 모든 움직임을 관찰하여, 마음은 그저 마음일 뿐 자아나 사람이 아니라는 것을 '아는 자'가 깨닫게 해야 합니다. 이것을 마음에 대한 명상이라고 합니다. 이렇게 보면 마음이 일시적이고 불완전하며 주인이 없다는 것을 이해할 수 있습니다.

　이렇게 요약할 수 있습니다. 마음은 감각 대상들을 인식하는 것입니다. 이런 마음은 마음과 감각 대상들을 있는 그대로 아는 '아는 자'인 마음과 다릅니다. 알아차림으로 마음을 지속적으로 깨끗하게 해야 합니다. 모든 존재들은 알아차림을 가지고 있습니다. 고양이조차도 쥐를 잡을 때는 알아차림이 있습니다. 개가 사람을 보고 짖을 때는 개에게도 알아차림이 있습니다. 이것도 일종의 알아차림이지만 법에 따른 알아차림은 아닙니다. 사람마다 어떤 것을 보는 수준이 다르듯이, 모든 사람들에게 알아차림이 있지만 알아차림의 수준이 다릅니다. 예를 들어 제가 사람들에게 몸에 대해 반조해보라고 하면, 어떤 이들은 이렇게 말합니다. "몸에서 뭘 반조하라는 거죠? 누구나 머리카락, 손톱, 이빨, 피부 등을 볼 수 있어요. 그래서 어쩌란 거죠?"

사람들은 이렇습니다. 그들은 문제없이 몸을 볼 수 있지만, 잘못 봅니다. 그들은 붓도, 즉 '아는 자' 혹은 '깨어난 자'를 가지고 보지 않습니다. 그들은 일상적인 방식으로, 즉 눈으로만 몸을 봅니다. 그냥 몸을 보는 것으로는 충분치 않습니다. 몸만 보면 문제가 생깁니다. 몸속에서 몸을 보아야 합니다. 그러면 모든 것이 훨씬 명확해집니다. 몸만 보면, 몸에 속고 그 모습에 매혹됩니다. 무상과 불완전함, 그리고 주인 없음을 보지 못하면 감각적 욕망이 일어납니다. 형상, 소리, 냄새, 맛, 느낌에 마음을 빼앗깁니다. 이렇게 세속적인 육체의 눈으로 보면 사랑과 미움이 일어나고, 좋아하고 싫어하는 차별이 생깁니다.

부처님은 마음의 눈으로 보아야 한다고 가르치셨습니다. 몸속의 몸을 보십시오. 몸속을 실제로 들여다보면 몹시 역겹습니다. 몸속에는 오늘 것과 내일 것들이 모두 섞여 있어 뭐가 뭔지 구별할 수 없습니다. 보고 싶은 것만 보는 미친 육체의 눈으로 보는 것보다, 이렇게 보는 것이 훨씬 명확합니다. 마음의 눈, 즉 지혜의 눈으로 명상하십시오.

명상을 통해 형상, 느낌, 인식, 정신적 형성, 의식이라는 오온에 대한 집착을 뿌리 뽑을 수 있습니다. 집착을 뿌리 뽑는 것은 고통을 뿌리 뽑는 것입니다. 오온에 대한 집착이 고통의 원인이기 때문입니다. 오온 그 자체가 고통이 아니라 오온을 자신의 것으로 여기며 집착하는 것이 고통입니다.

명상을 통해 이런 진리를 명확하게 보면, 나사가 풀리듯 고통이 풀립니다. 나사가 풀리면 고통이 물러납니다. 마음도 마찬가지로 풀리며 놓아버리면 선과 악, 소유물, 칭찬과 지위, 행복과 고통에서 물러납니다.

이런 진리를 알지 못하면 나사를 계속 조이는 것과 같습니다. 나사는 점점 더 꽉 조여오며 여러분을 짓밟고, 여러분은 모든 것으로부터 고통받습니다. 그것들을 있는 그대로 알면 나사가 풀립니다. 법의 언어로 이것을 '염오심이 일어남'이라고 합니다. 여러분은 어떤 것들에 질리게 되고, 그것들에 대한 애정을 내려놓습니다. 이렇게 풀리면 평화를 찾을 수 있습니다.

사람들의 유일한 문제는 집착입니다. 집착 때문에 사람들은 서로를 죽입니다. 개인이든 가족이든 사회든 모든 문제는 이 하나의 뿌리에서 일어납니다. 그들은 서로를 죽이지만 결국 뭔가를 얻는 사람은 아무도 없습니다. 승자는 없습니다. 이득과 손실, 칭찬과 비난, 지위와 지위의 상실, 행복과 불행, 이 모든 것들은 세속의 법입니다. 세속의 법은 세상의 존재들을 감싸고 있는 말썽꾸러기입니다. 그 진정한 본질을 반조해보지 않으면 고통받습니다. 사람들은 부와 지위, 권력을 위해 심지어 살인까지 합니다. 부와 권력을 중요하게 여기기 때문입니다. 그들은 어떤 지위에 오르면, 마을 촌장이 된 사람처럼 권력에 눈이 멀고 맙니다. 우두머리로 임명되고 나면 권력에 취합니다. 오랜 친구가 찾아와도 이렇게 말합니다. "너무 자주 찾아오지 말라고. 예전의 내가 아니니까."

부처님은 소유물, 지위, 칭찬, 행복의 본질을 이해하라고 하셨습니다. 이것들을 오는 대로 받아들이되 그대로 내버려두십시오. 이것들이 여러분의 머리로 가도록 하지 마십시오. 이것들을 제대로 이해하지 못하면, 권력과 아이와 친척 등 모든 것들에게 속을 것입니다. 이것들을 명확하게 이해하면, 이 모두가 무상한 조건들임을 압니다. 그렇지만 이것들에 집착하면 마음이 더럽혀질 것입니다.

사람이 처음 태어났을 때는 물질적 요소와 정신적 요소일 뿐이었습니다. 여기에 '존 씨', '스미스 양' 등을 관습에 따라 나중에 덧붙입니다. 게다가 뒤에는 '대령', '의사' 등을 더합니다. 이런 것들을 제대로 이해하지 못하면 이것들을 실재라고 생각하며 지니고 다닙니다. 우리는 소유물, 지위, 이름, 계급을 지니고 다닙니다. 권력이 있으면 마음대로 모든 결정을 내릴 수 있습니다. "이 사람을 데려가 처형하시오. 저 사람을 감옥에 처넣으시오." 지위는 권력을 줍니다. '지위'라는 단어에서 집착이 생깁니다. 사람들은 지위를 얻게 되면 옳든 그르든 명령을 내리기 시작하고, 그저 기분에 따라 행동합니다. 그래서 똑같은 실수를 반복하고 진리의 길에서 점점 더 멀어집니다. 법을 아는 이는 이렇게 행동하지 않습니다. 소유물과 지위가 여러분에게 온다면, 소유물과 지위가 그저 소유물과 지위이게 내버려두십시오. 소유물과 지위가 여러분의 정체성이 되게 하지 마십시오. 의무를 다할 정도로만 이것들을 이용하십시오. 그러면 여러분은 변치 않은 채로 남아 있을 것입니다.

부처님은 이렇게 이해하길 바라셨습니다. 무엇을 받더라도 마음은 거기에 아무것도 더하지 않습니다. 시의원으로 임명된다면, '그래, 나는 시의원이야. 하지만 시의원이 아니야'라고 생각하십시오. 위원회의 위원장으로 임명되면, '나는 위원장이지만 위원장이 아니기도 하지'라고 생각하십시오. 무엇이 되든 마찬가지입니다. 결국 우리는 어떤 존재입니까? 우리 모두는 결국 죽습니다. 어떤 지위에 오르더라도 결국에는 모두 똑같습니다. 이렇게 볼 수 있다면 확고하게 머물며 진정 만족할 것입니다. 아무것도 바뀌지 않습니다.

그러면 세상에 속지 않습니다. 여러분에게 무엇이 나타나건 그것은 그저 조건일 뿐입니다. 그러면 어떤 것도 마음을 유혹해 탐욕과 악의와 어리석음에 빠지게 할 수 없습니다.

보시하는 가장 확실한 길은 내면에 계율을 기르는 것입니다. 음식과 거처와 약으로 보시하는 것도 좋지만, 이런 보시는 불교의 변재까지밖에 이르지 못합니다. 나무에는 껍질과 변재, 그리고 심재가 있습니다. 이 셋은 서로 의지하고 있습니다. 심재는 껍질과 변재에 의지합니다. 변재는 껍질과 심재에 의지합니다. 이 모두는 도덕적 절제, 삼매, 지혜의 가르침처럼 서로 의지하며 존재합니다. 도덕적 절제는 올바른 말과 행동을 형성합니다. 삼매는 마음을 확고히 자리잡게 합니다. 완전한 지혜는 모든 조건들의 본질을 이해하게 합니다. 이를 공부하고 명상하십시오. 이것이 불교를 가장 심오하게 이해하는 길입니다.

이를 깨닫지 못하면, 소유물과 지위 등 부딪치는 모든 것들에게 속을 것입니다. 가르침과 일치된 삶을 살아야 합니다. 세상 모든 존재가 전체의 일부임을 반조해야 합니다. 우리는 그들과 같고 그들은 우리와 같습니다. 우리처럼 그들도 행복과 불행을 가지고 있습니다. 모두 똑같습니다. 이렇게 반조하면 평화와 이해가 일어납니다. 이것이 불교의 기초입니다.

34장

확실치 않아!

제게는 서양인 제자가 한 명 있었습니다. 그는 태국 스님들이 환속하면 이렇게 말하곤 했습니다. "부끄러운 일이에요! 왜 환속하는 거죠? 태국 스님들은 왜 이렇게 환속을 많이 하죠?" 그는 충격을 받았습니다. 그는 태국 스님들이 환속하는 모습에 슬퍼지곤 했습니다. 그가 불교를 접한 지 얼마 되지 않았기 때문입니다. 그는 신심이 넘쳤고 의지가 굳건했습니다. 스님으로 출가 생활을 하는 것이 해야 할 유일한 일이었습니다. 그는 자신은 결코 환속하지 않으리라 생각했습니다. 하지만 곧 일부 서양인 승려들이 환속하기 시작했고, 그도 나중에는 환속을 대수롭지 않은 일로 여기게 되었습니다.

신심이 솟으면 모든 것이 바르고 좋아 보입니다. 그들은 자신의 느낌을 판단하지 못하고 명상을 제대로 이해하지 못

282   반조, 마음을 비추다 2

하면서도 앞서서 견해를 만듭니다. 아는 이는 자신의 마음속에 철저하고 확고한 기초가 있지만 이를 떠벌리지 않습니다.

처음 계를 받았을 때 저는 명상은 별로 하지 않았지만 강한 믿음이 있었습니다. 왜 그랬는지는 모르겠습니다. 아마도 태어날 때부터 그랬던 것 같습니다. 안거가 끝날 때쯤 저와 함께 계를 받은 스님들이 모두 환속했습니다. 저는 이런 생각이 들었습니다. '이 사람들은 왜 이럴까?' 하지만 저는 그들에게 아무 말도 하지 않았습니다. 아직 저 자신의 느낌을 확신할 수 없었기 때문입니다. 너무 혼란스러웠습니다. 하지만 마음속으로는 그들이 모두 바보라고 생각했습니다. '출가하기는 어려워도 환속하기는 쉽군. 이들은 아직 공덕이 부족해. 세상의 길이 법의 길보다 더 쓸모 있다고 생각하는군.' 이런 생각이 들었지만 저는 한마디도 하지 않았습니다. 그저 제 마음을 지켜봤습니다.

저는 함께 출가했던 승려들이 차례로 환속하는 모습을 보았습니다. 때로는 자랑하려고 옷을 쫙 빼입고 사원을 방문하는 이도 있었습니다. 저는 그들이 미쳤다고 생각했지만, 그들은 자신이 멋져 보인다고 생각했습니다. 그들이 잘못되었다고 생각했지만 말하지 않았습니다. 저 자신도 여전히 불확실한 상태에 있었기 때문입니다. 제 믿음이 얼마나 오래갈지 여전히 확신이 없었습니다.

친구들이 모두 환속하자 모든 근심이 사라졌습니다. 신경 쓸 사람이 아무도 남아 있지 않았습니다. 저는 『율장』을 파고들며 공부했습니다. 저를 방해하거나 제 시간을 낭비하게 하는 사람이 아무도 없었습니다. 그래서 온 마음으로 명상했습니다. 여전히 아무 말도 하지 않았습니다. 일흔 살, 여든 살, 아흔 살까지 평생 동안 명상하는 것과, 느슨해지거나 결심을 잃어버리지 않고 꾸준히 정진하는 것이 몹시 어렵게 여겨졌기 때문입니다.

출가할 이는 출가했고 환속할 이는 환속했습니다. 그 모든 일들을 지켜봤습니다. 저는 스님으로 머물지 환속할지 고민하지 않았습니다. 환속해서 떠난 친구들이 명확하게 보지 못했다고 느꼈습니다. 이 서양 스님은 사람들이 한 차례 안거 동안만 스님 생활을 하고 환속하는 것에 화가 났습니다.

나중에는 그도 소위 '지겨운' 단계에 이르렀습니다. 성스러운 삶이 지겨워졌습니다. 그는 명상을 놓아버렸고, 마침내 환속했습니다.

"왜 환속하나?" 제가 물었습니다. "전에 태국 스님들이 환속하는 것을 보고 '부끄러운 일이에요! 슬프고 가련하네요!' 라고 말하지 않나? 이제 자네 자신이 환속하는 건 왜 슬퍼하지 않는가?"

그는 대답하지 못하고 멋쩍게 웃었습니다.

마음을 훈련할 때 자기 내면의 목격자를 아직 계발하지 못했다면 제대로 된 기준을 찾기가 쉽지 않습니다. 외적인 문제들은 대부분 다른 사람들에게 의지해 의견을 구할 수 있습니다. 하지만 법을 기준으로 삼는다면 법에 근접해 있나요? 이미 법을 가지고 있나요? 바르게 생각하고 있나요? 그리고 바르다면, 바름을 놓아버릴 수 있나요? 아니면 여전히 거기에 집착하나요?

놓아버리는 지점에 이를 때까지, 아무것도 남지 않을 때까지, 선도 악도 아닌 곳에 이를 때까지 명상해야 합니다. 이는 모든 것을 던져버린다는 의미입니다. 모든 것이 사라지면 아무것도 남는 것이 없습니다.

때로는 이런 마음 훈련이 쉽다고 할지 모릅니다. 하지만 이것은 정말 어렵습니다. 우리의 욕망을 따르지 않기에 이런 마음 훈련은 어렵습니다. 때로는 천사가 우리를 돕는 것처럼 느껴지기도 합니다. 모든 것이 제대로 진행되고, 자신이 생각하고 말한 모든 것이 옳아 보입니다. 그러면 그 옳음에 집착하고, 머지않아 모든 것이 잘못됩니다. 여기에 어려움이 있습니다. 우리에게는 어떤 것을 측정할 기준이 없습니다.

강한 믿음과 확신이 있지만 지혜가 약한 사람들은, 삼매에는 매우 능할지 모르지만 통찰이 부족할 수 있습니다. 그들은 모든 것의 한쪽 면만을 보고 그냥 그것을 따릅니다. 그들은 반조하지 않습니다. 이것은 눈먼 믿음입니다. 믿음에는 문제가 없지만, 이 믿음은 지혜에서 생긴 것이 아닙니다. 그들은 스스로 지혜를 가지고 있다고 생각하기에 무엇이 잘못되었는지 보지 못합니다.

그래서 믿음, 정진, 알아차림, 삼매, 지혜라는 다섯 가지 힘에 대해 가르칩니다. 믿음은 신념입니다. 정진은 부지런한 노력입니다. 알아차림은 알아차리는 것입니다. 삼매는 마음이 고정된 것입니다. 지혜는 단순한 지혜가 아니라 모든 것을 감싸는 지혜입니다.

현자들은 우리가 다섯 가지 힘을 볼 수 있도록 그에 대한 가르침을 주었습니다. 그들은 이 다섯 가지 힘을 공부 대상으로 삼고, 자신의 명상을 있는 그대로 비교하는 기준으로 삼으라고 말했습니다. 믿음을 가지고 있나요? 근면한 노력을 기울이고 있나요? 그 노력이 바른가요? 모든 사람은 어느 정도 노력을 합니다. 그런데 그 노력이 지혜로운가요? 알아차림도 마찬가지입니다. 고양이에게도 알아차림이 있고 쥐에게도 알아차림이 있습니다. 고양이는 쥐를 뚫어져라 쳐다봅니다. 동물에게도 부랑자에게도 성자에게도, 모두에게 알아차림이 있습니다. 삼매 역시 모두에게 있습니다. 고양이의 알아차림 속에도 삼매가 있습니다. 고양이도 지혜가 있지만 인간만큼 폭넓은 지혜는 아닙니다. 고양이는 쥐를 먹이로 잡을 정도의 지혜를 가지고 있습니다.

이 다섯 가지를 '힘'이라고 합니다. 이 다섯 가지 힘이 바른 견해에서 일어나나요? 바른 견해에 대한 기준이 무엇인가요? 이를 명확하게 이해해야 합니다.

바른 견해는 이 모든 것들이 불확실하다는 이해입니다. 그래서 부처님과 모든 성스러운 이들은 이것들을 꽉 붙잡지 않았습니다. 그들도 잡기는 했지만 '꽉' 잡지는 않았습니다. 그들은 집착으로 그것이 자신의 정체성이 되게는 하지 않았습니다. 형성으로 이끌지 않는 붙잡음은 욕망에 물들지 않은 붙잡음입니다. 이것저것이 되려는 구함 없이 오직 명상 그 자체만이 있습니다.

어떤 것에 집착할 때 기쁨이 있습니까? 아니면 불쾌감이 있습니까? 기쁨이 있다면 그 기쁨에 집착합니까? 불쾌감이 있다면 그 불쾌감에 집착합니까?

어떤 견해들은 자신의 명상을 더욱 정확하게 측정하는 기준이 될 수 있습니다. 남들보다 낫다는 믿음, 남들과 동등하다는 믿음, 남들보다 어리석다는 믿음은 모두 잘못된 견해입니다. 이것들은 그저 일어났다 사라지는 것임을 지혜로 알아야 합니다. 내가 남보다 낫다고 보는 것은 옳지 않습니다. 내가 다른 이들과 동등하다고 보는 것도 옳지 않습니다. 내가 다른 사람들보다 열등하다고 보는 것도 옳지 않습니다.

바른 견해는 이 모든 것들을 잘라낸 것입니다. 내가 다른 사람보다 낫다고 생각하면 자만심이 일어납니다. 자만심이 있어도 보지 못합니다. 내가 다른 사람과 동등하다고 생각하면, 적절한 때에 존경과 겸손을 보여주지 못합니다. 내가 다른 사람들보다 열등하다고 생각하면, 자신이 열등하고 불운을 타고났다고 생각하며 괴로워합니다. 우리는 여전히 오온에 집착합니다. 이 모든 것들은 형성과 탄생일 뿐입니다.

이것이 자신을 판단하는 한 기준입니다. 또다른 기준은 이런 것입니다. 기쁜 경험을 하면 우리는 행복해합니다. 나쁜 경험을 하면 불행해합니다. 좋아하는 것과 싫어하는 것 모두를 똑같은 가치를 가지고 볼 수 있을까요? 이 기준으로 자신을 판단해보십시오. 일상적 경험 속에서 좋아하거나 싫어하는 것을 들을 때 기분이 바뀌나요? 마음에 흔들림이 없나요? 우리는 바로 이런 기준을 가지고 있습니다.

그저 자신을 아십시오. 이것이 여러분의 목격자입니다. 욕망의 힘에 이끌려 결정을 내리지 마십시오. 욕망은 자신이 대단한 존재인 양 생각하게 만들 수 있습니다. 매우 신중해야 합니다.

여러 관점에서, 여러 측면에서 고려해야 할 것들이 있지만, 자신의 욕망을 따르지 않고 진리를 따르는 것이 바른길입니다. 선과 악을 모두 알아야 합니다. 이 모두를 알면 모두 놓아버립니다. 놓아버리지 않으면, 여전히 '존재하고' 있으며 여전히 '가지고' 있습니다. 여전히 '존재하면' 남음이 있습니다. 그래서 형성과 탄생이 있습니다.

그래서 부처님은 사람들이 얼마나 선하든 악하든 판단하지 말고, 오직 자기 자신만을 판단하라고 말씀하셨습니다. 부처님은 "진리란 이것이다"라고 방향을 가리킬 뿐입니다. 여러분의 마음은 그와 같습니까, 같지 않습니까?

한 스님이 다른 스님의 물건을 가져가자 다른 스님이 그를 비난합니다. "스님은 내 물건을 훔쳤어요." "저는 훔치지 않았어요. 그냥 가져간 건데요." 그래서 세번째 스님에게 의견을 구합니다. 그는 어떻게 결정해야 할까요? 그는 회의를 하기 전에 문제를 일으킨 스님에게 출석을 요청해야 합니다. "네, 제가 물건을 가져갔지만 훔치지는 않았어요." 빠라지까(pārājika)나 상가디세사(saṅghādisesa, 빠라지까 다음으로 엄격한 계율로 열세 가지가 있으며, 이를 어기면 모든 비구들 앞에서 참회해야 한다)를 범한 것일 수도 있습니다. "네, 제가 그랬어요. 하지만 그럴 의도는 없었어요." 그 말을 어떻게 믿을 수 있죠? 어려운 문제입니다. 그 말을 믿을 수 없다면, 그 행위를 한 자에게 책임을 지도록 할 수밖에 없습니다.

하지만 자신의 마음속에 일어난 일은 감출 수 없다는 걸 알아야 합니다. 선행도 악행도 숨길 수 없습니다. 선한 행동이든 악한 행동이든 그것을 그냥 무시해서 없애버릴 수는 없습니다. 이런 것들은 스스로 드러나기 마련이기 때문입니다. 그들은 스스로 숨기고 스스로 드러내며 그 자체로 존재합니다. 이 모두 자동적으로 이루어지며, 본래 그러합니다.

이런 일들에 대해 추측하려 하지 마십시오. 아직 무명(無明)이 남아 있다면 끝난 것이 아닙니다. 추밀 고문관이 제게 이렇게 물은 적이 있습니다.

"스님! 아나함(깨달음의 세번째 단계. 마음을 존재에 묶는 다섯 가지 '낮은 번뇌'를 버림. 깨달음의 처음 두 단계는 수다원과 사다함이며, 마지막 단계는 아라한이다)의 마음은 청정합니까?"

"부분적으로 청정합니다."

"네? 아나함은 감각적 욕망을 버렸는데, 어떻게 마음이 아직 청정하지 못합니까?"

"그는 감각적 욕망을 놓아버렸을지는 모르지만, 아직 남아 있는 것이 있습니다. 여전히 무명이 있습니다. 어떤 것이 여전히 있다면 뭔가가 남아 있는 것입니다. 이는 스님의 발우와 같습니다. 발우에는 대, 중, 소 크기의 발우가 있습니다. 그리고 대중, 중중, 소중, 대소, 중소, 소소…… 등의 발우들이 있습니다. 발우가 아무리 작더라도 여전히 발우가 있지요? 수다원, 사다함, 아나함도 마찬가지입니다. 그들은 모두 특정한 번뇌를 버렸지만 각각의 수준에 따라 버린 것입니다. 이런 고귀한 이들도 여전히 남아 있는 것들을 보지 못합니다. 그럴 수 있다면 그들은 모두 아라한이 될 것입니다. 그들은 아직 전부를 볼 수 없습니다. 무명을 보지 못하는 것입니다. 아나함의 마음이 완전히 해결되었다면 그는 아나함이 아니라 완전히 깨달은 자가 될 것입니다. 하지만 그에게는 여전히 뭔가가 남아 있습니다."

"그의 마음이 청정해졌습니까?"

"글쎄요, 어느 정도는 그렇지만 백 퍼센트는 아닙니다."

달리 어떻게 대답하겠습니까? 그는 나중에 다시 와서 더 질문하겠다고 말했습니다.

방심하지 마십시오. 부처님은 늘 깨어 있으라고 하셨습니다. 마음을 훈련하면서 제게도 유혹의 순간이 있었습니다. 저는 많은 유혹을 받았지만, 모두 명상의 길에서 벗어난 것처럼 보였습니다. 이것은 마음속에 있는 일종의 뽐냄 혹은 자만이었습니다. 견해와 자만심이었습니다. 이 둘을 알아차리기는 어렵습니다.

돌아가신 어머니를 위해 출가하려던 한 사내가 있었습니다. 그는 사원에 도착해 승복을 내려놓고서 다른 스님들에게 예를 표하지도 않고 걷기명상을 시작했습니다. 그는 큰 법당 앞을 왔다갔다하며 뽐내고 있었습니다.

저는 생각했습니다. '이런 사람도 다 있군.' 이는 눈먼 믿음이었습니다. 그는 해가 지기 전에 깨달음을 이루려고 결심한게 틀림없었습니다. 그는 깨달음이 쉽다고 생각했습니다. 그는 다른 사람들은 쳐다보지도 않고, 목숨이 걸린 것처럼 고개를 숙이고 걸었습니다. 저는 그를 내버려뒀지만 이런 생각이 들었습니다. '자네는 깨달음이 쉽다고 생각하나?' 결국 그가 얼마나 오래 머물렀는지는 저도 모릅니다. 저는 그가 계도 받지 못했으리라 생각합니다.

마음이 어떤 생각을 하자마자 우리는 그에 반응합니다. 이것이 단지 마음의 습관적 확산 현상임을 깨닫지 못합니다. 이런 생각은 지혜로 가장하며 자세한 내용에 대해서는 말끝을 흐립니다. 이런 마음의 확산은 아주 영리해 보여서, 잘 모르면 이것을 지혜로 착각할 수 있습니다. 곤경에 처하면 이것이 진짜가 아님이 밝혀집니다. 고통이 일어날 때 소위 그 지혜는 어디에 있습니까? 어떤 쓸모가 있습니까? 이것은 결국 마음의 확산일 뿐입니다.

부처와 함께 머무십시오. 명상을 할 때는 마음을 내면으로 돌려 부처를 발견해야 합니다. 부처님은 오늘날에도 여전히 살아 계십니다. 무상에서 부처님을 찾으십시오. 무상과 불확실성에게 절하십시오. 바로 거기서 출발할 수 있습니다.

자신이 지금 수다원이라고 마음이 말할 때, 이런 생각을 부처님께 물어보면 이렇게 말씀하실 것입니다. "그것은 모두 불확실해요." 자신을 사다함이라고 생각해도 이렇게 말할 것입니다. "확실치 않아요." 자신이 아나함이라는 생각이 일어나도 그는 똑같이 말할 것입니다. "불확실해요." 심지어 자신이 아라한이라는 생각이 일어나도 그는 더욱 단호하게 말할 것입니다. "그것은 모두 매우 불확실해요."

고귀한 이들은 이렇게 말합니다. "모든 것은 불확실하니 어떤 것에도 집착하지 말라." 어떤 것을 어리석게 붙들지 마십시오. 집착하지 마십시오. 놓아버리지 못하며 꽉 붙잡지 마십시오. 어떤 것을 현상으로 보고, 그것을 초월로 보내야 합니다. 그래야 합니다. 현상이 있으면 초월이 있어야 합니다.

그래서 저는 말합니다. "부처님께 가세요." 부처님이 어디에 있나요? 부처님은 법입니다. 세상의 모든 가르침은 '무상'이라는 한 단어에 담겨 있습니다. 제가 40년 스님 생활을 하며 찾을 수 있었던 것은 오로지 '무상'뿐이었습니다. 무상과 인내심입니다. 모든 것이 불확실합니다. 마음이 정말로 확실하다고 생각해도 그냥 이렇게 말해주십시오. "확실치 않아." 마음이 어떤 것을 확실한 것으로 움켜쥐고 싶어하더라도 이렇게 말하십시오. "그건 확실치 않아. 일시적인 거야." 부처님의 가르침은 이것으로 귀결됩니다. 서나 걸으나 앉으나 누우나 모든 것을 이런 식으로 봅니다. 좋아하거나 싫어하는 마음이 일어나도 모두 똑같은 방식으로 봅니다. 이것이 부처님과 법에 가까이 가는 것입니다.

이것은 명상의 소중한 길입니다. 어린 시절부터 지금까지 저는 줄곧 이런 식으로 명상했습니다. 저는 경전에 의지하지 않았고 경전을 무시하지도 않았습니다. 저는 스승에 의지하지 않았지만 홀로 가지도 않았습니다. 저는 '이것도 아니고 저것도 아니다'라는 식으로 명상했습니다.

그것은 '마침'의 문제입니다. 즉 끝을 향해 명상하는 것, 마침을 향한 명상을 보는 것, 현상과 초월을 모두 보는 것입니다.

꾸준히 명상하고 대상들을 철저하게 반조하면 결국 명상의 끝에 이를 것입니다. 처음에는 앞으로 가려고 서두르고, 뒤로 돌아가려고 서두르고, 멈추려고 서두릅니다. 이렇게 계속 명상하면, 앞으로 가는 것도 아니고 뒤로 물러나는 것도 아니며 멈추는 것도 아닌 지점에 이르게 됩니다. 이것이 끝입니다. 이 이상을 기대하지 마십시오. 바로 여기서 끝납니다. '마친 자'는 나아가지도 않고, 물러나지도 않고, 멈추지도 않습니다. 끝난 것입니다. 자신의 마음으로 이것을 분명히 깨달으십시오. 바로 여기서 정말 아무것도 없음을 발견하게 될 것입니다.

이것이 들었던 내용이건 새로운 내용이건, 모든 것은 여러분의 지혜와 분별력에 달려 있습니다. 지혜와 분별력이 없는 이는 이것을 이해하지 못합니다. 망고나무나 잭푸르트나무를 보십시오. 나무들이 서로 가까이서 자랄 때 한 나무가 먼저 키가 크면 다른 나무는 큰 나무에게서 벗어나려고 휘어집니다. 누가 나무에게 그렇게 하라고 말해줬을까요? 바로 자연입니다. 자연은 선과 악, 옳고 그름을 모두 포함하고 있습니다. 좋은 쪽으로 흐를 수도 있고 나쁜 쪽으로 흐를 수도 있습니다. 여러 종류의 나무를 빽빽하게 심으면, 나중에 자라는 나무의 가지는 큰 나무에서 벗어납니다. 이것이 자연, 즉 법입니다.

마찬가지로 욕망도 우리를 고통으로 이끕니다. 하지만 욕망에 대해 반조해보면, 욕망에서 벗어날 수 있습니다. 그리고 욕망을 초월할 것입니다. 욕망을 탐구하며 일깨우다보면 욕망은 점점 가벼워져 모두 사라집니다. 마치 나무처럼 말입니다. 누가 나무한테 그렇게 자라라고 했나요? 나무는 말도 못하고 움직이지도 못하지만 장애물을 벗어나 자라는 방법을 압니다. 빽빽한 곳에 있으면 나무는 밖으로 굽어 자랍니다.

법은 바로 여기에 있습니다. 철저하게 명상하는 이는 법을 볼 것입니다. 본질적으로 나무는 아무것도 모릅니다. 나무는 자연의 법칙에 따라 움직입니다. 하지만 나무는 위험을 피하고 적당한 장소로 몸을 기울일 줄 압니다. 사려 깊은 사람도 이와 같습니다. 우리는 고통을 초월하고 싶어서 출가해 집 없는 삶을 택합니다. 우리를 고통스럽게 만드는 것이 무엇일까요? 내면으로 향하는 흔적을 따라가보면 알 수 있습니다. 우리가 좋아하는 것들과 좋아하지 않는 것들은 모두 불만족스럽습니다. 불만족스러우면 그것들에 가까이 가지 않습니다. 조건들과 사랑에 빠지고 싶습니까? 아니면 조건들을 미워하고 싶습니까? 이 모든 것들은 불확실합니다. 우리가 부처님에게로 향하면 이 모든 것들이 끝납니다.

저는 일반적인 마을 사찰에서 계를 받았고 거기서 몇 년 간 생활했습니다. 저는 명상을 하고 싶은 열망을 마음에 품고 있었고, 명상을 통달하기 위해 훈련하고 싶었습니다. 하지만 그 사찰에서는 누구도 저에게 가르침을 주지 않았습니다. 그렇지만 저는 명상에 대한 열정을 잃지 않았습니다. 그래서 떠돌며 주위를 둘러봤습니다. 귀가 있었기에 들었고, 눈이 있었기에 보았습니다. 사람들에게 어떤 얘기를 들어도 스스로에게 이렇게 말했습니다. '확실치 않아.' 무엇을 보든 스스로에게 말했습니다. '확실치 않아.' 냄새를 맡아도 스스로에게 이렇게 말했습니다. '확실치 않아.' 혀로 달콤하고 시고 짜고, 즐겁고 불쾌한 맛을 보거나, 편안하거나 고통스런 느낌이 몸에 일어나도 스스로에게 이렇게 말했습니다. '이것은 확실하지 않아.' 이렇게 법과 함께 살았습니다.

사실 이 모든 것들은 불확실하지만, 우리의 욕망은 확실함을 바랍니다. 그러면 어떻게 해야 할까요? 인내심을 가져야 합니다. 인내심이 가장 중요합니다. 때때로 저는 건축가들이 설계하고 장인들이 지은 옛 사찰들이 있는 유적지를 방문하곤 합니다. 어떤 건물들에는 금이 가 있습니다. 동료들 중 한 사람은 이렇게 말합니다. "부끄러운 일이네요. 금이 가 있다니." 저는 이렇게 대답합니다. "저런 금이 없다면 부처님도 없고 법도 없을 것이네. 저런 금은 부처님의 가르침과 정확하게 일치하는 것이라네." 저 역시 그 건물들에 금이 간 것이 가슴 깊이 안타까웠지만, 감상을 던져버리고 동료들과 저 자신에게 유익한 말을 하고 싶었습니다.

"그 건물이 저렇게 금 가지 않았다면 부처님이 있을 수 없네."

동료들은 아마 듣고 있지 않았겠지만 저는 듣고 있었습니다. 대상을 이렇게 여기면 아주 큰 도움이 됩니다. 어떤 사람이 달려와 이렇게 말한다고 생각해보십시오. "사람들이 스님에 대해 뭐라고 했는지 아세요?" 혹은 "그가 스님에 대해 이런 말을 했어요." 아마도 여러분은 화가 날지도 모릅니다. 조금만 비난을 들어도 맞붙을 준비를 합니다. 감정이 일어납니다. 이런 감정의 모든 단계들을 알아야 합니다. 당장이라도 앙갚음하고 싶겠지만 진상을 살펴보면 그들이 다른 의미로 말했다는 걸 알게 될지도 모릅니다.

이것은 또다른 불확실성의 사례입니다. 왜 그렇게 서둘러 믿어야 하죠? 왜 남들의 얘기를 그렇게 깊이 믿죠? 무슨 얘기를 듣든 알아차리고 인내심을 갖고 주의깊게 문제를 살펴봐야 합니다.

불확실성을 무시하는 말은 성자의 말이 아닙니다. 불확실성을 무시하면 지혜가 사라지며, 더이상 명상을 하는 것이 아닙니다. 기쁜 것이든 슬픈 것이든 무엇을 보고 듣더라도 이렇게 말하십시오. '이것은 불확실해!' 자신에게 단호하게 말해주십시오. 이런 관점으로 모든 것을 보십시오. 그 무엇도 대단한 문제로 키우지 마십시오. 모든 것을 여기로 귀결시키십시오. 바로 여기서 번뇌들이 사라집니다.

대상의 진실을 이해하면 욕망과 심취와 집착이 사라집니다. 왜 사라질까요? 이해하고 알기 때문입니다. 무지에서 이해로 전환됩니다. 이해는 무지에서 생기고, 앎은 알지 못함에서 생기고, 청정은 번뇌에서 생깁니다. 무상을 버리지 않는 것이 부처를 버리지 않는 것입니다. 즉 '부처님이 여전히 살아 계신다'라는 의미입니다. 부처님이 열반에 드셨다는 것이 반드시 진실은 아닙니다. 심오한 의미에서 부처님은 여전히 살아 계십니다. 이는 '비구'라는 단어를 정의하는 것과 같습니다. 아주 넓은 의미에서 비구를 '요구하는 자(탁발을 하며 음식을 구한다는 의미)'로 정의합니다. 이런 식으로 정의할 수는 있겠지만, 이런 정의를 자주 사용하는 건 좋지 않습니다. 우리는 요구를 멈출 줄을 모릅니다! 이 단어를 좀더 심오한 방식으로 정의하면, 비구는 '윤회의 위험을 보는 자'입니다.

이편이 좀더 심오하지 않습니까? 명상은 이런 것입니다. 법을 완전히 이해하지 못하면 이런 것으로 보이지만, 법을 완전히 이해하면 다른 것으로 보입니다. 법은 매길 수 없는 가치를 지니게 되고, 평화의 원천이 됩니다.

알아차림이 있으면 법에 가까워집니다. 알아차림이 있으면 모든 것의 무상함을 볼 것입니다. 부처님을 볼 것이고 윤회의 고통을 넘어설 것입니다. 지금이 아니더라도 미래에 그렇게 될 것입니다.

고귀한 이, 부처님 혹은 법의 특성들을 버리면, 명상은 무익하고 효과가 없습니다. 일을 하든 앉아 있든 누워 있든 꾸준히 명상해야 합니다. 눈으로 형상을 보고 귀로 소리를 듣고 코로 냄새를 맡고 혀로 맛을 보고 몸으로 느낌을 경험하는 어떤 경우에도, 부처님을 버리지 말고 부처님에게서 벗어나지 마십시오.

이것이 부처님을 끊임없이 존경하며 부처님께 가까이 가는 자입니다. 우리는 아침 예불을 드리며 부처님께 예경합니다. 이것도 부처님을 존경하는 한 방법입니다. 하지만 이는 제가 앞에서 설명한, 부처님을 존경하는 심오한 방법이 아닙니다. 염불로 부처님을 존경하는 것은 비구를 '요구하는 자'라고 하는 것과 같습니다. 눈으로 형상을 볼 때, 귀로 소리를 들을 때, 코로 냄새를 맡을 때, 혀로 맛을 느낄 때, 몸으로 감각을 경험할 때, 혹은 마음이 정신적 자극을 인식할 때마다 무상, 고통, 무아에 가까워진다면, 비구를 '윤회의 위험을 보는 자'라고 정의하는 것과 마찬가지입니다. 무상, 고통, 무아는 보다 심오해서 많은 것들을 잘라냅니다.

명상을 할 때 이런 태도를 계발하십시오. 그러면 바른길을 갈 것입니다. 이런 식으로 생각하고 반조하면, 스승과 멀리 떨어져 있어도 여전히 스승과 가까이 있는 것입니다. 스승과 가까이 살아도 마음으로 스승을 아직 만나지 못하면, 스승의 결점을 찾거나 스승에게 아첨하며 시간을 낭비할 것입니다. 스승이 여러분 마음에 드는 행동을 하면 스승이 훌륭하다고 하고, 마음에 들지 않는 행동을 하면 스승이 나쁘다고 합니다. 다른 사람들을 쳐다보며 시간을 낭비하면 아무것도 성취할 수 없습니다. 하지만 이 가르침을 이해하면 이 순간에 고귀한 이가 될 수 있습니다.

새로운 승려들을 위해 사원의 일정과 규칙을 이렇게 정해 놓았습니다. "말을 너무 많이 하지 말라." 깨달음과 열반에 이르는 길인 규칙들을 어기지 마십시오. 이런 규칙을 어기는 이는 순수하게 명상하러 온 진정한 수행자가 아닙니다. 이런 사람들에게 무엇을 기대할 수 있을까요? 이런 사람들은 매일 저와 가까이 있어도 저를 보지 못합니다. 명상하지 않으면 부처님과 가까이 있어도 부처님을 보지 못합니다. 그래서 법을 아는 것과 법을 보는 것은 명상에 달려 있습니다. 믿음을 갖고 자신의 마음을 깨끗하게 만드십시오. 화가 나서 싫어함이 일어나면 그저 마음에 남겨두고, 그것을 명확하게 보십시오. 이런 것을 계속 지켜보십시오. 거기에 여전히 어떤 것이 있다면 바로 그곳을 파고 갈아야 합니다. 어떤 이는 말합니다.

"그것을 끊어낼 수 없어요. 나는 할 수 없어요."

이런 말을 하기 시작한다면 여기에는 쓸모없는 바보들만 남을 것입니다. 자신의 번뇌를 잘라낼 수 없는 사람은 아무도 없기 때문입니다.

여러분은 노력해야 합니다. 아직 번뇌를 잘라낼 수 없다면 더 깊이 파야 합니다. 번뇌를 파서 뿌리 뽑으십시오. 번뇌들이 단단하고 견고하게 박혀 있더라도 파내십시오. 자신의 욕망을 따라가면 법에 이를 수 없습니다. 여러분의 마음과 진리는 별개입니다. 앞도 살피고 뒤도 살펴야 합니다. 그래서 저는 이렇게 말합니다. "모든 것은 불확실하고, 모든 것은 무상하다."

이처럼 간단하지만 심오하고 완전무결한 불확실성의 진리를 사람들은 무시합니다. 선에도 집착하지 말고 악에도 집착하지 마십시오. 우리는 속세에서 벗어나기 위해 명상합니다. 그렇게 함으로써 선과 악을 끝냅니다. 부처님은 선과 악을 내려놓고 포기하라고 가르치셨습니다. 이것들이 고통을 일으키기 때문입니다.

35장

멈춰 있지만 흐르는 물

|

주의를 기울여서 마음이 산만해지지 않도록 하십시오. 자신이 지금 산이나 숲속에 홀로 앉아 있다고 상상해보십시오. 지금 여기에 앉아 있는 여러분은 무엇을 가지고 있습니까? 몸과 마음, 이 두 가지뿐입니다. 지금 여기에 앉아 있는 인간 골격에 포함된 모든 것들을 '몸'이라고 부릅니다. '마음'은 이 순간에 알아차리고 생각하는 것입니다. 마음과 몸을 '나마(nāma)'와 '루빠(rūpa)'라고 부르기도 합니다. '나마'는 형상이 없는 것입니다. 모든 생각과 느낌, 혹은 오온 중 느낌, 인식, 정신적 형성, 의식, 이 네 가지가 '나마'입니다. 이것들은 모두 형태가 없습니다. 눈으로 형상을 볼 때 형상을 루빠라고 하고 알아차림을 나마라고 합니다. 두 가지를 합쳐서 나마와 루빠 혹은 마음과 몸이라고 부릅니다.

반조, 마음을 비추다 2

지금 이 순간 여기에는 몸과 마음만 앉아 있습니다. 하지만 이 두 가지를 서로 혼동합니다. 평화를 원한다면 몸과 마음의 진실을 알아야 합니다. 현재 상태의 마음은 아직 훈련되지 않아서 깨끗하지 않고 명확하지 않습니다. 아직 청정한 마음이 아닙니다. 명상을 통해 마음을 더 훈련해야 합니다.

어떤 사람들은 특정한 자세로 앉는 것이 명상이라고 생각하지만, 사실 앉고 서고 걷고 눕는 자세 모두가 명상을 위한 수단입니다. 여러분은 언제나 명상을 할 수 있습니다. 삼매는 말 그대로 '확고하게 자리잡은 마음'을 의미합니다. 삼매를 계발하려고 마음을 억누를 필요는 없습니다. 어떤 사람들은 조용히 앉아 방해거리를 모두 없애 평화를 얻으려 합니다. 하지만 이는 죽은 것이나 마찬가지입니다. 삼매는 지혜와 이해를 계발하기 위한 것입니다.

삼매는 확고하게 몰입된 마음입니다. 어느 곳에 삼매가 고정될까요? 삼매는 균형점에 고정됩니다. 마음의 균형점입니다. 하지만 사람들은 마음을 가라앉히려 하며 명상을 합니다. 그들은 말합니다. "나는 좌선을 하려고 노력하고 있는데 잠시도 마음이 고요하지 않아. 한순간에는 마음이 저쪽으로 날아가고, 다음 순간에는 다른 곳으로 날아가버리는군. 어떻게 마음을 멈출 수 있을까?" 여러분은 마음을 멈출 필요가 없습니다. 이것이 핵심이 아닙니다. 움직임이 있는 곳에서 이해가 일어날 수 있습니다. 사람들은 불평합니다. "마음이 달아나면 다시 끌어오고, 그런 뒤에 다시 마음이 도망가면 또다시 끌어옵니다." 그들은 그렇게 하면서 앉아 있습니다.

그들은 마음이 온갖 곳으로 달리고 있다고 생각하지만 사실 그렇게 보이는 것일 뿐입니다. 여기 이 법당을 보십시오. "아! 정말 크군요"라고 여러분은 말합니다. 사실 이 법당은 전혀 크지 않습니다. 크게 보이느냐 아니냐는 여러분의 인식에 달려 있습니다. 사실 이 법당은 크지도 작지도 않은 원래 그 크기이지만, 사람들이 그들의 느낌에 따라 계속 판단하는 것입니다. 마음의 평화를 찾으려면 먼저 평화가 무엇인지 이해해야 합니다. 이를 이해하지 못하면 평화를 발견할 수 없습니다. 예를 들어, 오늘 아주 비싼 펜을 절에 가지고 왔다고 상상해보십시오. 절에 오는 길에는 펜을 앞주머니에 넣었다가 나중에 뒷주머니에 넣습니다. 이제 손을 앞주머니에 넣어봅니다. 펜이 없습니다! 여러분은 놀랍니다. 오해, 즉 문제의 진실에 대한 무지 때문에 놀랍니다. 그 결과 고통이 일어납니다. 여러분은 펜을 잃어버렸다는 걱정을 멈출 수 없습니다. 잘못된 이해가 고통을 일으킵니다. "한심하군! 바로 며칠 전에 산 펜인데 잃어버리다니."

하지만 그러고 나서 기억이 납니다. "그래, 맞아! 씻으러 갈 때 펜을 뒷주머니에 넣었지." 기억이 나자마자 펜을 보지도 못했는데 이미 기분이 좋아지고 벌써 행복합니다. 펜에 대한 걱정이 사라집니다. 걸으면서 뒷주머니를 손으로 더듬어보니 거기 펜이 있습니다. 마음이 여러분을 계속 속이고 있었던 것입니다. 펜을 보자 걱정이 가라앉습니다. 문제의 원인, 혹은 고통의 원인을 보면 이런 종류의 평화가 생깁니다. 펜이 뒷주머니에 있다는 것을 기억해내자마자 고통이 소멸합니다.

평화를 찾기 위해서는 명상해야 합니다. 사람들은 보통 마음을 가라앉히는 것을 평화라고 여깁니다. 번뇌를 가라앉히는 것이라고는 생각하지 않습니다. 번뇌는 풀이 바위에 눌려 있는 것처럼 잠시 억눌려 있는 것입니다. 사나흘 뒤에 바위를 치우면 곧 풀이 다시 자랍니다. 풀은 죽은 것이 아니라 눌려 있었을 뿐입니다. 좌선으로 삼매에 드는 것도 마찬가지입니다. 마음은 고요해지지만 번뇌는 그렇지 않습니다. 삼매는 일종의 평화를 가져오지만, 이는 바위에 눌린 풀과 같습니다. 일시적일 뿐입니다. 진정한 평화를 찾으려면 지혜를 길러야 합니다. 지혜의 평화는 바위를 놓은 다음 들어올리지 않고 그대로 두는 것과 같습니다. 그러면 풀이 다시 자라지 못합니다. 이것이 진정한 평화이자, 번뇌를 가라앉히는 것입니다.

지혜와 고요를 분리된 것으로 얘기하지만 본질적으로 이 둘은 하나입니다. 지혜는 삼매의 역동적 기능입니다. 삼매는 지혜의 수동적 측면입니다. 지혜와 삼매는 같은 곳에서 일어나지만 다른 방향과 다른 기능이 있습니다. 여기 있는 망고와 같습니다. 작고 푸른 망고는 결국 더 크게 자라며 익습니다. 모두 같은 망고이지 다른 망고가 아닙니다. 작은 망고, 큰 망고, 익은 망고, 모두가 같은 망고지만 그 조건이 바뀝니다. 명상에서 한 가지 조건은 삼매입니다. 그다음 조건은 지혜입니다. 하지만 덕행, 삼매, 지혜는 망고처럼 모두 같은 것입니다.

명상을 할 때는 어떤 경우든 항상 마음에서 시작해야 합니다. 마음이 무엇인지 알고 있습니까? 마음이 어디에 있죠? 아무도 모릅니다. 우리는 여기저기를 가고 싶고, 이것저것을 원하고, 기분이 좋거나 나쁘다는 것밖에 모릅니다. 하지만 마음 그 자체는 아는 것이 불가능해 보입니다. 마음은 무엇일까요? 마음은 형상이 아닙니다. 좋거나 나쁜 반응을 받아들이는 것을 마음이라 부릅니다. 마음은 집주인과 같습니다. 방문객들이 그를 보러 올 때 집주인은 집에서 방문자들을 맞이합니다. 누가 감각 자극을 맞이합니까? 인식하는 것은 무엇입니까? 누가 감각 자극을 놓아버리나요? 바로 '마음'입니다. 하지만 사람들은 마음을 볼 수 없습니다. 그래서 생각이 돌고 돕니다. "마음이 무엇일까? 마음은 뇌일까?" 문제를 이렇게 혼란스럽게 만들지 마십시오. 자극을 받아들이는 것이 무엇입니까? 어떤 자극은 좋아하고 어떤 자극은 좋아하지 않습니다. 이게 누굴까요? 어떤 사람이 있어서 좋아하고 싫어하는 걸까요? 물론 있긴 하지만 그것을 볼 수는 없습니다. 우리는 이것을 자아라고 여깁니다. 하지만 사실 이것은 정신적법일 뿐입니다.

그래서 명상을 시작할 때는 마음을 가라앉혀야 합니다. 알아차림을 마음에 두십시오. 마음이 알아차리면 평화로워집니다. 어떤 사람들은 알아차리지 않고 평화로워지길 원합니다. 그래서 그들은 아무것도 배우지 못합니다. 만약 우리에게 이 '아는 자'가 없다면, 어디에 명상의 기초를 둘 수 있겠습니까?

긴 것이 없으면 짧은 것도 없습니다. 옳은 것이 없으면 그른 것도 있을 수 없습니다. 요즘 사람들은 계속 공부하며 선과 악을 찾습니다. 하지만 선과 악을 넘어서는 것에 대해서는 아무것도 모릅니다. 그들은 옳음과 그름밖에 모릅니다. "나는 오직 옳은 것만 취할 거야. 그른 것에 대해서는 알고 싶지 않아. 왜 그래야 하지?" 옳은 것만 취하려 하면 곧 잘못될 것입니다. 옳음은 그름으로 이끕니다. 사람들은 길고 짧은 것을 공부하지만, 길지도 않고 짧지도 않은 것에 대해서는 아무것도 모릅니다. 칼에는 칼날과 칼등, 그리고 손잡이가 있습니다. 칼날만 들 수 있나요? 칼등 혹은 손잡이만 들 수 있나요? 손잡이, 칼등, 칼날 모두가 같은 칼의 부분들입니다. 칼을 들면 세 부분을 모두 듭니다. 마찬가지로, 선을 취하면 악이 따라옵니다. 행복을 취하면 고통이 따라옵니다. 좋은 것에 집착하고 나쁜 것을 버리는 명상은 아이들의 법입니다. 장난감 같은 것입니다. 이 정도로 충분하다면 그래도 괜찮습니다. 하지만 좋은 것을 붙잡으면 나쁜 것이 따를 것입니다. 이 길의 끝은 혼란스럽습니다. 이것을 공부하지 않으면 끝이 없을 것입니다.

간단한 예를 들어보겠습니다. 아이를 사랑하기만 하고 미워하는 마음은 조금도 없기를 바란다고 상상해보십시오. 이는 인간의 본성을 모르는 사람의 생각입니다. 사랑을 품으면 미움이 뒤따르게 마련입니다. 이와 비슷하게 사람들은 지혜를 계발하려고 공부를 합니다. 그래서 선과 악을 아주 자세히 공부합니다. 선과 악을 알고 나서는 무엇을 할까요? 그들은 선에 집착하고, 그러면 악이 뒤따릅니다. 그들은 선과 악을 넘어서는 것은 공부하지 않습니다. 우리는 바로 이것을 공부해야 합니다.

이런 사람들은 말합니다. "나는 이렇게 될 거야." "나는 저렇게 될 거야." 하지만 이렇게는 절대로 말하지 않습니다. "나는 어떤 것도 되지 않을 거야. 실제로 '나'는 없으니까." 그들은 이런 것을 공부한 적이 없습니다. 그들은 좋은 것만 원합니다. 그리고 좋은 것을 얻으면 그 속에 빠져버립니다. 너무 좋아지기만 하는 것들은 나빠지기 시작합니다. 그래서 사람들은 결국 앞뒤로 흔들리기만 합니다.

마음이 깨끗해질 때까지 훈련하십시오. 얼마나 깨끗하게 만들어야 할까요? 정말로 깨끗한 마음은 선과 악을 모두 넘어서고 깨끗함마저도 넘어서야 합니다. 바로 이때 명상이 끝납니다. 마음이 행복과 불행을 모두 초월하면 진정한 평화를 찾습니다. 이것이 진정한 평화입니다. 이것은 대부분의 사람들이 공부하지 않는 주제입니다. 그들은 이것을 정말로 보지 못합니다. 고요하게 앉아 있는 것이 마음을 훈련하는 것이라고 생각하지 마십시오. 어떤 사람들은 불평합니다. "저는 명상을 할 수가 없어요. 저는 너무 들떠 있어요. 앉을 때마다 이런저런 생각이 나요. 안 좋은 업이 너무 많나봐요. 악업을 녹이고 나서 돌아와 명상해야겠어요." 물론 한번 시도해보십시오. 악업을 녹이려 시도해보십시오.

이런 장애들에 대해 공부해야 합니다. 자리에 앉자마자 마음은 달아납니다. 마음을 따라가서 데려오고 다시 한번 마음을 관찰합니다. 그러다보면 마음은 다시 달아납니다. 이런 것을 공부해야 합니다. 숙제하기 싫어하는 장난꾸러기 소년처럼 대부분 사람들은 본래 공부하기를 싫어합니다. 그들은 마음의 변화를 보고 싶어하지 않습니다. 그런데 어떻게 지혜를 계발하겠습니까? 우리는 이런 변화와 함께 살아야 합니다. 마음이 이렇게 계속 변한다는 것을 알면 마음을 이해할 수 있습니다.

원숭이를 키운다고 상상해보십시오. 원숭이는 오랫동안 가만있지 못하고, 뛰어다니면서 뭔가 잡기를 좋아합니다. 원숭이는 원래 그렇습니다. 여러분은 절에 와서 원숭이들을 봅니다. 여기 사는 원숭이들도 가만히 있지 않고, 집에서 기르는 원숭이처럼 뛰어다닙니다. 원숭이 한 마리만 알면, 어디를 가서 얼마나 많은 원숭이들을 보든 원숭이 때문에 신경쓰지 않습니다. 원숭이의 본성을 이해하기 때문입니다.

원숭이를 이해하면 여러분은 원숭이가 되지 않을 것입니다. 원숭이를 이해하지 못한다면 여러분 자신이 원숭이가 될지도 모릅니다! 이해하시겠습니까? 원숭이가 여기저기를 건드리면 여러분은 소리칩니다. "이봐, 멈춰!" 그리고 화가 납니다. "이 망할 원숭이가!" 그러면 여러분은 원숭이를 모르는 사람입니다. 원숭이를 아는 사람은 집에 있는 원숭이나 절에 있는 원숭이나 똑같다는 것을 압니다. 왜 원숭이 때문에 괴로워해야 하죠? 원숭이가 어떤 동물인지 알면 그걸로 충분합니다. 그러면 평화로워질 수 있습니다.

평화는 이런 것입니다. 우리는 감각을 알아야 합니다. 어떤 감각은 즐겁고 어떤 감각은 불쾌합니다. 하지만 이는 중요하지 않습니다. 이것은 감각의 문제입니다. 원숭이처럼 말입니다. 감각을 이해하고 놓아버리는 방법을 알아야 합니다. 감각은 불확실합니다. 감각은 무상하고, 불완전하며, 주인이 없습니다. 인식하는 모든 것들이 이렇습니다. 눈, 귀, 코, 혀, 몸, 마음이 감각을 받아들이면, 우리는 이 감각을 압니다. 원숭이를 알듯이 말입니다. 그러면 평화로울 수 있습니다.

이런 감각은 꼭 필요합니다. 감각이 없으면 지혜를 계발할 수 없습니다. 진지한 수행자라면 감각이 많을수록 더 좋습니다. 하지만 많은 수행자들은 감각이 두려워서 피합니다. 그들은 감각을 다루고 싶어하지 않습니다. 이는 말썽쟁이 소년이 학교에 가지 않고 선생님 말씀도 들으려 하지 않는 것과 같습니다. 이런 감각들은 우리에게 가르침을 줍니다. 감각을 알면 명상을 하는 것입니다. 감각 속에 있는 평화는 여기 있는 원숭이들을 이해하는 것과 같습니다. 원숭이가 어떻게 행동하는지 알면 더이상 원숭이로 인해 괴로워하지 않습니다.

명상은 이런 것입니다. 법은 멀리 있지 않고 바로 우리 곁에 있습니다. 법은 하늘에 있는 천신 등에 관한 것이 아닙니다. 법은 우리에 관한 것이며, 바로 지금 우리가 하고 있는 것에 관한 것입니다. 자신을 관찰해보십시오. 때로는 행복하고, 때로는 고통스러우며, 때로는 안락하고, 때로는 괴로우며, 때로는 사랑하고, 때로는 미워합니다. 이것이 법입니다. 여러분은 자신의 경험을 읽어야 합니다.

감각을 놓아버리려면 먼저 감각을 알아야 합니다. 감각의 무상함을 보면 감각이 여러분을 괴롭히지 않을 것입니다. 감각이 일어나자마자 스스로에게 이렇게 말하십시오. "이건 확실치 않아." 감정이 변해도 이렇게 말하십시오. "확실치 않아." 그러면 원숭이를 봐도 신경쓰이지 않듯이 마음이 평화롭습니다. 감각의 진실을 알면 법을 압니다. 감각이 모두 언제나 불확실함을 알면 감각을 놓아버립니다.

여기서 불확실성이라고 부르는 것이 부처입니다. 부처는 법입니다. 불확실하다는 속성이 법입니다. 대상의 불확실성을 보는 이는 누구나 그 변치 않는 실재를 봅니다. 이것이 부처입니다. 법을 보면 부처를 봅니다. 부처를 보면 법을 봅니다. 불확실성을 알면 대상을 놓아버리고 거기에 집착하지 않습니다.

"내 잔을 깨지 마세요"라고 여러분은 말합니다. 깨지는 것을 깨지지 않게 막을 수 있나요? 잔은 곧 깨질 것입니다. 여러분이 잔을 깨뜨리지 않으면 다른 누군가가 깨뜨릴 것입니다. 누군가가 깨뜨리지 않으면 닭이 깨뜨릴 것입니다. 부처님은 이를 받아들이라고 하셨습니다. 이런 것들의 진리를 꿰뚫고서 부처님은 잔이 깨졌음을 보았습니다. 부처님은 이렇게 이해했습니다. 그는 깨지지 않은 잔 속에서 깨진 잔을 보았습니다. 이 잔을 쓸 때마다 잔이 이미 깨졌다고 생각해야 합니다. 때가 되면 잔은 깨질 것입니다. 잔이 여러분의 손에서 미끄러져 산산조각 날 때까지 잔을 쓰고 간수하십시오. 그러면 아무 문제도 없습니다. 잔이 깨지기 전에 이미 잔이 깨질 것을 알고 있었기 때문입니다.

"나는 이 잔이 정말 좋아. 이 잔이 절대로 깨지지 않았으면 좋겠어"라고 여러분은 말합니다. 나중에 개가 그 잔을 깹니다. "저놈의 개를 죽여버리겠어" 하며 잔을 깬 개를 미워합니다. 여러분의 아이가 잔을 깨더라도 아이를 미워합니다. 왜 그럴까요? 여러분이 자신을 막아버려서 물이 더이상 흐르지 못하기 때문입니다. 배수로가 없는 댐을 만들었습니다. 그 댐에 일어날 수 있는 일은 터지는 것뿐입니다. 댐을 만들면 배수로도 만들어야 합니다. 그래야 물이 높이 차도 물을 안전하게 흘려보낼 수 있습니다. 이런 안전밸브가 있어야 합니다. 무상은 고귀한 이의 안전밸브입니다. 이런 안전밸브가 있으면 평화롭습니다.

앉으나 서나 걸으나 누우나 알아차림으로 마음을 살피고 지키며 꾸준히 명상하십시오. 부처를 버리지 않는 한 여러분은 괴롭지 않을 것입니다. 부처를 던져버리면 곧바로 고통을 겪습니다. 무상, 불완전성, 주인 없음에 대한 반조를 버리면 곧바로 고통이 생깁니다. 이렇게 명상할 수 있다면 충분합니다. 고통이 일어나지 않을 것입니다. 그리고 고통이 일어나더라도 고통을 쉽게 가라앉힐 수 있습니다. 그리고 이것이 미래에 고통이 일어나지 않는 원인이 됩니다. 이렇게 고통이 더이상 일어나지 않는 지점이 명상의 끝입니다. 그러면 왜 고통이 일어나지 않을까요? 고통의 원인을 해결했기 때문입니다. 이 이상 할 필요는 없습니다. 이것으로 충분합니다. 마음속으로 이에 대해 명상해보십시오. 기본적으로 여러분은 모두 5계를 행동의 바탕으로 삼고 있습니다. 경전을 공부할 필요 없이 처음에는 5계에 집중하십시오. 처음에는 실수를 할 것입니다. 실수를 깨달으면 멈추고 돌아와 다시 계를 확립하십시오. 아마도 엇나가서 다시 실수를 할 것입니다. 실수를 깨달으면 다시 자신을 바로잡으십시오. 이렇게 명상하면 언제나 모든 자세에서 알아차림이 있습니다. 좌선을 할 시간에는 좌선을 하십시오. 그렇지만 명상에는 좌선만 있는 게 아닙니다. 마음으로 대상을 완전히 경험하고 대상의 본질을 반조해야 합니다. 어떻게 반조해야 할까요? 무상하고 불완전하며 주인 없음을 보아야 합니다. 이 모든 것이 불완전합니다. "이것은 정말 아름다우니 이걸 꼭 가져야겠어요." 이는 확실치 않습니다. "이건 전혀 좋아하지 않아요." 바로 자신에게 말해주십시오. "확실치 않아요!" 확실하지 않다는 것은 절대적 진실입니다. 하지만 "이것을 확실히 가질 거야"라고 말한다면 벌써 길을 벗어난 것입니다. 그러지 마십시오. 어떤 것을 얼마나 좋아하든 그것이 확실치 않음을 반조해보십시오. 어떤 음식은 너무 맛있어 보입니다. 하지만 이것도 확실한 것이 아님을 반조하십시오. 그것이 확실한지 확실하지 않은지를 시험해보려면 가장 좋아하는 음식을 매일 먹어보십시오. 그러면 결국은 불평을 하게 될 겁니다. "이 음식이 더이상 맛있지 않군." 결국은 이런 생각이 듭니다. "사실 나는 다른 음식을 더 좋아해." 이 역시 확실하지 않습니다.

어떤 사람들은 거의 혼수상태가 될 때까지 앉아 있습니다. 죽은 것처럼 방향을 분간하지 못합니다. 이렇게 극단적으로 행동하지 마십시오. 졸리면 자세를 바꿔 걸으십시오. 지혜를 계발하십시오. 정말 피곤하면 휴식을 취하십시오. 그리고 깨자마자 명상을 계속하십시오. 혼미한 상태에 빠지지 않도록 하십시오. 이성과 지혜와 신중함을 갖고 명상해야 합니다.

자신의 몸과 마음에서 명상을 시작해 몸과 마음의 무상함을 보십시오. 어떤 음식이 맛있다면 자신에게 이렇게 말해야 한다는 걸 기억하십시오. "이건 확실치 않아." 여러분이 먼저 공격해야 합니다. 보통은 먼저 공격을 당합니다. 어떤 것을 좋아하지 않으면 그것 때문에 고통받습니다. 이렇게 대상은 우리를 먼저 공격합니다. 절대로 먼저 주먹을 맞지 마십시오.

모든 자세에서 명상하십시오. 앉으나 서나 걸으나 누우나 어떤 자세에서든 분노를 경험할 수 있습니다. 어떤 자세에서도 욕망을 경험할 수 있습니다. 그래서 모든 자세에서 명상해야 합니다. 명상은 일관되어야 합니다. 보여주려는 목적이 아니라 진심으로 명상하십시오. 좌선을 하면 어떤 현상들이 일어날지도 모릅니다. 이것이 가라앉기 전에 다른 현상이 닥쳐옵니다. 이런 것들이 일어날 때면 그저 자신에게 이렇게 말하십시오. "확실치 않아. 확실치 않아." 이런 현상들이 여러분을 공격하기 전에 공격하십시오.

이것이 중요한 핵심입니다. 모든 것이 무상하다는 것을 알면 모든 생각이 점차 풀립니다. 나타나는 모든 것들의 불확실성을 반조하면 모든 것들이 같은 길을 간다는 것을 압니다. 무엇이 일어나든 이렇게만 얘기하면 됩니다. "이번에도 불확실해."

마음이 평화롭다면 멈춰 있지만 흐르는 물과 같습니다. 멈춰 있지만 흐르는 물을 본 적이 있습니까? 흐르는 물과 멈춰 있는 물은 보았겠지만, 아마도 멈춰 있지만 흐르는 물은 보지 못했을 것입니다. 생각이 미칠 수 없는 바로 그곳, 바로 평화 속에서 지혜를 계발할 수 있습니다. 여러분의 마음은 흐르지만 멈춰 있는 물처럼 될 것입니다. 멈춰 있지만 흐르는 물입니다. 그래서 저는 이것을 '멈춰 있지만 흐르는 물'이라고 합니다. 여기서 지혜가 일어날 수 있습니다.

36장

초월

|

다섯 고행자(부처님이 깨달음을 얻기 전 고행하던 때에 부처님을 따랐다가 부처님이 극단적 고행을 버리자 떠나간 제자들)가 부처님을 떠났을 때 부처님은 이것이 행운이라고 생각했습니다. 방해받지 않고 명상할 수 있었기 때문입니다. 다섯 고행자는 부처님이 명상을 게을리하며 편안한 생활로 돌아섰다고 느꼈습니다. 이전에 부처님은 열심히 고행을 실천했습니다. 그는 잠과 음식을 절제하며 자신을 심하게 괴롭혔습니다. 하지만 이런 수행은 효과가 없었습니다. 그는 자만과 집착으로 명상하고 있었습니다. 그는 세속적 가치와 자아를 진리로 착각했습니다.

예를 들어 칭찬을 받으려고 고행을 결심한다면, 이런 명상은 세속적 동기에서 나온, 명성을 얻기 위한 명상입니다. 이런 의도로 하는 명상은 세속적 방식을 진리로 착각하는 것입니다.

명상을 하는 또다른 방식은 자신의 견해를 진리로 착각하는 것입니다. 여러분은 자기 자신과 자신의 수행만 믿습니다. 다른 사람이 어떤 말을 해도 자신에 대한 편애를 버리지 않습니다. 이것이 자신을 진리로 착각하는 것입니다.

세상을 진리로 여기든 자신을 진리로 여기든 이는 모두 눈먼 집착일 뿐입니다. 부처님은 이것이 법을 따르는 수행, 진리를 찾는 수행이 아니라고 보았습니다. 번뇌를 포기하지 않으면 명상을 해도 소용이 없습니다.

부처님은 자신이 걸어온 명상의 길을 시작부터 전부 다시 한번 돌아보았습니다. 수행의 결과는 어땠을까요? 깊이 들여다보자, 자신이 걸어온 길이 자만과 속세의 것들로 가득차 있음을 보았습니다. 법이 없었고, 무상에 대한 통찰도 없었으며, 텅 빔도 없었고, 완전한 놓아버림도 없었습니다.

부처님은 상황을 주의깊게 살펴보고 나서 자신이 이런 것들을 다섯 고행자에게 설명해도 그들이 이해할 수 없으리라 생각했습니다. 그들은 여전히 과거의 명상 방식과 관점에 완고하게 싸여 있었기 때문입니다. 부처님은 죽는 날까지, 이런 식으로 명상해서는 아마 굶어죽더라도 아무것도 성취할 수 없다고 보았습니다. 이런 명상은 세속적 가치와 자만에서 일어난 것이기 때문입니다.

깊이 반조한 뒤 부처님은 바른 명상을 이해했습니다. 마음을 마음이라 여기고, 몸을 몸이라 여기는 것입니다. 몸은 욕망과 번뇌의 원천이 아닙니다. 몸을 부순다고 번뇌를 부술 수 있는 것은 아닙니다. 단식하고 잠을 자지 않아 몸이 앙상하게 말라도 번뇌를 없앨 수는 없습니다. 하지만 고행으로 번뇌를 없앨 수 있다는 믿음은 다섯 고행자에게 마음 깊이 박혀 있었습니다.

그후 부처님은 음식량을 늘려서 정상적으로 식사하며 보다 자연스럽게 명상했습니다. 다섯 고행자는 부처님의 명상이 이렇게 변한 것을 보고, 부처님이 명상을 포기하고 감각적 탐닉으로 전향했다고 생각했습니다. 부처님의 이해는 겉모습을 초월한 더 높은 차원으로 전환되었습니다. 하지만 다섯 고행자들은 부처님의 수행이 퇴보해 편안한 삶으로 돌아섰다고 생각했습니다. 부처님이 전에 고행을 가르치고 실천했기에, 고행 수행이 그들의 마음에 깊이 배어 있었습니다. 하지만 부처님은 고행의 문제점을 깨닫고 고행을 놓아버렸습니다.

다섯 고행자는 부처님이 보다 일반적인 방식으로 행동하는 모습을 보고 부처님을 떠났습니다. 새가 그늘 없는 나무를 떠나듯이, 혹은 물고기가 너무 작고 너무 더럽고 너무 따뜻한 연못을 떠나듯이, 다섯 고행자는 부처님을 버렸습니다.

그래서 부처님은 법에 대해 명상하는 데 집중했습니다. 그는 좀더 편안하고 좀더 자연스럽게 살았습니다. 그는 마음이 그냥 마음이고 몸이 그냥 몸이도록 내버려두었습니다. 그는 지나치게 명상을 밀어붙이지 않았습니다. 탐욕과 악의, 그리고 어리석음을 움켜쥔 손을 느슨하게 할 정도로만 명상했습니다. 전에 그는 두 극단으로만 걸었습니다. 행복이나 사랑이 일어나면 마음이 흔들렸고 거기에 집착했습니다. 행복과 사랑을 알고서 놓아버리지 못했습니다. 그는 거기에 빠졌습니다. 이것이 한 극단입니다. 다른 극단은 다섯 고행자와 함께 한 고행입니다.

부처님은 조건에 집착했었습니다. 하지만 이 두 길이 수행자의 길이 아님을 명확하게 알았습니다. 그가 한 극단에서 다른 극단으로 끊임없이 달리며 헤맸다면, 그는 결코 세상을 명확하게 아는 자가 되지 못했을 것입니다. 이제 부처님은 마음 그 자체와 마음의 훈련에 주의력을 고정했습니다.

자연의 모든 양상들은 그것을 보조하는 조건들에 따라 진행됩니다. 예를 들어 몸은 고통, 질병, 열병, 감기 등을 경험합니다. 이 모든 것들은 자연스럽게 일어나는 것들이라 그 자체로는 문제가 아닙니다. 사실 사람들은 몸에 대해 너무 걱정합니다. 잘못된 견해가 자신의 몸에 대해 지나치게 걱정하고 집착하게 만들어서 몸을 놓아버릴 수가 없습니다.

이 법당을 보십시오. 우리는 법당을 짓고 우리 것이라고 생각합니다. 하지만 도마뱀과 쥐도 법당에 삽니다. 우리는 항상 이들을 내쫓습니다. 이 법당이 도마뱀이나 쥐의 것이 아닌 우리 것이라 생각하기 때문입니다.

몸의 병도 마찬가지입니다. 우리는 이 몸을 우리 집이라 여깁니다. 몸이 정말 자신에게 속한다고 생각합니다. 두통이나 복통이 생기면 당황합니다. 통증이나 고통을 원하지 않기 때문입니다. 자신의 다리나 팔이 다치기를 원치 않습니다. 머리에 아무런 문제가 생기지 않길 원합니다. 그래서 어떻게든 모든 고통과 병을 고치려 합니다.

이렇게 속아서 진리에서 멀어집니다. 우리는 이 몸의 손님일 뿐입니다. 이 법당처럼 말입니다. 법당은 사실 우리 것이 아닙니다. 우리는 도마뱀이나 쥐처럼 잠시 세를 든 사람일 뿐이지만 이것을 이해하지 못합니다. 실제로 부처님은 이 몸속에 자아가 존재하지 않는다고 하셨습니다. 하지만 우리는 몸에 집착해서 자아라고 여깁니다. 우리는 몸이 변하길 원치 않습니다. 얘기를 많이 들어도 이해하지 못합니다. 내가 솔직하게 말해도 여러분은 더욱 속고 맙니다. "이것은 여러분 자신이 아닙니다." 저는 이렇게 말합니다. 그리고 여러분은 길을 더 벗어납니다. 더욱 혼란해지고, 명상은 자아를 더욱 강

화시킬 뿐입니다.

그래서 대부분 사람들은 실제로 자아를 보지 못합니다. 자아를 보는 이는, 어떤 것이 자아가 아니며 자아에 속한 것도 아님을 아는 이입니다. 그 본성에 따라 몸을 탐구한다는 의미입니다. 몸의 진정한 본질을 아는 것이 지혜입니다. 몸의 진정한 본질을 알지 못하면, 어쩔 줄 몰라 하며 항상 몸을 거부합니다. 몸을 놓아버리는 것이 낫나요? 아니면 몸을 반대하거나 거부하는 것이 낫나요? 우리는 몸이 자신의 바람에 부합하길 원합니다. 그래서 몸을 조작하고 다룰 온갖 종류의 수단을 찾습니다. 몸이 아프면 아프기 싫어서 『초전법륜경』, 『칠각지경』, 『무아경』 등 독송할 여러 경전들을 찾습니다. 우리는 몸이 고통스럽기를 원치 않고, 몸을 보호하고 통제하고 싶어합니다. 이렇게 경전을 외는 것은 신비로운 힘에 기대는 의식이 될 수 있습니다. 그래서 병을 물리치고 장수를 기원하기 위해 이런 경전들을 독송하며 더욱더 집착에 얽매입니다. 부처님은 명확하게 볼 수 있도록 이런 가르침을 주셨지만, 우리는 이런 경전들을 독송하며 어리석음을 더 키웁니다. "물질은 무상하다. 느낌은 무상하다. 인식은 무상하다. 정신적 형성은 무상하다. 의식은 무상하다……." 어리석음을 키우려고 이런 구절들을 독송하는 것이 아닙니다. 이런 독송은 몸의 진실을 이해하고, 몸을 놓아버리고 집착을 버리도록 도와줍니다.

줄이기 위해 독송을 한다고 하면서 우리는 모든 걸 더 크게 늘이곤 합니다. 너무 길다고 여겨지면 짧게 만들기 위해 독송을 합니다. 자연을 우리 욕구에 따라 맞추려 합니다. 모두 어리석은 행동입니다. 여기 앉아 있는 이들 모두가 어리석음에 빠져 있습니다. 독송을 하는 사람도, 독송을 듣는 사람도 모두 어리석습니다. 모두들 "어떻게 하면 고통을 피할 수 있을까?" 하는 생각뿐입니다. 명상은 언제 합니까?

깨달은 자는 병에 걸려도 전혀 이상하게 생각하지 않습니다. 이 세상에 태어나면 병에 걸릴 수밖에 없습니다. 부처님과 고귀한 이들은 병에 걸렸을 때 약으로 병을 치료했습니다. 그저 요소들을 바로잡았을 뿐입니다. 그들은 몸이나 신비한 의식 같은 것에 맹목적으로 집착하지 않았습니다. 그들은 어리석음이 아닌 바른 견해로 병에 대처했습니다. "병이 나으면 낫는 거지. 낫지 않으면 낫지 않는 거고." 그들은 이렇게 생각했습니다.

태국에서 불교가 번창하고 있다고들 말합니다. 하지만 제가 보기에는 침체될 대로 깊이 침체되었습니다. 법당은 귀를 쫑긋 세운 사람들로 가득차 있지만, 그들은 주의를 잘못 기울이고 있습니다. 그래서 사람들은 서로를 더 어리석은 길로 이끌고 갑니다.

이런 사람들이 어떻게 고통을 초월할 수 있겠습니까? 그들은 진리를 깨달을 수 있는 경전을 가지고 있지만, 돌아서서는 어리석음을 늘리는 데 경전을 활용합니다. 그들은 바른 길에서 등을 돌립니다. 한 사람이 동쪽으로 가면 다른 사람은 서쪽으로 갑니다. 그들이 어떻게 서로 만나겠습니까? 그들은 서로 전혀 가깝지 않습니다. 그들은 어리석음으로 독송을 할 뿐 지혜로 독송하지 않습니다. 어리석음으로 공부합니다. 그들은 깨달음을 얻지만 어리석게 깨닫습니다. 그래서 결국 어리석게 나아가고, 어리석게 살고, 어리석게 깨닫습니다. 가르침은 또 어떤가요? 오늘날 그들이 하는 모든 일은 사람이 어리석어지도록 가르치는 것입니다. 그들은 현명해지도록 가르친다고 하지만, 진리의 측면에서 보면 사실 사람들이 길을 잃고 거짓에 집착하도록 가르치는 것입니다.

가르침의 진정한 기초는 자아가 텅 비어 있으며, 고정된 실체가 없고, 내재하는 존재가 비어 있음을 보게 하는 것입니다. 하지만 사람들은 법을 공부하면서 자기 견해를 키우고, 고통이나 어려움을 겪지 않으려 합니다. 그들은 모든 것이 편안하기만을 바랍니다. 고통을 초월하고 싶어하겠지만, 여전히 자아가 있는데 어떻게 이것이 가능하겠습니까?

아주 비싼 물건을 소유하게 되었다고 생각해보십시오. 그 물건을 가지는 순간 마음이 바뀝니다. "이걸 어디에 보관해

야 하지? 저기 두면 누가 훔쳐갈지도 모르는데." 우리는 걱
정하며 물건을 보관할 장소를 찾습니다. 마음이 언제 바뀌었
죠? 그 물건을 가지는 순간 마음이 바뀌었습니다. 바로 그 순
간 고통이 일어났습니다. 그 물건을 어디에 두든 마음이 편
하지 않습니다. 앉으나 걸으나 누우나 걱정합니다.

이것이 고통입니다. 언제 고통이 일어납니까? 고통은 우리
가 어떤 것을 가졌다고 아는 순간에 일어납니다. 그 물건을
갖기 전에는 고통이 없었습니다. 아직 집착할 물건이 없었기
때문에 고통이 일어나지 않았습니다.

자아도 마찬가지입니다. '나의 자아'의 측면에서 생각하면
우리를 둘러싼 모든 것들이 '나의 것'이 됩니다. 그러면 혼란
이 뒤따릅니다. 이런 혼란의 원인은 자아가 있기 때문입니다.
외피를 벗겨내 초월을 보지 못합니다. 자아는 외피일 뿐입니
다. 문제의 중심, 즉 초월을 보려면 외피를 벗겨내야 합니다.
외피를 뒤집어 초월을 발견해야 합니다.

정미하지 않은 벼에 이를 비유할 수 있습니다. 쌀을 먹으
려면 정미를 해야 합니다. 껍질을 제거해야 그 안의 쌀을 얻
을 수 있습니다.

벼를 정미하지 않으면 쌀을 얻을 수 없습니다. 정미하지
않은 곡식 더미 위에서 자고 있는 개처럼 말입니다. 개는 배
가 고프지만 누워서 이런 생각만 합니다. '먹을 걸 어디서 구

하지?' 개는 배가 고프면 곡식 더미로 뛰어갔다가 음식 부스러기를 찾아 뛰어다닙니다. 음식 더미 바로 위에서 잠자지만 그것을 전혀 알지 못합니다. 정미하지 않은 벼는 먹을 수 없기 때문입니다. 음식이 거기 있지만 개는 그 음식을 먹을 수 없습니다.

배움이 있어도 그에 따라 명상하지 않으면, 볏단 위에서 잠자는 개처럼 여전히 무지한 채로 남을 것입니다. 부끄러운 일입니다. 쌀이 있지만 무엇이 쌀을 가리고 있습니까? 껍질이 쌀을 가리고 있어서 개는 쌀을 먹지 못합니다. 초월이 있는데 무엇이 이것을 가립니까? 외피가 초월을 가립니다. 사람들은 그저 쌀더미 위에 앉아 있기에 쌀을 먹지 못합니다. 즉 명상을 할 수 없고 초월을 볼 수 없습니다. 사람들은 계속 반복해서 외피에 빠집니다. 외피에 빠지면 고통이 생깁니다. 형성, 탄생, 늙음, 질병, 죽음에 포위됩니다.

법의 진정한 의미를 꿰뚫지 못하고 법을 공부하는 사람들은 정미하지 않은 쌀더미 위에 있는 개와 같습니다. 법을 아무리 많이 공부해도 명상하지 않으면 법을 볼 수 없습니다.

이것은 달콤한 과일과 같습니다. 달콤한 과일이 있어도 맛이 어떤지 알려면 그 과일을 먹어봐야 합니다. 그러면 그후에는 과일을 먹어보지 않아도 그 과일이 달콤하다는 걸 압니다. 부처님의 법도 이와 같습니다. 부처님의 법은 진리이지만 진실로 알지 못하는 사람에게는 진실이 아닙니다. 법이 아무리 뛰어나도 그들에게는 아무 가치가 없습니다.

사람들은 왜 고통을 움켜쥘까요? 아무도 고통을 원치 않지만, 고통을 찾아다니고 있었던 것처럼 사람들은 계속 고통의 원인을 만듭니다. 사람들은 마음속으로 행복을 찾고 있지만, 그 마음은 많은 고통을 만들어냅니다. 이를 아는 것으로 충분합니다. 고통을 알지 못하기에 고통을 만들어는 것이기 때문입니다. 우리는 고통을 모르고, 고통의 원인을 모르고, 고통의 끝을 모르고, 고통의 끝으로 이끄는 길을 모릅니다. 그래서 사람들이 그렇게 행동합니다.

사람들은 잘못된 견해를 갖고 있지만 그것이 잘못된 견해임을 보지 못합니다. 무슨 말을 하건 무엇을 믿건 무엇을 하건, 결과적으로 고통이 일어난다면 모두 잘못된 견해입니다. 잘못된 견해가 아니라면 고통이 일어나지 않습니다. 고통이나 행복 혹은 어떤 조건에도 집착하지 않습니다. 물의 흐름처럼 모든 것이 자연스럽게 흘러가도록 내버려둡니다. 그 흐름을 막을 필요가 없습니다. 자연적 과정에 따라 흘러가도록 그냥 내버려둡니다.

법의 흐름도 마찬가지입니다. 무지한 마음의 흐름은, 잘못된 견해라는 형태로 법에 저항하려 합니다. 다른 사람이 잘못된 견해를 갖고 있으면 발끈하면서, 자신이 잘못된 견해를 갖고 있을 때는 이를 보지 못합니다. 들여다볼 가치가 있음에도 말입니다.

대부분 사람들은 여전히 엄청난 고통에 빠져서 아직도 윤회를 헤매고 있습니다. 질병이나 고통이 생기면, 이것을 어떻게 없앨 수 있을지만 궁리합니다. 그들은 질병이나 고통이 가능한 한 빨리 멈추기를 바랍니다. 그들은 이것이 몸의 정상적인 작용이라고 생각하지 않습니다. 몸은 변화하지만 사람들은 이를 받아들이지 못합니다. 그들은 어떻게든 고통을 없애고 싶어합니다. 하지만 결국 그들은 이길 수 없습니다. 그들은 진리를 이길 수 없습니다. 모든 것은 무너지지만, 사람들은 이를 보고 싶어하지 않습니다.

법을 깨닫기 위한 명상은 모든 것들 중 가장 위대합니다. 부처님은 어째서 모든 바라밀을 계발하셨을까요? 부처님께서 법을 깨닫고서 다른 이들도 법을 보고 법을 알고 법을 수행하고, 법이 될 수 있게 하기 위해서였습니다. 그리고 그들이 놓아버리고 짐을 벗어버릴 수 있게 하기 위해서였습니다.

행복이 일어나든 불행이 일어나든 반드시 자아가 있습니다. '나' 그리고 '나의 것'이 있으면 이런 현상이 있습니다. 이런 모든 것들이 나타날 때 마음이 곧바로 초월로 가면, 마음은 그 나타난 것들을 없애버립니다. 마음은 이런 것들에서 기쁨, 악의, 그리고 집착을 제거합니다. 이는 자신이 소중히 여기는 것을 잊어버렸다 다시 찾으면 걱정이 사라지는 것과 같습니다. 명상을 해서 법을 얻고 법을 보면, 문제에 부딪힐 때마다 그 즉시 문제를 해결합니다. 그러면 문제가 완전히 사라지고, 우리는 문제로부터 벗어납니다.

법을 성취하지 못하면 어째서 놓아버릴 수 없을까요? 그 해로움을 여전히 명확하게 보지 못하기 때문입니다. 우리의 앎은 불완전합니다. 부처님이나 그의 아라한 제자들처럼 명확하게 알면 확실히 놓아버릴 수 있습니다. 그러면 아무 어려움 없이 문제들이 해결될 것입니다.

소리를 들을 때는 귀가 자신의 일을 하도록 내버려두십시오. 눈이 형상과 함께 그 기능을 발휘하면 그러도록 내버려두십시오. 코가 냄새와 함께 작용하면 그 일을 하도록 내버려두십시오. 몸이 감각을 경험하면 자연적 작용을 하도록 내버려두십시오. 감각이 그 자연적 작용들을 하도록 내버려두면 어디서 문제가 생기겠습니까? 문제가 생기지 않습니다.

마찬가지로 외피에 속하는 모든 것들은 외피에 맡기십시오. 그리고 그 초월을 인식하십시오. 그저 '아는 자'가 되십시오. 집착 없이, 그리고 자연스러운 방식으로 대상을 아십시오.

이런 방식으로 법을 알아야 합니다. 이렇게 알면 고통을 넘어섭니다. 이런 종류의 앎은 중요합니다. 어떤 것을 만드는 방법을 알고 도구를 이용할 줄 알고 세상의 다양한 과학을 아는 등의 앎은 모두 그 역할이 있지만, 이것들은 최고의 앎이 아닙니다. 여기서 제가 설명한 대로 법을 알아야 합니다. 전부를 알 필요는 없습니다. 알고 놓아버리는 수행자는 이 정도만 알아도 충분합니다. 죽고 나서야 고통을 초월할 수 있는 것이 아닙니다. 문제를 해결하는 방법을 알면 바로 지금 생에 고통을 초월할 수 있습니다. 여러분은 외피를 알고 그 초월을 압니다. 명상하고 있는 지금 삶에서 그것들을 아십시오.

'스님이 왜 같은 말을 계속 반복하실까?' 하는 의심이 생길 겁니다. 제가 어떻게 진리가 아닌 것을 가르치겠습니까? 이것이 비록 사실일지라도 여기에 너무 집착하지 마십시오! 맹목적으로 집착하면 거짓이 됩니다. 개의 다리를 잡는 것과 같습니다. 개를 놔주지 않으면 개는 발버둥치다가 여러분을 뭅니다. 우리는 관습에 따라 살아가지만, 관습에 너무 집착하면 고통이 생깁니다. 그저 지나가게 내버려두십시오.

자신이 명백하게 옳다고 느끼면 다른 견해나 다른 사람에게 마음을 열지 않습니다. 이렇게 잘못된 견해에 빠집니다. 고통이 일어날 때 그 고통은 어디서 일어날까요? 잘못된 견해에서 일어납니다.

그래서 저는 말합니다. "여유를 가지세요. 집착하지 마세요." '옳음'은 하나의 추측이니 그냥 흘려버리십시오. '잘못됨'은 또다른 외적 조건이니 그냥 내버려두십시오. 여러분이 옳다고 생각하는데 다른 사람이 여러분에게 잘못되었다고 하면, 논쟁하지 말고 놓아버리십시오. 알자마자 놓아버리십시오. 이것이 바른길입니다.

보통은 이렇게 하지 않습니다. 사람들은 서로 지지 않으려합니다. 그래서 여전히 자신을 모르는 어떤 사람들은, 심지어수행자들조차 정말 어리석은 얘기를 하면서도 자신이 지혜롭다고 생각합니다. 어리석은 얘기를 하므로 다른 사람들이 귀기울여 듣지도 않지만, 그들은 자신이 다른 사람들보다 더 똑똑하다고 생각합니다. 다른 사람들은 법을 들을 수조차 없지만, 그들은 자신들이 현명하고 옳다고 생각합니다. 그들은 자신의 어리석음을 광고하고 있을 뿐입니다.

그래서 현자들은 말합니다. "무상을 무시하는 말은 현자의 말이 아니라 어리석은 자의 말이다. 고통이 바로 거기서 일어날 것을 모르는 자의 어리석은 말이다." 예를 들어, 여러분이 내일 방콕에 가기로 했는데 어떤 사람이 묻습니다. "내일 방콕에 갈 건가요?" 여러분은 대답합니다. "방콕에 가려고 해요. 별일 없다면 아마도 가겠지요." 이는 마음속에 법을 가지고 한 말이며, 마음속에 무상을 품고 한 말입니다. 무상하고 불확실한 세상의 진리를 고려한 말입니다. "네, 내일 확실히 갈 거예요"라고 말하지 않습니다.

아직 더 살펴볼 것들이 있습니다. 명상은 점점 섬세해집니다. 하지만 법을 보지 못하면, 옳지 않은 말을 하거나 실제로는 대상의 진정한 본질에서 벗어난 말을 하면서도 스스로는 옳은 말을 하고 있다고 생각합니다. 간단히 말하자면, 어떤 말이나 행동을 하든 그것이 고통을 일으킨다면 잘못된 견해임을 알아야 합니다. 이것은 착각이며 어리석음입니다.

수행자들은 대부분 이런 식으로 반조하지 않습니다. 그들이 좋아하는 것은 무엇이든 옳다고 생각하고 그것을 믿습니다. 그들은 선물을 받거나 새로운 직책을 얻거나 승진하거나 혹은 칭찬의 말을 듣기라도 하면, 그것을 대단하다고 여겨 자만심으로 바람이 듭니다. 그들은 이런 생각을 하지 않습니다. '내가 누구지? 소위 말하는 선은 어디에 있지? 선은 어디서 왔을까? 다른 사람들에게도 똑같은 선이 있나?'

부처님은 우리에게 정상적으로 행동하라고 하셨습니다. 이 말을 제대로 곱씹어보지 않으면, 마음이 미혹에 깊이 휩싸여 여전히 부와 지위와 칭찬에 빠져 있을 것입니다. 부, 지위, 칭찬으로 인해 자신이 전보다 나아졌다고 생각하며 자신을 특별하게 여깁니다.

실제로 인간에게는 아무것도 없습니다. 우리가 어떤 존재든 그것은 현상계에 있을 뿐입니다. 외피를 제거하고 초월을 보면, 거기에 아무것도 없음을 깨닫습니다. 처음에는 태어나고, 중간에는 변화하고, 끝에는 소멸하는 우주적 특징만이 있을 뿐입니다. 이를 보면 문제가 일어나지 않고 만족과 평화가 있습니다.

부처님을 떠난 다섯 고행자처럼 생각할 때 문제가 발생합니다. 그들은 스승의 가르침을 따랐지만, 스승이 명상 방식을 바꾸자 이해하지 못했습니다. 그들은 부처님이 포기했고 나태해졌다고 생각했습니다. 우리도 그들처럼 예전 방식에 집착하며 우리가 옳다고 확신하고 있는지 모릅니다.

명상하십시오. 그렇지만 명상의 결과를 지켜보십시오. 스승이나 가르침을 따르기를 거부하는 곳을 특별히 살펴보십시오. 이곳에 마찰이 있습니다. 마찰이 없는 곳에서는 그대로 흘러갑니다. 마찰이 있어 흐르지 못하는 곳에서 여러분은 자아를 만들고 집착합니다. 이것이 견해에 대한 자만입니다. 옳은 것일지라도 다른 사람들에게 양보하기를 거부하면서 집착하면 그른 것이 됩니다. 옳은 것에 강하게 집착하는 것은 자아가 일어났기 때문입니다. 놓아버리지 못한 것입니다.

이를 깨달은 수행자를 제외하고 이것은 사람들에게 많은 문제를 일으킵니다. 깨달으면 바로 놓아버리게 될 것입니다. 그러면 집착이 일어나는 즉시 놓아버립니다. 마음이 곧바로 놓아버리게 해야 합니다.

집착과 집착에 저항하는 것, 이 두 기능이 작용하는 것을 보아야 합니다. 감각 자극을 경험할 때마다 두 기능이 작용하는 것을 관찰해야 합니다. 둘 모두를 지켜보십시오. 이렇게 반조하고 꾸준히 명상하면, 집착이 보다 약해지고 덜 일어날 것입니다. 바른 견해는 자라고 잘못된 견해는 줄어듭니다. 집착이 사라지고 집착하지 않음이 일어납니다. 모든 사람이 그렇게 될 것입니다. 현재의 순간 속에서 자신의 문제를 해결하는 법을 배워야 합니다.

37장

조건 없음을 향해

법을 듣는 목적은 다음과 같습니다. 첫째, 이해하지 못한 것을 명확하게 이해하기 위해서입니다. 둘째, 이미 이해한 것에 대한 이해를 향상하기 위한 것입니다. 우리는 법문에 의지해 이해를 높입니다. 그래서 듣는 것은 매우 중요한 요소입니다. 마음은 중요한 요소입니다. 마음은 좋고 나쁨, 옳고 그름을 인식합니다. 단 일 분이라도 알아차림이 없으면 그 시간 동안은 미친 것입니다. 삼십 분 동안 알아차림이 없다면 삼십 분간 미친 것입니다. 알아차림이 없는 동안 우리는 미쳐 있습니다. 그래서 법을 들을 때 집중하는 것이 매우 중요합니다.

이 세상 모든 존재들은 고통받고 있습니다. 고통을 완전히 없애기 위해 법을 공부하는 것입니다. 고통이 일어난다면, 이것은 고통을 제대로 모르기 때문입니다. 의지나 부와 소유물로 아무리 고통을 통제하려 해도 불가능합니다. 고통의 진리를 아는, 명확한 앎과 깨어 있음을 통해서만 고통을 없앨 수 있습니다. 그리고 이것은 집 없는 출가자뿐만 아니라 재가자들에게도 적용됩니다. 진리를 알면 누구에게나 자동적으로 고통이 소멸됩니다.

선과 악의 상태는 변치 않는 진리입니다. 법은 변치 않고 유지되는 것을 의미합니다. 혼란은 그 혼란을 유지하고, 고요는 그 고요를 유지합니다. 뜨거운 물은 젊은 사람이나 늙은 사람, 혹은 국적이 다른 사람에게도 뜨겁습니다. 뜨거운 물이 사람에 따라 변하지 않듯이 선과 악은 그 조건들을 유지합니다. 그래서 그 조건을 유지하는 것을 법이라 정의합니다. 우리는 명상할 때 뜨거움과 차가움, 옳음과 그름, 선과 악을 알아야 합니다. 예를 들어 불건전함을 안다면, 그것이 일어날 원인을 만들지 않을 것입니다.

이것이 명상입니다. 많은 이들이 법을 공부하고, 법을 배우고, 명상합니다. 하지만 그들은 아직 법과 함께하지 못하며, 마음속에서 불건전함과 혼란의 원인을 아직 없애지 못했습니다. 열을 일으키는 원인이 아직 존재하는 한 열기를 막을 방법은 없습니다. 마찬가지로 우리 마음에 혼란의 원인이 있는 한 혼란을 막을 수 없습니다. 그 근원에서 혼란이 일어나기 때문입니다. 그 근원이 꺼지지 않는 한 혼란은 다시 일어날 것입니다.

좋은 행동을 하면 마음속에서 선함이 일어납니다. 선함은 그 원인으로 인해 일어납니다. 원인을 이해하면 원인을 만들 수 있고, 결과는 자연스럽게 따라옵니다. 하지만 사람들은 보통 바른 원인을 만들지 않습니다. 사람들은 선을 몹시 원하지만, 선을 일으키기 위해 일하지 않습니다. 그래서 나쁜 결과들만 얻게 되고 마음이 고통 속에서 혼란스러워합니다. 요즘 모든 사람들은 돈을 원합니다. 돈만 많으면 모든 것이 좋아질 거라고 생각합니다. 그래서 돈을 버는 데 모든 시간을 쏟으며, 선을 찾으려 하지 않습니다. 이는 고기를 사놓고는 소금으로 절여두지 않고 그냥 내버려둬서 고기가 상하는 것과 같습니다. 돈을 원하는 이들은 돈을 버는 방법과 돈을 간수하는 방법을 모두 알아야 합니다. 고기를 원한다면 고기를 사서 그냥 집에 내버려두지 마십시오. 그러면 고기가 금방 썩을 것입니다.

이는 잘못된 생각입니다. 잘못된 생각을 하면 혼란이 따릅니다. 부처님이 법을 가르치신 것은 사람들이 명상하고, 법을 알고, 법을 보고, 법과 하나가 되어, 마음이 법이 되도록 만들기 위해서였습니다. 마음이 법이 되면 행복과 만족이 생깁니다. 이 세상에는 윤회의 들뜸이 있고 고통의 소멸도 있습니다.

명상은 마음이 고통으로부터 초월하게 해줍니다. 몸은 고통을 초월할 수 없습니다. 몸은 태어나면 고통과 질병, 늙음과 죽음을 경험해야 합니다. 마음만이 집착을 초월할 수 있습니다. 부처님의 모든 가르침은 이 끝으로 가는 유용한 수단입니다. 예를 들어, 부처님은 마음이 함께하는 조건과 마음이 함께하지 않는 조건을 가르치셨습니다. 나무, 산, 강 등의 무생물을 일반적으로 마음이 함께하지 않는 조건이라 합니다. 동물과 사람 등 살아 있는 것들을 마음이 함께하는 조건이라 합니다. 법을 공부하는 대부분 사람들은 이런 정의를 당연하게 받아들입니다. 하지만 이 문제를 좀더 깊이 생각해 보십시오. 사람 마음이 형상, 소리, 냄새, 맛, 느낌, 마음 상태에 완전히 사로잡히면, 마음이 함께하지 않는 것은 아무것도 없다는 걸 알 것입니다. 마음에 욕망이 있다면 마음이 모든 것들과 함께합니다.

명상을 하지 않고 법을 공부하면 법의 깊은 의미를 알지 못합니다. 예를 들어, 이 강당의 기둥, 테이블, 벤치, 그리고 모든 무생물들에는 마음이 함께하지 않는다고 생각할지 모릅니다. 우리는 사물의 한 측면만을 봅니다. 하지만 이것들 중 일부를 부수면, 그것들에 마음이 함께하고 있었는지 그렇지 않은지를 알 것입니다.

우리 마음은 테이블, 의자, 그리고 모든 소유물들에 집착하며 그것들을 신경씁니다. 작은 컵 하나가 깨져도 마음이 아픕니다. 우리 마음이 컵에 신경쓰기 때문입니다. 나무, 산, 혹은 무엇이든 내 것이라고 여기면 마음이 이것들을 신경씁니다. 이 모든 것이 마음이 함께하는 조건들입니다.

몸에 대해서도 마찬가지입니다. 일반적으로 몸에는 마음이 함께한다고 합니다. 몸과 함께하는 마음의 상태는, 몸을 꽉 잡고 몸을 '나'와 '나의 것'으로 여기는 집착입니다.

시각장애인이 어디를 보든 색깔을 구분할 수 없듯이, 마음이 욕망과 미혹에 가로막히면 그렇습니다. 테이블, 의자, 동물 등 의식의 모든 대상들에는 마음이 함께합니다. 본질적인 자아가 있다고 믿으면 마음은 모든 것에 집착합니다. 자연의 모든 것에는 마음이 함께합니다. 그래서 항상 집착이 있습니다.

부처님은 조건 지어진 것들과 조건 지어지지 않은 것들에 대해 말씀하셨습니다. 물질적인 것과 비물질적인 것, 큰 것과 작은 것 등 조건 지어진 것들은 헤아릴 수 없이 많습니다. 마음이 미혹의 영향 아래 있다면, 마음은 선과 악, 길고 짧음, 거침과 미세함을 나누며 증식합니다. 왜 마음이 이렇게 증식할까요? 인습적 실재를 모르기 때문입니다. 마음은 조건들에 대해 모릅니다. 조건들을 알지 못하기에 마음은 법을 보지 못합니다. 법을 보지 못해서 마음은 집착으로 가득차 있습니다. 마음이 집착에 매여 있는 한 조건 지어진 세계에서 벗어날 수 없습니다. 벗어나지 못하는 한 이 생각의 과정에서조차 혼란, 태어남, 늙음, 죽음이 있습니다. 이런 마음을 조건 지어진 마음이라고 부릅니다.

조건 지어지지 않은 마음은 법과 진리를 본 마음입니다. 즉 오온이 무상하고 불완전하며 무아임을 본 마음입니다. '나' 그리고 '나의 것', '그들' 그리고 '그들의 것'이라는 모든 관념은 인습적 진리에 속합니다. 사실 이것들은 모두 조건들입니다. 조건의 진실을 알면 인습의 진실을 압니다. 조건들이 자신에게 속하지 않고 나에게도 속하지 않음을 알면, 조건과 인습들을 놓아버립니다. 조건을 놓아버리면 법을 얻습니다. 법에 들어가며 법을 깨닫습니다. 법을 얻으면 명확하게 압니다. 무엇을 알까요? 조건과 인습만 있을 뿐 '자아'도 없고 '우리'도 없고 '그들'도 없음을 압니다. 이것이 있는 그대로 아는 것입니다.

이렇게 대상을 보면 마음은 대상을 초월합니다. 몸은 병들고 늙고 죽을지라도, 마음은 이런 상태들을 초월합니다. 마음이 조건들을 초월하면, 조건 지어지지 않음을 압니다. 마음이 조건 지어지지 않게 됩니다. 마음은 더이상 세상일들에 의해 조건 지어지지 않습니다. 즉 조건들이 더이상 마음을 더럽히지 못합니다. 기쁨과 고통이 더이상 마음에 영향을 미치지 못합니다. 어떤 것도 마음에 영향을 줄 수 없고 마음을 바꿀 수 없습니다. 마음은 모든 형성에서 벗어납니다. 조건의 진정한 본질을 보면 마음은 자유로워집니다.

이렇게 자유로워진 마음을 '조건 지어지지 않음'이라고 합니다. 형성의 영향력에서 벗어난 것입니다. 마음이 조건과 인습을 제대로 알지 못하면, 마음은 조건과 인습에 의해 움직입니다. 마음이 선, 악, 기쁨, 고통을 만나면 마음은 이것들을 확산시킵니다. 여전히 원인이 있기 때문입니다. 그 원인은 몸이 자아이며 자아에 속하며, 느낌이 자아이며 자아에 속하며, 인식이 자아이며 자아에 속하며, 관념적 생각이 자아이며 자아에 속하며, 의식이 자아이며 자아에 속한다는 믿음 때문입니다. 자아의 관점에서 대상들을 이해하는 성향이 행복과 고통, 생로병사의 원인이 됩니다. 이것이 속세의 조건들이 지시하는 바에 따라 돌고 변하는 조건 지어진 마음, 즉 세속적 마음입니다.

어떤 횡재를 하면 우리 마음은 이것에 의해 조건 지어집니다. 그 물건이 마음을 기쁜 느낌으로 밀어넣습니다. 하지만 물건이 사라지면 마음은 고통 속으로 빠져듭니다. 마음은 조건의 노예, 욕망의 노예가 됩니다. 세상이 마음에 무엇을 주든 마음은 그에 따라 움직입니다. 마음에는 피난처가 없습니다. 마음은 아직 확신하지 못하고 아직 자유롭지 못합니다.

마음에는 아직 확고한 기초가 부족합니다.

아이도 여러분을 화나게 할 수 있습니다. 아이도 여러분을 속여서 여러분을 울거나 웃게 만들 수 있습니다. 나이든 사람도 속습니다. 조건은 어리석은 마음이 사랑과 미움, 기쁨과 고통으로 항상 반응하게 만듭니다. 조건은 우리를 이렇게 만듭니다. 우리가 조건의 노예이기 때문입니다. 우리는 욕망의 노예입니다. 그래서 욕망이 모든 명령을 내리면 그냥 따릅니다.

사람들은 이런 불평을 합니다. "저는 정말 비참해요. 밤낮으로 들판에서 일해야 해요. 집에 있을 시간도 없어요. 한낮에 그늘도 없는 뙤약볕 아래서 일해야 해요. 추워도 집에 있을 수 없어요. 일하러 가야 해요. 정말 괴로워요."

저는 이렇게 묻습니다. "집을 떠나 스님이 되는 건 어떤가요?" 그들은 말합니다. "저는 집을 떠날 수 없어요. 저는 의무가 있어요." 갈애가 그들을 뒤로 잡아당깁니다. 때로는 쟁기질을 하다 물소처럼 오줌보를 터뜨릴지도 모릅니다. 욕망은 이만큼 여러분을 속박합니다.

저는 묻습니다. "요즘 어떠세요? 절에 올 시간이 없나요?" 그들은 말합니다. "너무 바빠요." 뭘 하느라 그렇게 바쁜지 모르겠습니다. 이것이 조건입니다. 부처님은 이렇게 현상을 보라고, 조건을 있는 그대로 보라고 가르치셨습니다. 이것이 법을 보는 것이고, 진실로 있는 그대로 보는 것입니다. 진정으로 이 둘을 보려면 이것들을 놓아버려야 합니다.

우리 선조들의 시대에는 사람이 죽으면 스님들을 모셔와 무상에 대한 독송을 청했습니다. 모든 조건은 무상합니다. 몸과 마음 모두가 무상해서, 고정되거나 변하지 않은 채로 남아 있지 않습니다. 이 몸에서 변하지 않는 것은 무엇일까요? 머리카락, 손톱, 치아, 피부가 예전과 같은가요? 마음은 영원한가요? 생각해보십시오. 하루에도 몇 번이나 일어났다 사라지나요? 몸과 마음 모두가 끊임없이 일어났다 사라지는, 지속적인 혼란 상태에 있습니다.

진리에 따라 이것을 보지 못하는 이유는, 진실이 아닌 것을 계속 믿어왔기 때문입니다. 장님의 안내로 숲속에 들어가는 것과 같습니다. 볼 수도 없는 사람이 어떻게 안전하게 안내하겠습니까? 마찬가지로 우리 마음은 조건들에 의해 미혹되어, 행복을 찾으며 고통을 일으키고 편안함을 찾으며 어려움을 일으킵니다. 우리는 고통과 어려움을 없애고 싶어하지만, 오히려 고통과 어려움을 만듭니다. 그러면서 불평만 합니다. 현상과 조건의 진리를 모르기 때문에 나쁜 원인을 만듭니다.

조건은 무상합니다. 마음이 함께하는 조건과 마음이 함께하지 않는 조건 모두가 무상합니다. 명상할 때 마음이 함께

하지 않는 조건은 존재하지 않습니다. 마음은 모든 것들과 함께합니다. 마음이 함께하지 않는 것에는 어떤 것이 있을까요? 여러분 집의 화장실이 마음이 함께하지 않는다고 여겨지면 누군가 큰 망치로 그 화장실을 부수게 해보십시오. 아마 여러분은 그와 싸우게 될 겁니다. 마음은 모든 것과 함께합니다. 심지어 똥이나 오줌과도 함께합니다. 대상을 명확하게 있는 그대로 본 사람을 제외하고는, 마음이 함께하지 않는 조건은 존재하지 않습니다. 현상은 우리가 만들어낸 것입니다. 왜 우리는 현상을 만들어낼까요? 현상은 본질적으로 존재하지 않기 때문입니다. 예를 들어, 어떤 사람이 자기 땅에 표지를 세우려 한다고 상상해보십시오. 그는 나뭇조각이나 바위를 땅 위에 가져다 놓고 그것을 표지라고 부를 수 있습니다. 그가 사용한 나무나 바위 그 자체가 표지는 아닙니다. 우리가 어떤 것을 그렇게 결정하기 때문에 그것이 표지가 되는 것입니다. 마찬가지로 우리는 도시, 사람, 소 등 모든 것을 결정합니다. 왜 이런 것들을 만들까요? 본질적으로는 이런 것들이 존재하지 않기 때문입니다.

출가자나 재가자라는 관념도 만들어진 것입니다. 이런 개념들은 본질적으로 존재하지 않기에 이런 개념들을 만든 것입니다. 좋아하는 것이라면 무엇이든 빈 접시에 담을 수 있는 것과 같습니다. 이것이 인습적 실재의 본질입니다. 우리를 둘러싸고 있는 모든 것들처럼 남자와 여자도 인습적 개념일 뿐입니다.

인습의 진리를 이해하면 평화로울 수 있습니다. 하지만 사람, 존재, '나의 것', '그들의 것' 등이 본질적 특징들이라고 믿으면, 이것들 때문에 반드시 웃거나 울게 됩니다. 이것들을 자신의 것이라고 여기면 항상 고통이 있습니다. 이것이 잘못된 견해입니다.

우리 모두는 인습적 실재에 빠져 있습니다. 그래서 장례식에서 스님들은 이렇게 독송합니다. "무상하네. 모든 조건 지어진 것들. 일어났다 사라질 뿐이니." 이것은 진리입니다. 일어났는데 사라지지 않는 것이 있나요? 사람은 태어나면 죽습니다. 기분은 생겼다 사라집니다. 3년이나 4년 동안 우는 사람을 본 적이 있나요? 하룻밤만 울어도 눈물이 말라버립니다.

"조건을 가라앉히는 것이 진정한 행복이다." 상카라를 이해하고 가라앉힐 수 있다면 이것이 최고의 행복입니다. 존재를 가라앉히고, 개별성을 가라앉히고, 자아의 짐을 가라앉히는 것이 진정한 공덕입니다. 이것들을 초월하는 것이 조건 지어지지 않음입니다. 무엇이 일어나든 마음이 그것으로 뭔가를 만들어내지 않는다는 의미입니다. 마음의 자연적 균형을 깰 수 있는 것은 아무것도 없습니다. 이것 말고 뭘 원합니까? 이것이 끝입니다.

부처님은 있는 그대로를 가르치셨습니다. 보시를 하고 법문을 듣는 것은, 이것을 찾고 깨닫기 위해서입니다. 이것을 깨달으면, 위빠사나를 배우지 않아도 위빠사나가 저절로 됩니다. 사마타와 위빠사나는 원인에 의해 생깁니다. 이것을 넘어서는 아는 마음이 명상의 정상입니다.

우리는 고통을 초월하기 위해 명상하고 탐구합니다. 집착이 끝나면 존재의 상태도 끝납니다. 존재의 상태가 끝나면 탄생도 죽음도 더이상 없습니다. 상황이 좋아도 마음은 기뻐하지 않고 상황이 나빠도 마음은 슬퍼하지 않습니다. 마음이 속세의 시련에 여기저기 끌려다니지 않습니다. 그래서 명상이 끝납니다. 이것이 부처님이 가르쳐주신 기본 원칙입니다.

부처님은 우리가 법을 쓸 수 있도록 가르치셨습니다. 죽을 때 필요한 가르침도 있습니다. 하지만 우리는 이런 조건들을 가라앉히지 않습니다. 그 대신 마치 스님들에게 그렇게 하라고 배웠다는 듯이 이런 조건들을 지니고 다닙니다. 그러고는 울음을 터뜨립니다. 이렇게 조건들에서 길을 잃습니다. 바로 여기서 천상, 지옥, 열반 모두를 발견할 수 있습니다.

일반적으로 사람들은 인습적 실재에 대해 무지합니다. 그들은 대상들이 모두 저절로 존재한다고 생각합니다. 경전에서는 나무, 산, 강은 마음이 함께하지 않는 조건이라고 합니다. 이는 너무 단순화한 것입니다. 세상에 고통이 전혀 없다는 듯이, 고통과 연관 지어 말하고 있지 않기 때문입니다. 이 것은 법의 껍데기에 불과합니다. 궁극적 진리의 측면에서 설명하자면, 이런 대상들로 다가가 그것들을 집착으로 묶는 것은 바로 사람입니다. 사람들은 조그만 바늘 하나 때문에 아이를 때리기도 하는데, 어떻게 모든 것에 마음이 함께하지 않는다고 말할 수 있겠습니까? 접시 하나, 컵 하나, 나무판 하나도 마음이 보살핍니다. 어떤 사람이 이것들 중 하나를 부수면 어떻게 되는지 지켜보십시오. 모든 것들은 이런 식으로 우리에게 영향을 미칩니다. 이것들을 완전히 아는 것이 명상입니다. 조건 지어진 것과 조건 지어지지 않은 것, 마음이 함께하는 것과 마음이 함께하지 않는 것을 살펴보는 것입니다.

이것이 부처님이 가르치신 '외적 가르침'입니다. 한때 부처님이 숲속에 머물 때 나뭇잎 한줌을 쥐고 비구들에게 물었습니다.

"비구들이여, 내가 손에 쥐고 있는 나뭇잎이 많으냐? 아니면 숲속에 떨어져 있는 나뭇잎이 많으냐?"

비구들이 대답했습니다.

"세존의 손에 있는 나뭇잎은 적고, 숲속에 떨어져 있는 나뭇잎이 훨씬 많습니다."

"비구들이여, 마찬가지로 여래가 알고 있는 모든 지식은 방대하지만, 그중 핵심을 담고 있는 것은 많지 않다. 즉, 이런 지식들은 고통에서 벗어나는 방법과 직접적으로 관련된 것이 아니다. 가르침에는 매우 다양한 측면이 있다. 하지만 여래는 너희들이 고통을 초월하고, 본질을 탐구하고, 형상, 느낌, 인식, 정신적 형성, 의식이라는 오온에 대한 집착을 버리기를 진정 바란다. 오온에 집착하지 말고 고통을 초월하라.”

이런 가르침은 부처님의 손에 있는 나뭇잎과 같습니다. 여러분에게는 많은 가르침이 필요하지 않습니다. 조금의 가르침으로 충분합니다. 그 나머지에 대해서는 걱정할 필요가 없습니다. 이것은 풀, 흙, 산, 숲이 풍부한 큰 대지와 같습니다. 대지에는 바위와 자갈이 많지만, 이 모든 돌보다 보석 하나가 더 가치 있습니다. 부처님의 법은 이런 보석과 같은 것입니다. 여러분은 많은 것이 필요하지 않습니다. 모든 외적인 가르침들은 사실 마음에 관한 것입니다. 경전이나 아비담마(불교 철학과 심리학을 체계적으로 담은 이론서)를 공부하더라도 그 가르침이 어디서 왔는지를 잊지 마십시오.

명상을 할 때는 정직하고 성실하게 시작해야 합니다. 요란을 떨 필요는 없습니다. 경전을 공부하지 않아도 탐욕과 분노와 어리석음을 여전히 알아차릴 수 있습니다. 어디서 이런 것을 배웠죠? 경전이나 아비담마를 공부해야 탐욕과 분노와 어리석음을 알 수 있나요? 이런 것들은 이미 여러분의 마음속에 있으므로 책에서 이것들을 공부할 필요가 없습니다. 가르침은 이런 것들을 탐구하고 버리기 위한 것입니다.

앎이 내면에 퍼지도록 하십시오. 그러면 바르게 명상할 수 있습니다. 기차가 보고 싶으면 기차역으로 가면 됩니다. 기차를 모두 보려고 북부선, 남부선, 동부선, 서부선을 모두 여행할 필요는 없습니다. 모든 기차를 보려면 기차가 모두 모이는 큰 중앙역에서 기다리는 편이 오히려 낫습니다.

어떤 사람들은 제게 이렇게 말합니다. "저는 명상을 하고 싶지만 명상하는 방법을 모르겠어요. 경전을 잘 몰라서요. 나이가 들어서 기억력도 좋지 않고요." 바로 이곳 '중앙역'을 보십시오. 탐욕이 여기서 일어나고, 분노가 여기서 일어나며, 어리석음도 여기서 일어납니다. 그냥 여기 앉아서 이 모든 것들이 일어나는 것을 볼 수 있습니다. 바로 여기서 명상하십시오. 여러분은 바로 여기서 막혀 있습니다. 바로 여기서 인습이 일어나고, 바로 여기서 법이 일어납니다. 명상은 어디서든 할 수 있습니다. 예전에 저는 명상하는 방법을 몰라서 스승을 찾아 온갖 곳을 돌아다녔습니다. 저는 명상을 잘못하는 건 아닐까 항상 걱정했습니다. 이 산에서 저 산으로, 이곳에서 저곳으로 끊임없이 방랑했습니다. 그런 뒤 멈춰서 반조했습니다. 이제 저는 제가 무엇을 하는지 이해합니다. 저는 어리석어서 명상할 곳을 찾아 헤매던 시절에는 깨닫지 못했

반조, 마음을 비추다 2

습니다. 명상하기에 적합한 곳은 여기 마음속에 있었습니다. 여러분이 원하는 모든 명상은 여러분 마음속에 있습니다. 생로병사가 모두 여러분 안에 있습니다. 그래서 부처님은 이렇게 말씀하셨습니다.

"지혜로운 이는 스스로 알아야 한다."

저는 이 문장을 전에도 반복해서 암송했지만 그 의미를 이해하지 못했습니다. 그래서 모든 곳을 다니며 명상하기에 적합한 장소를 찾았습니다. 지쳐서 거의 죽을 지경이 되어서야 멈췄습니다. 그리고 제가 찾고 있던 것이 저의 내면에 있음을 발견했습니다.

어떤 사람들은 집에는 방해하는 것들이 너무 많아서 명상할 수가 없다고 말합니다. 그러면 먹고 마시는 것도 방해가 될 것입니다. 먹는 것이 방해가 된다면 먹지 마십시오! 어떤 사람들은 재가자라서 명상할 수 없다고 말합니다. 주위가 너무 혼잡하다는 것입니다. 혼잡한 곳에 살고 있다면 그 혼잡함을 지켜보십시오. 마음이 혼잡함에 미혹되었으니, 마음을 훈련하여 혼잡함의 진실을 아십시오. 명상을 게을리할수록 사찰에 오지 않게 되고 법을 듣지 않게 되면서 개구리가 구멍에 빠지듯 수렁에 빠집니다. 누군가 개구리 잡는 갈고리를 가져오면 개구리의 운명은 끝이 납니다. 개구리가 할 수 있는 일은 목을 뻗고 잡히길 기다리는 일뿐입니다. 그러니 자신을 궁지로 몰지 마십시오. 누군가가 갈고리로 여러분을 잡을 수 있습니다. 집에서는 아이들과 손자들에게 시달리니 여러분은 개구리보다 더 나쁜 상황입니다. 여러분은 이들에게서 집착을 버리는 방법을 모릅니다. 늙음, 질병, 죽음이 오면 어떻게 할 겁니까? 이것들이 여러분을 잡을 갈고리입니다. 어느 쪽으로 갈 건가요?

여러분은 아이, 친척, 소유물에 둘러싸여 이것들을 놓아버리지 못합니다. 이렇게 여러분의 마음은 곤경에 빠져 있습니다. 도덕성과 이해가 없으면 벗어날 수 없습니다. 느낌, 인식, 정신적 형성, 의식이 고통을 일으킬 때 여러분은 항상 고통에 사로잡힙니다. 왜 이런 고통이 일어날까요? 탐구해보지 않으면 알 수 없습니다. 행복이 일어나면 행복에 사로잡혀 기뻐하며 이 행복이 어디서 왔는지는 묻지 않습니다.

그러니 자신의 이해를 바꾸십시오. 마음은 어디서나 함께 하므로 어디서나 명상할 수 있습니다. 앉아 있을 때 좋은 생각이 일어나면 그것을 알아차리십시오. 나쁜 생각이 일어나면 그것도 알아차리십시오. 누워 있을 때도 마찬가지입니다. 그저 자신의 마음을 관찰하십시오. 부처님은 유행이나 미신을 따르지 말고 자신을 지켜보라고 가르치셨습니다. 그래서

반조, 마음을 비추다 2

부처님은 이렇게 말씀하셨습니다. "도덕적 행동은 행복으로 이끌고, 부로 이끌고, 열반으로 이끈다. 그러니 계율을 온전히 지켜라." 계율은 우리의 행동에 관한 것입니다. 좋은 행동은 좋은 결과를 가져오고 나쁜 행동은 나쁜 결과를 가져옵니다. 천신이 여러분을 위해 어떤 일을 해주길 바라지 마십시오. 천인이나 신장(神將)이 여러분을 돕거나, 길한 날에 도움을 받을 거라는 생각도 하지 마십시오. 이런 것들은 진실이 아니니 믿지 마십시오. 이런 것들을 믿으면 괴로울 것입니다. 여러분은 늘 좋은 날, 좋은 달, 좋은 해를, 혹은 천신의 도움을 기다릴 것입니다. 그러면 고통스러울 뿐입니다. 자신의 말과 행동을 들여다보십시오. 즉, 자신의 업을 들여다보십시오. 선한 행동을 하면 선함을 물려받고, 악한 행동을 하면 악함을 물려받습니다.

자기 자신 속에 있는 선과 악, 옳고 그름을 이해하면, 다른 곳에서 선과 악을 찾을 필요가 없습니다. 어떤 것이 일어나는 곳에서 그것을 찾으십시오. 여기서 어떤 것을 잃어버리면 여기서 찾아야 합니다. 처음에는 찾지 못하더라도 떨어뜨린 곳을 계속 살펴보십시오. 하지만 보통 우리는 여기서 잃어버렸는데 저기서 찾습니다. 선하고 악한 행동은 여러분 내면에 있습니다. 꾸준히 그곳을 찾아보면 언젠가는 볼 수 있을 것입니다. 모든 존재들은 업에 따라 살아갑니다. 업이란 무엇일까요? 사람들은 너무 쉽게 속습니다. 나쁜 행동을 하면 지하 세계의 왕인 염라대왕이 그것을 책에 적어둔다고 말합니다. 여러분이 그 세계에 이르면 염라대왕이 여러분의 기록을 꺼내 살펴본다는 것입니다. 우리는 모두 죽은 뒤 염라대왕 만날 일을 두려워하지만 우리 마음속의 염라대왕은 알지 못합니다. 나쁜 행동을 하면, 혼자서 몰래 하더라도 마음속의 염라대왕은 이것을 알고 모두 기록해둘 것입니다. 아마도 여러분은 남들 몰래 은밀하게 나쁜 행동을 했을지 모릅니다. 하지만 자신은 그것을 봤습니다. 이 염라대왕이 모든 것들을 봅니다. 그래서 빠져나갈 수 없습니다.

여기에 물건을 훔쳐본 사람이 있나요? 몇몇 사람은 전에 도둑질을 해봤을 것입니다. 우리는 자신의 의도를 압니다. 나쁜 행동을 할 때는 악함이 있습니다. 좋은 행동을 할 때는 선함이 있습니다. 여러분은 전혀 숨을 곳이 없습니다. 다른 사람은 여러분을 보지 못해도 여러분은 자신을 봅니다. 깊은 구멍에 들어가더라도 여러분은 여전히 자기 자신을 발견할 것입니다. 나쁜 행동을 하고서 도망갈 곳은 없습니다. 마찬가지로 여러분은 평화, 동요, 해탈, 속박 등을 모두 봅니다. 이 모든 것들을 스스로 봅니다. 불교에서는 자신의 모든 행동을 알아차려야 합니다. 우리는 "건강하고 오래 살기를 기원합니다"라고 말하는 브라만처럼 행동해선 안 됩니다. 부처님은 이렇게 말하지 않으십니다. 어떻게 말로 병이 사라지겠습니까? 부처님은 환자를 대할 때 이렇게 말씀하셨습니다. "병에 걸리기 전에 무슨 일이 있었나요? 병에 걸린 이유가 뭐죠?" 그런 뒤 그에게 어떻게 병에 걸렸는지 말해줍니다. "그렇게 된 거예요. 이 약을 한번 먹어보세요." 그 약이 맞지 않으면 다른 약을 줍니다. 이것이 과학적인 방법입니다. 브라만은 그냥 팔목에 실을 묶어주고서 이렇게 말합니다. "건강해질 겁니다. 튼튼해질 거예요. 내가 돌아가거든 곧바로 일어나 푸짐하게 식사하세요." 브라만에게 얼마의 돈을 주든 병은 낫지 않습니다. 과학적 근거가 없기 때문입니다. 하지만 사람들은 이런 식으로 믿기를 좋아합니다.

모든 것은 원래 그대로입니다. 그것들은 그 자체로 고통을 일으키지 않습니다.

아주 날카로운 가시가 여러분을 고통스럽게 만드나요? 아니죠. 가시는 가시일 뿐입니다. 가시는 아무도 힘들게 하지 않습니다. 하지만 여러분이 가서 가시를 밟으면 고통스럽습니다. 왜 고통스럽나요? 가시를 밟았기 때문입니다. 가시는 자기 일만 신경쓸 뿐 다른 사람들에게 해를 끼치지 않습니다. 고통이 생긴 건 자신 때문입니다. 형상, 느낌, 인식, 정신적 형성, 의식, 이 세상 모든 것들은 있는 그대로 존재합니다. 이들에게 싸움을 거는 것은 우리입니다. 우리가 그들을 때리면 그들도 받아칩니다. 이것들을 그대로 내버려두면 아무도 귀찮게 하지 않습니다. '나는 착해', '나는 나빠', '나는 대단해', '나는 구제불능이야'라고 생각한다면 잘못 생각하는 것입니다. 이 모든 생각들을 단지 조건들로만 보면, 다른 사람들이 착하다 혹은 나쁘다고 하는 말을 그들에게 남겨둘 수 있습니다. 여전히 '나' 혹은 '너'라고 본다면, 이것은 말벌이 여러분을 쏘려고 윙윙거리며 날아오는 것과 같습니다. 말벌은 자아 관념, 의심, 의식과 수행에 대한 집착(마음을 탄생과 죽음의 바퀴에 묶는 열 가지 번뇌 중 처음 세 가지)이라는 세 개의 벌집에서 옵니다.

인습적 실재와 조건들의 진정한 본질을 지켜보면 자만이 더이상 설 자리가 없습니다. 다른 이의 아버지가 자신의 아버지와 같고, 다른 이의 어머니가 자신의 어머니와 같으며, 다른 이의 자녀가 자신의 자녀와 같습니다. 다른 사람의 행복과 불행을 자신의 것처럼 여깁니다. 그러면 미래의 부처님과 마주할 수 있습니다. 이는 그리 어려운 것이 아닙니다. 모든 사람들은 한 배에 타고 있습니다. 그러면 세상이 북의 가죽처럼 부드러워질 것입니다. 명상하지 않는다면, 아마 미래의 부처님인 미륵불이 올 때까지 이 세상에 머물 것입니다. 미륵불이 미치지 않았다면 이런 사람을 제자로 받아들이지 않을 것입니다.

사람들은 대부분 의심합니다. 자아에 대해 더이상 의심하지 않는다면, 사람들이 여러분에 대해 무슨 얘기를 해도 걱정이 되지 않습니다. 마음이 놓아버렸고 마음이 평화롭기 때문입니다. 그러면 조건들이 가라앉습니다. '이 스승은 나빠', '이 장소는 좋지 않아', '이것은 옳고 저것은 잘못됐어' 같은 명상의 형식에 대한 집착이 사라집니다. 이런 생각들이 모두 가라앉습니다. 여러분은 미래의 부처님과 얼굴을 마주봅니다. 두 손을 합장하고 기도만 하는 이들은 결코 여기에 이르지 못합니다.

명상은 그런 것입니다. 부처님은 오직 명상의 출발점으로만 인도하십니다. 부처님은 그 길을 가리키기만 할 뿐입니다. 제가 여러분을 가르친 것처럼 부처님은 저를 가르치셨습니다. 그리고 나머지는 제게 달려 있었습니다. 저는 여러분을 명상의 출발점으로 데려다줄 수 있을 뿐입니다. 이제 여러분에게 달려 있습니다.

에필로그

공부가 어디서 끝나는지 알고 있습니까? 이렇게 공부를 계속할 겁니까? 그래도 됩니다. 하지만 중요한 건 외적인 공부가 아니라 내적인 공부입니다. 눈, 귀, 코, 혀, 몸, 그리고 마음을 공부하는 것이 내적인 공부입니다. 이것이 진짜 공부입니다. 책으로 하는 공부는 외적인 것일 뿐입니다. 이런 공부는 정말로 끝이 없습니다.

　눈으로 형상을 볼 때 무엇이 일어납니까? 귀, 코, 혀로 소리, 냄새, 맛을 경험할 때 무엇이 일어납니까? 만져지는 대상과 정신적 상태를 몸과 마음이 접촉하면 어떤 반응들이 생기나요? 아직도 욕망과 악의, 어리석음이 있나요? 형상, 소리, 냄새, 맛, 촉감, 기분에 빠지나요? 이것이 내적 공부입니다. 이런 공부에는 끝이 있습니다.

　반조, 마음을 비추다

공부만 하고 명상하지 않으면 결과를 얻지 못합니다. 젖소를 키우는 사람처럼 말입니다. 그는 아침이면 소를 몰고 풀밭으로 가고, 저녁이 되면 우리로 데려옵니다. 하지만 우유를 마시지는 않습니다. 물론 공부도 좋지만 이런 식으로 되어서는 안 됩니다. 젖소를 키우면 우유도 마셔야 합니다. 공부도 하고 명상도 해야 최선의 결과를 얻을 수 있습니다.

다른 식으로 설명해보겠습니다. 닭을 키우는 남자가 계란을 거두지 않는 것과 같습니다. 그러면 그는 닭똥밖에 얻지 못합니다! 경전을 공부하지만, 마음속에서 욕망과 악의, 어리석음을 몰아내지 못한다는 의미입니다. 명상하지 않고 공부만 해서 번뇌들을 버리지 못하면 아무런 결과도 얻지 못합니다.

부처님은 우리가 경전을 공부하여, 몸과 말, 마음으로 나쁜 행동을 포기하고 행동과 말, 생각에서 선을 계발하기를 원하셨습니다. 우리의 행동과 말, 생각으로 인류의 진정한 가치가 결실을 맺을 것입니다. 말만 하고 그에 따라 행동하지 않는다면 명상이 아직 불완전한 것입니다. 선한 행동을 하지만 마음이 아직 선하지 않다면 이것도 아직 불완전한 것입니다. 부처님은 몸과 말, 마음에서 선을 계발하라고 가르치셨습니다. 훌륭한 행동과 훌륭한 말과 훌륭한 생각을 계발하라고 하셨습니다. 이것이 인간 삶의 보물입니다. 공부에도 명상에도 모두 선이 있어야 합니다.

부처님이 가르쳐주신 팔정도의 여덟 가지 요소는 두 눈, 두 귀, 두 콧구멍, 하나의 혀, 하나의 몸입니다. 이것이 명상의 길입니다. 마음은 이 길을 따라가는 것입니다. 그래서 몸과 말과 마음에 공부와 명상이 존재합니다.

몸과 말과 마음 말고 다른 것을 가르치는 경전을 본 적이 있습니까? 경전은 오직 이것만 가르칩니다. 번뇌는 바로 여기서 일어납니다. 번뇌를 알면 번뇌는 바로 여기서 죽습니다. 공부와 명상이 바로 여기에 있다는 것을 이해해야 합니다. 이만큼 공부했다면 모든 것을 알 수 있습니다. 말의 경우, 한마디 진실을 말하는 것이 평생 잘못된 말을 하는 것보다 낫습니다. 공부하지만 명상하지 않는 사람은 냄비 속의 국자와 같습니다. 국자는 매일 냄비 속에 있지만 국물맛을 알지 못합니다.

명상하지 않으면 죽는 날까지 공부해도 결코 자유의 맛을 알지 못합니다!

반조, 마음을 비추다

아잔 차 스님의 가르침에 처음으로 관심을 갖게 된 건 태국에서였다. 당시 나는 수행의 방향을 잃어버리고 방황하며 길을 찾고 있었다. 수행의 새로운 돌파구를 찾기 위해 태국으로 건너갔고, 방콕의 한 사원에서 우연히 아잔 차 스님의 법문집 한 권을 얻게 되었다. 제목은 『흔들리지 않는 평화 *Unshakeable Peace*』였다. 방콕의 수행처들을 둘러본 뒤 아잔 차 스님이 가르침을 폈던 태국 북동부의 우본 라차타니로 가는 밤기차에서 그 책을 읽었다. 아잔 차 스님이 처음으로 깊은 삼매에 드는 경험에 관한 법문이었다. 그 당시에는 그 내용을 정확하게 이해하지는 못했지만, 직관적으로 '이 스님은 뭔가 진짜를 갖고 있구나'라는 느낌이 들었다.

그리고 우본 라차타니에 도착해 아잔 차 스님이 외국인을

위해 세운 파나나차 사원에 머물게 되었다. 거기서 그의 제
자인 아잔 브람 스님이 쓰고 내가 번역한 명상서인『놓아버
리기*Mindfulness, Bliss, and Beyound*』를 읽고서 그동안 풀리지 않았
던 수행에 관한 모든 의문을 풀 수 있었고, 수행의 구체적인
방향을 새롭게 정립할 수 있었다. 그런 뒤 아잔 차 스님의 법
문들을 다시 읽었다. 그러자 평범하고 쉽게 보이는 그의 가
르침들이 심오한 수행의 체험과 진리에 대한 예리한 통찰을
담고 있음을 점차 이해할 수 있었다.

　인도 한 왕국의 태자였던 고타마 싯다르타는 존재의 근원
적인 고통을 해결하기 위해 출가했다. 그리고 각고의 수행
끝에 완전한 깨달음을 얻어 석가모니 부처님이 되었다. 그는
고통의 완전한 소멸에 이르렀고 완전한 평화를 체득했다. 모
든 고통에서 벗어나 부처가 된 그가 가르침을 펴면서 불교라
는 종교가 생겼고, 벌써 2600여 년의 세월이 흘렀다. 이 긴
세월 동안 불교는 세계 여러 지역으로 전파되었고, 그 과정
에서 원래의 가르침에 다양한 해석과 수많은 사상과 문화가
더해지게 되었다. 이러한 과정이 불교의 내용을 더욱 풍부하
게 만들기도 하고 각 지역에서 불교가 뿌리내리는 데 큰 역
할을 하기도 했지만, 불교의 원래 모습을 가려버리는 부작용
도 생기게 되었다. 진한 화장을 하거나 특수분장을 하면 원
래 얼굴을 알아보기가 어렵거나 때로는 누구인지 전혀 알아

볼 수 없다. 마찬가지로 불교도 오랜 세월을 거치며 수많은 껍질들이 덧입혀져, 원래 석가모니 부처님의 가르침이 무엇인지 알기가 쉽지 않다. 그래서 부처님의 가르침이 아닌 엉뚱한 것을 부처님의 바른 가르침이라 여기며 진리의 길에서 멀어지기가 쉽다.

이렇게 불교에 대한 바른 견해를 갖지 못하면 아무리 노력해도 그 결실을 얻기가 어렵다. 고통에서 벗어나 순수한 평화와 행복에 이르기 어려운 것이다. 차를 몰고 서울로 가려는 사람이 부산 방향으로 차를 몬다면 그가 아무리 빨리 달려도 서울에는 결코 도착할 수 없는 것처럼 말이다.

아잔 차 스님은 불교의 민낯을 보여준다. 두꺼운 화장을 벗겨내고 원래 부처님의 가르침을 그대로 보여준다. 그는 복잡하고 정교한 이론이 아니라 직접적인 수행을 통해 체득한 진리를 쉬운 말과 비유를 통해 전한다. 그의 가르침은 어둠에 덮여 있던 완전한 평화와 행복에 이르는 길을 환하게 비춰준다. 그는 좌선이나 걷기명상 등 정형화된 명상법을 가르치기도 했지만, 더 나아가 이런 방법론은 명상의 껍데기일 뿐이며 감각적 대상과 마주쳤을 때 진정한 명상을 할 수 있다고 말한다. 그래서 그는 이렇게 말한다.

"행복을 좇고 고통에서 도망치려고만 한다면, 죽는 날까지

옮긴이의 말   365

명상을 해도 부처님의 가르침을 결코 볼 수 없습니다. '기쁨과 고통이 일어날 때 어떻게 법으로 기쁨과 고통에서 벗어날 수 있을까?' 이것이 명상의 핵심입니다."

이렇게 그는 대상을 만나는 현재 이 순간에 수행할 것을 강조했다. 그리고 이런 바른 수행을 하려면 바른 견해가 바탕이 되어야 한다고 말한다. 그는 무상한 것을 영원하다고 보고, 무아인 것을 자신의 것으로 보고, 고통인 것을 즐거움으로 보는 잘못된 견해에서 집착이 생기고 모든 문제가 생긴다고 말한다. 하지만 덕행과 삼매를 바탕으로 지혜를 계발하면 바른 견해가 일어나 세상 모든 것이 무상과 무아, 그리고 고통의 진리를 품고 있음을 깨닫게 되고, 그러면 기쁨과 고통의 양극단을 넘어 깨달음의 길에 이를 수 있다고 가르친다.

그의 가르침은 단순하지만 실질적이어서 우리를 올바른 진리의 길로 이끈다. 그래서 그의 법문을 읽는 것만으로도 어느 정도의 지혜가 생겨 마음이 가볍고 자유로워진다. 그리고 그가 가르친 그대로 실천한다면 모든 집착에서 벗어나 완전한 평화와 자유에 이를 것이다.

아잔 차 스님의 가르침은 수행자들에게 궁극적 깨달음의 길을 보여줄 뿐만 아니라, 모든 이들에게 필요한 만큼 도움

반조, 마음을 비추다

을 준다. 거대한 맑은 호수에서 시원한 물 한 모금으로 목을 축이는 이도 있고, 물 한 동이를 긷는 이도 있으며, 호수의 물 전부를 이용하는 이도 있듯이 말이다.

이 책에 담긴 아잔 차 스님의 가르침을 가슴에 새기고 실천하는 모든 이들은, 각자의 역량에 따라 모두 집착을 점점 버리고 고통에서 벗어나 더욱 평화롭고 행복한 삶을 누릴 수 있을 것이다. 집착을 놓아버리고 고통에서 벗어나 평화롭고 행복해지는 것, 바로 이것이 불교의 목적이다. 모든 집착과 고통에서 자유로워져 완전한 평화에 이른다면 이것이 깨달음이자 열반이다.

이 책을 읽는 모든 이들이 고통에서 벗어나 완전한 평화와 행복에 이르길 기원한다.

가까이서 혹은 멀리서 따뜻한 자애심으로 이 책을 번역하는 데 도움을 주신 분들께 감사드린다.

혜안 두 손 모음

반조, 마음을 비추다 2

세계인이 사랑한 현자 아잔 차의 행복 수업

초판 1쇄 발행 2017년 11월 27일
초판 3쇄 발행 2022년 9월   1일

지은이 아잔 차 | 옮긴이 혜안

편집 신정민 박민주 이희연 | 디자인 엄자영 | 마케팅 김선진 배희주
저작권 박지영 형소진 이영은 김하림
브랜딩 함유지 함근아 김희숙 박민재 박진희 정승민
제작 강신은 김동욱 임현식 | 제작처 영신사

펴낸곳 (주)교유당 | 펴낸이 신정민
출판등록 2019년 5월 24일 제406-2019-000052호

주소 10881 경기도 파주시 회동길 210
전화 031) 955-8891(마케팅) | 031) 955-2680(편집) | 031) 955-8855(팩스)
전자우편 gyoyudang@munhak.com

인스타그램 @thinkgoods | 트위터 @thinkgoods | 페이스북 @thinkgoods

ISBN 978-89-546-4908-7 04220
       978-89-546-4906-3 (세트)